사회복지실천론

사회복지실천론

김영미, 양숙자, 박선녀, 김서연, 황윤희, 하경해, 김명검, 박숙경 공저

dm 동문사

머리말

사회복지는 인간이 그들의 생활상의 문제를 예방하고 해결하여 편안하고 행복한 삶을 살아가는 데 필요한 사회적 기능을 원만히 수행하도록 돕는 활동이다. 이렇게 다양한 문제와 욕구를 가진 인간의 행복을 위해 무엇보다 전문가의 활동이 중요한데 그 전문가가 바로 사회복지사라고 할 수 있다.

오늘날 급변하는 사회변화에 따라 해결해야 할 사회문제와 인간의 복지욕구는 다양하게 나타나고 있고 그에 따른 사회복지사의 실천영역과 활동의 범위도 확대되고 있어 다양한 학문적, 실천적 기반이 요구되고 있다. 사회복지사가 해결해야 할 인간의 문제는 복잡하고 다양하기에 이에 대처할 수 있는 고도의 지식과 기술 그리고 가치가 무엇보다도 중요하다. 따라서 전문가로서의 사회복지사는 전문적인 실천에 필요한 기본적인 개념과 역사적 배경, 가치와 윤리, 현장에 대한 이해가 필요하다. 또한 사회복지실천을 접근하기 위한 관점과 대상, 전문적 관계, 면접, 기록, 과정 등에 대한 지식 및 기술을 갖추어야만 한다.

이에 사회복지실천과 관련된 가치, 지식, 기술을 제공하여 사회복지사들의 전문성을 강화하고 보다 효율적으로 사회복지실천에 접근할 수 있는 방법의 고민으로 이 책을 집필하게 되었다. 한 학기 동안 사회복지실천 전반에 대한 방대한 내용들을 다루어야 하는 만큼 학생들의 눈높이에 맞춰 효율적이고 바람직한 사회복지교육이 될 수 있도록 하기 위한 노력이 필요하였다. 이를 위해 기존의 교재들을 참고하되 전체적 맥락과 체계를 올바로 이해할 수 있도록 각 교재들의 장점 및 단점을 수정·보완하여 학생들의 효율적인 학습이 이루어질 수 있도록 노력하였다.

그럼에도 불구하고 본 교재 내용은 다수의 저자들이 분담하여 집필하였기 때문에 논리적인 면에서 다소 미흡할 수 있을 것이다. 저자들은 이러한 점을 충분히 인식하면서도 그간 각자의 연구역량과 기존의 연구결과를 결집하여 비판과 조언을 겸허히 받아들여 학생들이 이해하기 쉽고 알찬 교재로 거듭나고자 한다.

이 책은 크게 3부로 나뉜다. 1부는 사회복지실천을 위한 토대로 기본적으로 실천이 무엇인지, 그 발달의 과정은 어떻게 되는지 사회복지실천의 가치기반과 윤리는 무엇인지, 실천의 현장은 어떠한지 등을 다루었다.

2부에서는 사회복지실천의 접근방법으로 구성하였다. 먼저 사회복지실천을 위한 주요 관점은 무엇인지에 대해 다루면서 가장 대표적인 통합적 접근방법으로서의 사례관리에 대해서도 정리하였다. 또한 사회복지 실천의 대상은 어떻게 되는지 사회복지실천을 위한 전문적 관계와 면접과 기록의 방법은 무엇인지에 대해 다루었다.

3부에서는 사회복지실천의 과정으로 구성하였다. 사회복지실천을 일련의 시간 흐름에 따라 접수 및 자료수집단계, 사정 및 계획단계, 개입단계, 종결 및 평가단계로 구분하여 다루었다.

이러한 책의 구성은 대학의 교재로서의 역할과 사회복지 일선 현장의 지침서, 시험 준비를 위해 활용할 수 있게 하기 위함이다. 그럼에도 불구하고 원고 작성의 시간적 한계와 저자들의 일천한 지식과 경험으로 인하여 체계적으로나 논리적으로 다소 문제가 있음을 시인하며, 이 점은 향후 지속적으로 수정 보완해 나감으로써 그 완성도를 높이고자 한다.

끝으로 책이 나오기까지 애써주신 동문사 이중수 대표님과 원고의 편집과 제작을 위해 수고해 주신 편집부 직원들께 깊은 감사를 드린다.

저자 일동

차례

머리말 … 5

Part 01 사회복지실천의 토대

Chapter 01 사회복지실천에 대한 이해

1. 사회복지실천의 정의와 목적 … 13
2. 사회복지실천의 기능과 구성요소 … 19
3. 사회복지실천의 이념과 철학 … 25
4. 사회복지실천의 분류와 사회복지실천의 속성 … 31

Chapter 02 사회복지실천의 발달과정

1. 서구 사회복지실천의 역사적 발달과정 … 41
2. 한국 사회복지실천의 역사적 발달과정 … 53

Chapter 03 사회복지실천의 가치와 윤리

1. 사회복지실천의 철학적 기반 … 61
2. 사회복지전문직의 가치와 윤리강령 … 68
3. 사회복지실천 현장에서의 가치 갈등 … 75

Chapter

04 사회복지실천 현장의 이해

1. 사회복지실천 현장의 의미와 분류 … 85
2. 사회복지실천 현장 … 89
3. 사회복지실천 현장의 대상 … 109
4. 사회복지사의 역할 … 115

Part 02 사회복지실천의 접근 방법

Chapter

05 사회복지실천의 관점

1. 통합적 관점 … 123
2. 통합적 관점의 주요 이론 … 127
3. 통합적 접근의 실천 모델 … 139

Chapter

06 사회복지실천에서의 사례관리

1. 사례관리의 개념 … 147
2. 사례관리의 등장 배경 … 152
3. 사례관리의 목적 및 기능 … 157
4. 사례관리의 개입 원칙 … 161
5. 사례관리의 구성요소 … 164
6. 사례관리의 실천 과정 … 167
7. 사례관리자의 역할 … 172

Chapter 07 사회복지실천의 대상

1. 개인대상 사회복지실천 … 177
2. 가족대상 사회복지실천 … 181
3. 집단대상 사회복지실천 … 191
4. 지역사회대상 사회복지실천 … 202

Chapter 08 사회복지실천을 위한 전문적 관계

1. 관계의 형성 … 209
2. 관계 형성의 구성요소 … 211
3. 관계 형성의 7대 원칙 … 217
4. 관계 형성의 장애 요인 … 228

Chapter 09 사회복지실천을 위한 면접과 기록

1. 면접의 기본 이해 … 235
2. 사회복지면접의 기술 … 244
3. 면접기록 … 254

Part 03 사회복지실천의 과정

Chapter 10 접수 및 자료수집단계

1. 접수 … 263
2. 자료수집 … 270

Chapter 11 사정 및 계획단계

1. 사정 … 277
2. 계획 … 292

Chapter 12 개입단계

1. 개입단계 … 303
2. 직접개입과 간접개입 … 306

Chapter 13 종결 및 평가단계

1. 종결 … 319
2. 평가 … 328

참고문헌 … 343

PART 01

사회복지실천의 토대

01 사회복지실천에 대한 이해

02 사회복지실천의 발달과정

03 사회복지실천의 가치와 윤리

04 사회복지실천 현장의 이해

CHAPTER

01 사회복지실천에 대한 이해

1. 사회복지실천의 정의와 목적

사회복지실천(Social Welfare Practice)이란 클라이언트의 욕구 충족 및 그들의 삶의 질 향상을 위해 체계적이고 전문적인 사회복지사의 활동을 말한다. 사회복지실천은 사회복지사가 클라이언트의 문제해결을 위해서 필요한 구체적 서비스를 제공하는 것에 초점을 맞추고 있다.

사회복지사(Social worker)가 사회복지(social welfare)를 사회복지실천 현장(field)에서 클라이언트(client)와 면대면(face to face)의 만남에 기초한 기본 개념 및 가치와 윤리, 사회복지실천 현장과 사회복지사의 역할, 사회복지실천 과정, 클라이언트와의 관계 형성 및 기본적인 면접기술 등의 내용으로 구성하여 다양한 이론, 방법, 기술 등을 통하여 이행할 수 있도록 가장 중요한 기본틀을 제공한다고 볼 수 있다.

1) 사회복지실천의 정의

사회복지실천은 전반에 대한 기초지식과 개인과 가족, 집단, 지역사회를 대상으로 한 사회복지실천 모델에 관한 기초지식을 통합적인 시각에서 학습하여, 사회복지실천에서의 전문성을 습득하는 것이다.

사회복지실천은 복잡하고 다양한 활동이어서 간략하게 정의하기가 어렵다. 그럼에도 불구하고 학자별, 시대별로 사회복지실천에 관한 개념의 변화는 1970년 후반부터 1980년대에 이르러 미국을 중심으로 활용되어 온 용어로, 이전에는 개별사회사업이라는 용어로 많이 사용되었다. 최근에는 사회복지를 실현하기 위한 과학적인 기술과 지식, 사회복지사의 전문적인 원조활동을 강조하는 대표적인 개념으로 정의되고 있다.

- 리치몬드(Richmond, 1922)는 사회복지실천이라는 용어를 가장 먼저 개념화하면서 개별사회사업을 "개인 대 개인, 인간과 사회환경 간에 의식적인 조정을 통해 개인의 인격 발달을 도모하는 과정"이라고 정의하였다. 그녀는 개인의 욕구 충족과 인격 발달을 목적으로 하는 미시적이고, 치료적인 과정임을 강조하였다.
  그 후 좀 더 포괄적인 의미로 개인의 욕구와 인격 발달을 벗어나 지역사회의 자원이 강조되기 시작하였다.
- 보엠(Boehem, 1958)은 "사회복지는 개인 또는 집단 내에서 그의 사회적 기능을 강화시켜주기 위한 방법이다. 사회적 기능의 강화는 인간과 환경과의 상호 작용으로 이루어지는 상호관계에 중점을 두는 활동으로서 개인의 능력을 회복시켜주는 활동, 개인과 사회자원을 보충시켜 주는 일개인의 역기능을 예방하는 기능이다"라고 정의하였다. 그는 지역사회자원을 강조하면서 인간과 환경 사이의 상호작용을 구성하고 있는 사회적 관계 형성에 초점을 두었다.
- 전미사회복지사협회(National Association of Social Workers, 1958)는 사회복지실천에 관한 공식적인 정의를 내렸다. 사회복지실천은 "인간과 사회환경의 불균형, 부조화로 인해 나타나는 개인이나 집단의 문제를 해결하거나 최소화하는 일이며, 인간과 환경과의 상호작용에서 발생할 수 있는 잠재적 문제를 확인하여 사전에 불균형 상태를 예방하고, 개인, 집단, 지역사회의 잠재력을 찾아 강화시키는 것을 목적으로 해야 한다"라고 정의 내렸다.
- 펄만(Perlman, 1957)은 사회복지실천을 "문제를 갖고 있는 사람이 전문가의 도움이 제공되는 장소로 나와 주어진 과정에 의하여 도움을 받는 것"이라고 규정하였다. 사회복지실천의 구성요소 4P, 문제(problem), 사람(person), 장소(place), 과정(process).

• 핀커스와 미나한(Pincus & Minahan, 1973)은 사회복지실천을 "사람과 자원 체계 간의 연결과 상호관계"라고 정의하였다.

• 전미 사회복지사협회(National Association of Social Workers, 1973)는 사회복지실천은 "개인, 집단 또는 지역사회가 사회적 기능(social functioning)을 향상시킬 수 있는 자신들의 능력을 회복하거나 증진시키고, 자신들의 목표 달성을 위한 사회조건을 창조하도록 돕는 전문적 활동"이라고 정의하였다. 개인, 집단, 지역사회의 사회기능 향상 및 회복을 돕는 역할을 강조하였다.

그 후 전미 사회복지사협회는 1958년 정의와 비교하여 사회복지실천의 전문직을 강조하였다. 전미 사회복지사협회(NASW)의 정의를 종합해 보면 사회복지실천은 다음과 같다.

첫째, 인간과 사회환경 간의 생태체계적 관점에 기초하여 개인, 집단, 가족이 자신들의 문제 해결 능력과 대처능력을 향상하는 것이다.

둘째, 인간이 필요로 하는 사회적 자원 및 서비스 기회 등의 환경체계가 원활하게 상호작용할 수 있도록 돕는 것이다.

셋째, 자원과 서비스를 제공하는 다양한 사회복지 기관이나 조직이 클라이언트에게 보다 나은 서비스를 제공할 수 있도록 효과적이고 효율적인 운영을 추구하는 것이다.

넷째, 새로운 사회정책의 개발과 향상을 목적으로 실천 활동하는 것이다.

• 돌고프(Dolgoff, 1997)는 사회복지실천을 "인간복지(human well-being)의 향상, 빈곤과 억압의 경감, 그리고 최상의 삶의 질 향상을 위해 업무를 수행하는 전문직"이라고 규정하였다. 사회복지실천은 삶의 질 향상이 주된 목적이어야 함을 강조하였으며, 사회복지실천의 전문성을 강조하였다.

• 미국사회복지교육협의회(Council of Social Work Education: CSWE, 1994)는 사회복지실천을 개인, 가족, 집단, 조직, 지역사회를 대상으로 자원 활용을 할 수 있도록 돕고, 사회기능을 촉진, 회복, 유지, 향상시키는 것이라고 정의하였다. 또한 인간이 가지고 있는 잠재력 및 가능성 개발을 도와주는 임파워먼트(empowerment)를 실현하고, 이를 위해 필요한 사회정책, 서비스 자원, 프로그램을 시행하는 것이라고 하였다. 즉, 사회복지실천을

삶의 질을 향상하고 억압을 감소시키기 위해 공적인 영역과 사적인 영역으로부터 권한을 위임받아 다양한 분야에서 사회적 서비스를 제공하는 전문직으로 정의하였다.

- 양옥경 외(2004)는 사회복지실천을 "인간의 삶의 질 향상을 위해 개인 소집단, 가족 또는 지역사회의 문제 및 욕구에 권한부여적(empowering) 문제 해결 접근 방법으로 개입하는 종합적인 전문활동"이라 정의하였다.
- 이영분 외(2001)는 사회복지실천을 "개인, 집단, 가족, 그리고 지역사회를 대상으로 하여 이들이 자신들의 문제와 욕구를 스스로 해결할 수 있도록 도와주고, 이들의 사회적 기능을 향상시키며 배분적 사회정의를 실현하는 것을 목적으로 하는 종합적이며 전문적인 실천 활동"으로 정의하였다.
- 이경준 외(2018)는 사회복지실천론을 "인간의 문제와 욕구에 관심을 가지며, 개인의 잠재력 향상과 생활과업 수행을 중요하게 여긴다. 그리고 개인의 사회적 기능 향상 및 개인과 환경 간의 상호작용을 중요하게 여기면서 개인, 가족, 집단, 지역사회가 서비스 단위가 된다고 하였으며, 원조 활동에는 전문적인 지식과 이론이 바탕이 된다."라고 정의하였다.

사회복지실천이 무엇인지 한마디로 정의하기는 어렵다. 왜냐하면 시대와 상황에 따라 조금씩 다르게 정의해 왔기 때문이다.

이상에서 살펴본 사회복지실천의 정의들에 함축된 내용은 다음과 같다.

① 사회복지사가 클라이언트의 욕구와 문제해결을 돕기 위해 일정한 개입 목표를 설정하고, 일련의 과정을 통해 활동하는 것이다.

② 정부의 제도 안에서 개인, 집단, 지역사회를 대상으로 이들의 욕구와 문제를 해결해 주기 위해 펼치는 전문적인 사회복지 활동이다.

③ 사회복지사가 사회적 안녕 상태를 이루기 위해 필요한 구체적 서비스들을 그 서비스가 필요한 현장에서 실천에 옮기는 활동이다.

④ 개인, 집단, 가족, 지역사회를 대상으로 이들의 문제와 욕구를 스스로 해결할 수 있도록 도와주어 사회적 기능을 향상시키고 나아가서는 클라이언트들의 삶의 질을 높이는 데 목적을 둔 종합적이고 전문적인 활동이다.

⑤ 개인, 집단, 지역사회로 하여금 그들 각자의 사회적 기능을 증진·복구시키며 그러한 목적에 합당한 사회적 조건(환경)들을 스스로 만들어 갈 수 있도록 돕는 전문적인 활동이다.

2) 사회복지실천의 목적

사회복지실천의 목적을 정의하려는 노력은 1929년 밀포드(Milford) 회의에서 시작되었는데, 1954년 미국사회복지교육협의회(CSWE)에서 사회복지실천의 개념이 등장한 이후 지금까지도 그 노력은 계속되고 있다. 사회복지실천에 대한 정의가 시대에 따라 달라졌듯이 사회복지실천의 목적도 사회나 문화, 시대의 가치 등에 영향을 받아서 조금씩 달라져 왔다. 그러나 사회복지실천의 궁극적 목적인 '인간의 삶의 질 향상'은 시대나 사회가 변해도 달라지지 않는다. 사회복지실천의 목적은 사회구성원 대다수가 동의하는 내용으로 구성되어야 한다. 그러나 사회 내 모든 사람들의 삶의 질을 향상한다는 것이 그리 간단한 것은 아니다. 사회복지실천의 목적을 정의하려는 노력은 1929년 밀포드(Milford) 회의에서 시작되었다. 1954년 미국사회복지교육협의회(CSWE)에서 사회복지실천의 개념이 등장한 이후 지금까지도 그 노력은 계속되고 있다. 사회복지실천의 목적을 '모든 개인의 삶의 질 향상을 위해 개인과 환경 간의 상호 호혜적 상호작용을 촉진하고 유지 시키는 것'으로 정의한다. 즉 '모든 개인'이라는 사회구성원 모두를 대상으로 '개인과 환경 간의 상호 호혜적 상호작용을 촉진하고 유지 시켜 삶의 질을 향상'하는 것에 사회복지실천의 궁극적인 목적을 두는 것이다.

(1) 일반적인 사회복지실천의 목적을 정리하면 다음과 같다.

① 개인의 문제해결능력과 대처능력을 향상시킨다.

② 개인과 환경 간 불균형이 발생할 경우 문제가 감소되도록 돕는다.

③ 개인과 환경 간의 상호작용에 초점을 두고 사회정책을 개발한다.

④ 개인과 환경 간의 상호 유익한 관계를 증진시킨다.

(2) 핀커스와 미나한(Pincus & Minahan)은 사회복지실천의 목적을 1973년에 개인 차원에서 정의하여 제시하였다. 정부의 공식적인 기구가 아니라 개인 차원에서 정의한 것임에도 불구하고 오랫동안 활용되어 왔다. 이는 그들이 사회복지실천에서 차지하는 의미와 영향력이 크다는 것을 알 수 있으며 사회복지실천의 네 가지 목적을 살펴보면 다음과 같다.

① 사회복지실천의 목적은 개인 집단, 가족의 문제를 돕고 대처능력을 향상시키는 것이다.

② 사회복지실천의 목적은 인간이 필요로 하는 사회자원, 서비스 기회 등의 환경체계가 원활하게 상호작용하도록 돕는 것이다.

③ 사회복지실천의 목적은 자원과 서비스를 제공하는 다양한 사회복지기관이나 조직이 클라이언트에게 보다 나은 서비스를 제공할 수 있도록 효과적이고 효율적인 운영을 추구하는 것이다.

④ 사회복지실천의 목적은 새로운 사회정책의 개발과 향상에 기여하는 것이다.

(3) 전미사회복지사협회(NASW, 1981)가 제시한 사회복지실천의 목적은 모든 사람의 삶의 질을 향상시키기 위해서 개인과 사회 간의 상호 유익한 관계를 증진시키거나 복귀시키는 것이며, 사회복지실천의 목적은 다음과 같다.

① 개인과 집단이 그들과 환경 간에 불균형 상태가 발생했을 때 문제를 찾아내어 문제의 어려움 정도를 감소시키거나 해결하도록 도와주는 것이다.

② 개인이나 집단이 그들과 환경 간에 불균형 상태가 일어날 수 있는 잠재적인 문제를 미리 발견하여 예방하는 것이다.

③ 개인과 집단과 지역사회 내의 최대한의 잠재력을 발견하여 확인하고 이를 강화시켜 주는 것이다.

(4) 미국사회복지교육협의회(CSWE, 1994)는 다음과 같이 사회복지실천의 목적을 제시하였다.

① 개인·가족·집단·조직·지역사회가 목적을 달성하고 고통을 완화시키며 자원을 활용할 수 있도록 도움으로써 이들의 사회 기능을 촉진, 회복, 유지, 강화시키는 것이다.
② 인간의 복지를 촉진시키고 빈곤, 억압, 그리고 그 이외 사회의 부정의를 경감시키는 것이다. 기본 욕구를 충족시키고 인간이 갖고 있는 잠재력 및 가능성 개발을 돕기 위해 필요한 사회정책, 서비스, 자원, 그리고 프로그램을 계획, 공식화, 시행하는 것이다.
③ 곤경에 처한 집단에게 권한을 부여하고 사회·경제적 정의를 실현하기 위해 조직적·행정적 옹호와 사회운동을 통해 정책, 서비스, 자원, 그리고 프로그램을 추구하는 것이다.
④ 이러한 목적과 관련된 모든 전문적인 지식과 기술을 개발하고 시험하는 것이다.

2. 사회복지실천의 기능과 구성요소

1) 사회복지실천의 기능

사회복지실천의 기능은 다양하다. 그중에서 클라이언트의 사회적 기능 증진과 사회정의 향상이 대표적인 기능이다. 클라이언트의 삶의 질을 향상하기 위해 사회복지전문가가 수행하는 기능으로, 사회복지실천의 기능은 다음과 같이 구분할 수 있다.

(1) 클라이언트의 사회적 기능 증진

사회적 기능이란 인간의 기본 욕구를 충족하는 데 필요한 과업과 활동을 완수하고 지역사회에서 요구하는 주요 사회적 역할을 수행하는 개인의 능력을 의미한다. 사회복지실천이 클라이언트의 사회적 기능을 증진시킨다는 것은 예방, 재활 치료 활동을 통해 욕구가 있는 개인들의 사회기능을 높여준다는 것을 의미한다. 즉 개인, 집단, 지역사회의 손상된 능력을 회복하도록 도와준다는 것이다.

- 가출청소년 거리 상담: 가출청소년들이 어떤 어려움과 곤란에 처해 있으므로 해서 여러 가지 문제를 해결할 수 있도록 정보 제공, 법률적인 조력, 대처능력 향상을 시켜 줄 수 있다.
- 자아존중감 향상을 위한 집단 상담: 자아존중감 기능향상을 향상시켜 줄 수 있다.
- 가족 기능 회복을 위한 가족치료: 역기능적이고 건강하지 못한 가족의 행동을 기능적인 역동으로 클라이언트의 기능을 향상시킨다.

(2) 사회정의 향상 기능

사회정의는 사회제도가 모든 사람들의 기본적인 인권을 인정하고 지원하는 공정성과 도덕성을 발휘하는 것을 말한다. '정의'는 인간의 사회적 관계에서 실현되어야 할 궁극적인 가치를 말한다. 사회복지사는 클라이언트가 권리를 찾도록 도와주는 활동, 즉 옹호 활동을 하며 공정하고 정의롭게 모든 사람들의 권리가 인정되도록 사람들을 촉구하고 권리를 박탈당하거나 무시당하는 사람들을 위해 대변자 역할을 한다. 따라서 사회복지실천이 사회정의를 향상시키는 기능을 갖는다는 것은 사회복지사가 옹호활동을 하면서 사회정의를 향상시킨다는 의미이다.

- 임금체불 노동자를 위한 옹호 활동
- 다문화가족에 대한 인식개선 활동

(3) 전미사회복지사협회(NASW)가 제시한 사회복지실천의 기능

- 클라이언트의 역량을 확대하고 문제해결능력과 대처능력을 향상시키도록 돕는다.
- 클라이언트가 필요로 하는 자원을 획득할 수 있도록 돕는다. 각종 자원

에는 주거, 음식, 최소한의 생활필수품 등 유형의 서비스는 물론 의료, 법률 등 무형의 서비스까지 포함된다.

- 조직이 사람에게 반응하도록 한다. 사회복지실천 조직이 클라이언트에게 반응적인 조직이 되도록 한다. 이는 조직이 클라이언트의 인간적 존엄성을 존중하면서 적절한 절차와 기준에 의해 서비스를 제공하는지 모니터하고 문제가 있으면 시정을 요구한다는 의미이다.
- 개인과 환경 내의 다른 사람, 다른 조직과의 상호관계를 촉진한다. 가출 청소년의 문제를 해결하기 위해 청소년과 가족, 부모, 친구들과의 상호작용이 원만하게 이루어질 수 있도록 중개자 역할을 하기도 하고 촉진자 역할을 하기도 한다.
- 조직과 제도 간의 상호관계에 영향력을 행사한다. 클라이언트에게 복합적인 욕구 및 서비스를 충족시켜 주고, 도움을 필요로 하는 클라이언트를 위해 조정·중재하는 기능을 한다.
- 사회정책과 환경정책에 영향을 미친다. 물리적·사회적 환경을 개선하거나 물질적 서비스를 확보하는 데 필요한 정책 수립과 법 제정을 위해 활동한다.

2) 사회복지실천의 구성요소

사회복지실천을 구성하는 요소에 대한 연구자들의 견해는 다양한데 그 중 펄만(Perlman, 1957)의 6P와 핀커스와 미나한(Pincus & Minahan, 1973)의 4체계는 오늘날의 사회복지실천 현장에서도 중요하게 인식되고 있다.

(1) 펄만(Periman)의 6P

펄만은 사회복지실천의 구성요소로 사람(Person), 문제(Problem), 장소(Place), 과정(Process), 전문가(Professional), 제공물(Provision)을 제시하였다.

① Person(사람)

사람이란 특정 문제로 인해 고통 받고 있는 당사자로, 사회복지에서는 이를 클라이언트라고 명명한다. 대개 클라이언트는 자신이 가진 문제를 해결하고자 하는 욕구가 크지만, 자신의 문제임에도 불구하고 전혀 문제를 인지하지 못하는 경우 혹은 인지는 하고 있으나 해결에 대한 의지가 전혀 없는 경우도 많다. 이런 경우 문제를 가진 당사자뿐 아니라 그 문제로 인해 고통을 받는 타인들도 클라이언트로 간주해야 하며 사회복지사는 다음과 같은 측면을 고려하여 사람을 관찰하여야 한다.

- 문제를 가진 병리적인 존재가 아닌 무한한 강점과 잠재 능력을 가진 전인적 인간
- 클라이언트의 사고 체계와 행동 패턴
- 클라이언트에게 도움 혹은 방해가 되는 사람들과 그들과의 관계

② Problem(문제)

문제란 대상자에게 고통이나 어려움을 유발하는 상황이나 조건 등을 의미한다. 이는 개인의 욕구 결핍과 관련된 것이거나 인간관계에서 발생하는 어려움, 환경과의 맥락에서 유발된 문제 등을 모두 포함한다. 한편 문제는 해결되거나 변화되어야 할 것으로, 이를 해결하기 위해 사회복지사는 다음과 같은 노력을 수행해야 한다.

- 클라이언트가 호소하는 문제 파악 및 문제의 성격 분석(기간, 강도, 심각한 정도)
- 클라이언트와 관련된 중요한 타인들에게 문제가 미친 영향
- 문제해결을 위한 클라이언트의 노력 및 문제해결의 가능성
- 문제와 관련된 클라이언트의 자원과 발굴되어야 할 자원

③ Place(장소)

장소란 클라이언트와 전문가가 만나는 물리적 공간으로, 클라이언트에 대한 원조활동이 이루어지는 곳을 의미한다. 이곳은 클라이언트를 위한 직·간접적 서비스가 제공되는 곳이기 때문에 도움을 받고자 하는 클라이언트의 심리·정서적 안정에 도움이 될 수 있는 분위기를 조성해야 한다. 이러한 분위기를 조성하기 위해 다음과 같은 사항들을 고려해야 한다.

- 접근 용이성 및 시설 이용의 용이성
- 편안하고 따뜻하며 클라이언트에게 신뢰를 줄 수 있는 분위기
- 클라이언트의 문제해결을 위해 협력해야 할 유관기관

④ Process(과정)

과정이란 문제의 해결과 클라이언트의 이익 증대라는 일정한 목적 달성을 위해 전문가와 클라이언트가 수행하는 일련의 절차로, 체계적인 이론에 입각하여 구성된 활동을 의미한다. 문제의 양상과 특징에 따라 혹은 바탕이 되는 이론에 따라 사회복지실천의 과정은 조금씩 상이할 수도 있다. 그러나 대개의 경우, 보편적이고 체계적인 과정을 거쳐 사회복지실천의 활동이 이루어진다. 따라서 사회복지사는 사회복지실천 과정의 중요성을 정확히 파악하고 사회복지실천 활동에서 다음과 같은 사항들을 고려해야 한다.

- 문제의 해결을 위해 가장 적절한 이론과 모델
- 사회복지실천 과정에서 발생할 수 있는 위험 요인과 그에 따른 대처 양식
- 클라이언트의 적극적인 참여를 유도할 수 있는 전문가의 재량

⑤ Professional(전문가)

전문가란 클라이언트의 문제를 해결할 수 있는 과학적인 지식과 기술을 가진 자로 사회복지실천 현장에서는 사회복지사가 이에 해당한다. 전문가로 활동하기 위해서는 일정한 교육을 이수하여 자격을 취득하여야 한다. 사회복지실습을 포함한 정규교과과정의 교육을 받음으로써, 사회복지실천 현장에서 활동할 수 있는 전문적인 인력으로 성장하게 된다. 한편 사회복지실천 현장의 전문가는 다음과 같은 역할을 수행하게 된다.

- 클라이언트의 문제해결 및 권익 향상
- 유관기관들과의 네트워킹을 통한 조직력 증대
- 지역사회 자원으로서의 조직 홍보 및 주민들의 욕구 파악과 지원을 위한 계획수립과 집행

⑥ Provision(제공물)

제공물이란 클라이언트의 물질적 욕구는 물론 지지관계망 확보 욕구, 만족스러운 일상 활동에 대한 욕구 등을 충족시키는 데 필요한 제반 서비스 및 기회들을 클라이언트의 생활환경 가운데서 적극적으로 발견하고 찾아내어 그들이 이용 가능하도록 만들어 주는 모든 활동을 포함한다. 한편 제공물을 클라이언트에게 지원할 때 전문가는 다음과 같은 것들을 고려하여야 한다.

- 클라이언트의 사회복지서비스의 의존도 심화 문제
- 제공물을 지원받는 클라이언트의 낙인감 최소화
- 비공식적 지지망으로부터 지원될 수 있는 제공물의 유무
- 클라이언트의 인간다운 삶의 영위를 위해 필요한 다양한 자원

(2) 핀커스와 미나한(Pincus & Minahan)의 4체계

사회복지실천의 구성요소로서 핀커스와 미나한(Pincus & Minahan)은 변화매개인체계, 클라이언트체계, 표적체계, 행동체계를 제시하고 있다.

① 변화매개체계

클라이언트의 문제해결과 긍정적 변화를 계획하고 이끌어가는 전문가이자 클라이언트를 돕는 자이다. 사회복지사는 물론이고 사회복지 기관에 고용되어 원조 업무를 돕는 사람과 변화를 위한 노력을 주도하는 기관 전체를 의미한다.

② 클라이언트체계

변화매개인의 서비스가 필요한 사람으로 변화의 필요성을 인식하고 사회복지사를 찾거나 사회복지사에게 의뢰된 당사자들을 의미한다. 여기에서 클라이언트는 도움을 요청하여 변화매개인에게 서비스를 제공받는 개인이나 가족, 집단, 기관이나 지역을 의미한다. 이 경우 클라이언트와 변화매개인 간에는 변화를 위한 목적과 목표, 그리고 방법 등을 명시한 계약이 이루어져야 한다. 실천 현장에서는 클라이언트체계가 둘 이상이거나 도움을 요청

한 체계와 실제로 도움이 필요한 체계가 일치하지 않는 등의 애매한 상황이 발생하기도 한다.

③ 표적체계

표적체계는 변화매개인이 설정한 목표를 달성하기 위하여 영향을 미치거나 변화시킬 필요가 있는 대상으로 변화가 요구되는 체계를 의미한다. 일반적으로 클라이언트는 표적체계의 범주에 속하게 되지만 반드시 그런 것은 아니기 때문에 클라이언트체계와 표적체계가 항상 동일한 것은 아니다. 다만 클라이언트의 문제해결을 위해 클라이언트 자신이 변화해야 하는 경우에는 클라이언트체계가 곧 표적체계가 된다.

④ 행동체계

사회복지사가 의도적이고 계획적인 변화 노력을 달성하기 위하여 함께 상호작용하는 주체로, 이웃이나 가족, 전문가 집단 등이 여기에 해당된다.

3. 사회복지실천의 이념과 철학

사회복지실천에 영향을 미친 이념과 철학은 다양하다. 사회복지실천은 한편으로는 사회를 통제하는 성격을 띠기도 하고, 다른 한편으로는 사회를 변화시키는 성격을 띠기도 하므로 이념과 철학이 상충되기도 한다. 역사적인 흐름으로 볼 때, 사회복지실천의 이념적 배경은 꾸준히 변화되어 왔으며 다양한 이념적 배경은 시대적 변화에 따라 상이한 흐름을 보이기도 하였다. 사회복지실천에 직접적인 토대가 되고 사회복지실천에 영향을 미친 이념과 철학적 배경을 살펴보면 다음과 같다.

1) 인도주의와 박애주의가 사회복지실천에 미친 영향

인도주의는 '모든 인간은 인간이라는 점에서 동등한 자격을 갖추고 있다.' 생각을 바탕으로 인류의 공존을 꾀하고 복지를 실현시키려는 이념이다. 한편, 박애사상은 모든 사람을 차별 없이 두루 사랑해야 한다는 사상으로 인간의 인격과 인간성을 존중하고, 평등사상에 입각하여 인종, 종교, 관습, 국적 등을 초월한 인간애를 발휘하는 것을 말한다. 인도주의와 박애사상은 '타인을 위하여 봉사하는 정신'으로 실천되었다.

사회복지실천의 역사를 살펴보면, 인도주의와 박애주의는 자선조직협회(COS)에서 실시한 우애방문원 활동의 기본 철학이 되었으며, 우애방문원은 인도주의와 박애주의 영향을 받아 빈민 등 취약계층에게 인도주의적 서비스를 제공했다. 이러한 인도주의와 박애주의가 중요한 이념적 토대가 되었음을 알 수 있다. 그 대표적인 예가 바로 우애방문원(friendly visitors)이다. 이들은 대부분 자원봉사자들로, 기독교사상을 실천하려는 중산층 이상의 사람들이었다. 인도주의와 박애주의를 주된 이념으로 삼고 빈곤한 사람들을 대상으로 종교적 교회를 통해 빈곤으로부터 탈피시키고자 하는 구호활동을 전개하였다. 물론 이들이 빈민의 빈곤 원인을 개인적 결함으로 간주했다는 점과 도덕적이고 종교적인 교회를 통해 빈곤의 문제를 해결하고자 했다는 점은 비판받고 있다. 하지만 우애방문원 활동이 사회복지실천의 고유한 사상이자 기본 정신이라 할 수 있는 이타주의에 기반을 두고 있다는 것은 매우 중요한 부분이라 할 수 있다.

2) 사회진화론과 사회복지실천에 미친 영향

사회진화론은 19세기에 나타난 사회발전 및 사회변동을 설명하는 이론 가운데 하나로서 다윈이 주장한 진화론의 영향을 받았다고 알려져 있다. 찰스 다윈(Charles Darwin, 1895)의 저서인 '종의 기원'에서 유래한 사회진화론은 자연과학의 진화론을 사회학에 접목시킨 것이다. 즉, 가진 자원이 풍부하고 부지런하며 도덕적으로 월등한 존재인 사회적합계층은 살아남고, 가진 자원이 희박하고 게으르며 도덕적으로 열등한 존재인 사회부적합계층은 자연스럽게 소멸된다는 적자생존의 원리가 인간사회에도 적용된다는 것이다. 이러한 원리는 최초의 사회복지실천 활동이라 할 수 있는 우애방문원의 활동에도 반영되었다.

- 우애방문원은 빈민을 비롯한 사회의 요보호대상자를 사회부적합계층으로 여겨 열등한 존재로 간주하였을 뿐 아니라 그들 고유의 가치관이나 생활신념을 무시하고 기독교사상을 중심으로 하는 사회적합계층의 도덕관과 생활신념을 강요하였던 것이다.
- 도움을 받을 가치가 있는 빈민(worthy poor)과 가치가 없는 빈민(unworthy poor)을 구분하여 제공하는 도움의 질과 양을 달리하였다.
- 가치가 없는 빈민에게는 최소한의 도움만을 제공하는 등 사회적합계층의 삶에 방해가 되지 않도록 철저히 관리하였다. 사회진화론은 사회적합계층은 살아남고, 사회부적합계층은 자연 소멸된다. 빈부격차의 심화는 사회진화 과정에서 불가피하며, 부자는 우월해서 부유층으로 살아남고, 빈민은 열등해서 가난하게 살 수밖에 없다는 것이다.
- 사회진화론이 사회복지실천에 미친 영향은 자선조직협회가 사회통제적 성격의 활동을 하도록 한 것이다. 자선조직협회의 우애방문원은 빈민을 방문하여 중산층의 기독교적 도덕을 강요하여 그에 따르도록 했다. 즉, 빈민이 사회적합계층에게 위협적이거나 방해가 되지 않는 존재로만 남아 있도록 한 것이다. 이것이 사회통제적인 측면이다. 자선조직협회의 우애방문원 활동은 인도주의와 박애사상의 영향을 받아 인도주의적 서비스를 제공한 측면도 있지만, 한편으로는 사회진화론의 영향을 받아서 빈민이 부자 혹은 사회주류계층에 방해가 되지 않는 상태로 남아 있도록 했다.

3) 민주주의가 사회복지실천에 미친 영향

민주주의는 모든 인간은 평등하고 주인이 된다고 주장하는 이념이다. 민주주의는 사회진화론과 반대되는 이념을 표방하며 인간은 누구나 평등하다는 것을 전제로 클라이언트에게도 평등하게 처우 받을 권리가 있음을 강조한다. 이러한 민주주의의 등장으로 클라이언트에 대한 봉사철학이 강화되었으며 클라이언트의 자기결정은 큰 영향을 받았다. 왜냐하면 민주주의는 봉사를 제공하는 자를 우월하게, 봉사를 제공받는 대상자를 열등하게 처우했던 기존의 논리에서 벗어나, 주는 자와 받는 자의 권리를 평등하게 인정하였을 뿐 아니라 클라이언트를 자신의 문제를 결정하고 관여할 수 있는 권리가 있는 존재로 전제하기 때문이다.

민주주의가 사회복지실천에 미친 영향

- 민주주의의 영향으로 클라이언트에 대한 서비스를 결정하는 데 클라이언트가 적극 참여해야 한다는 사회적 움직임이 나타났고, 이는 클라이언트의 자기결정권에 영향을 미쳤다.
- 민주주의는 빈곤층의 가치를 인정한 인보관 운동에서 받아들여 사회개혁으로 이어졌다.
- 시민의식의 확산으로 사회복지실천 이념이 '주는 자' 중심에서 '받는 자' 중심의 서비스로 전환되었다.
- 민주주의의 등장으로 클라이언트에 대한 '선택적 봉사' 철학이 강화되었다. 즉, 모든 클라이언트에 대해 주는 사람의 입장에서 무조건적으로 서비스를 제공하는 것이 아니라 클라이언트에게 서비스수혜 여부를 결정할 수 있도록 한 것이다. 다시 말하면 대상자의 서비스 선택권을 강조하였다.
- 민주주의의 영향으로 클라이언트가 겪는 어려움은 개인의 결함이나 책임이 아니라 사회의 책임도 있다는 것을 인정하게 되었다. 즉, 빈곤에 대한 사회적 책임을 중시하였다.

4) 개인주의가 사회복지실천에 미친 영향

개인주의는 개인의 존엄 가치, 권리 등을 중요시하는 사상으로 국가 나 사회보다 개인을 중요시한다. 따라서 개인의 자유와 권리를 중요시하고 개인을 기초로 하여 모든 것을 규정한다. 개인주의는 자유방임주의를 지향하기 때문에 개인의 복지를 증진하고자 하는 국가의 개입이 개인의 자유를 침해하지 않는 선에서 최소화되어야 한다고 주장한다. 따라서 이 이념을 바탕으로 했을 때 빈곤의 원인은 개인에게 있으며 빈곤의 책임 역시 빈민에게 부여된다. 또한, 빈곤에 처한 개인이 최선을 다한다면 빈곤에서 벗어날 수 있는 것으로 보기 때문에 국가의 개입은 빈곤을 탈피하기 위한 개인의 자유의지에 발로한 행위를 무시하는 것으로 간주된다. 뿐만 아니라 국가적 개입에 의한 빈곤구제는 열심히 노력하여 부를 축적한 사람들에게 상당한 위화감을 초래할 수 있는 것으로 본다. 따라서 국가의 의무는 열심히 노력하는 사람들에게 보상 급부를 제공하는 것이며 최선을 다해 노력함에도 불구하고 열악한 환경이 나아지지 않는 빈민을 선별하여 최소한의 생활을 누릴 수 있는 수준에서 지원하는 것에 국한되어야 한다. 이러한 개인주의는 사회복지실천에서 사회진화론과 함께 수혜자격의 축소를 가져와 열등처우의 원칙을 야기하였다. 반면 긍정적인 측면에서는 클라이언트의 개인적 특성을 고려하는 개별화 원리의 바탕이 되어 미국사회복지실천 현장에서 큰 영향력을 발휘하기도 했다.

▶ 개인주의가 사회복지실천에 미친 영향

- 개인주의가 사회복지실천에 미친 영향으로는 '개인권 존중'과 '수혜자격 축소'를 들 수 있다.
- 개인의 자유와 권리를 중요시하므로 클라이언트의 개인적 특성을 존중하여 클라이언트에 대한 '개별화'를 중요시하게 되었다.
- 개인주의는 개인의 자유와 권리를 중요시하는 만큼 의무와 책임도 중요시한다.

5) 다원주의(다양화)가 사회복지실천에 미친 영향

다원주의란 유일한 절대적인 관점이나 가치관에 따라 어떤 일을 주장하는 것이 아니라, 여러 가지 관점과 가치관의 병립과 공존을 인정하고 각각의 관점, 가치관에 따른 다양한 주장을 용인하는 입장을 말한다. 윤리, 관심, 문화, 신념, 종교의 다양성을 존중하는 것은 현대 민주주의의 중요한 원칙 중 하나이다. 시대의 변화는 다양한 욕구와 복합적인 문제를 야기하였고, 이에 따라 사회복지실천 현장에서는 다양한 대상의 수용, 개인의 고유성을 인정하는 경향이 중요하게 부각되고 있다. 다양화는 과거의 병리적인 관점에서 탈피하여 변화에 대한 의지와 강점을 가진 인간으로서의 가능성을 촉진해야 한다고 주장하는 강점관점과 임파워먼트 모델에 힘입어 사회복지실천 현장에 상당한 영향을 미치고 있다. 즉, 소외된 계층도 스스로 성장하고 발전할 수 있는 힘을 가지고 있다는 관점으로의 변화이자 사회복지사와의 협력적·수평적인 관계로 전환되는 구심점이 된 것이다. 이를 계기로, 사회복지사와 클라이언트의 관계는 기존의 제공자와 수혜자에서 제공자와 소비자의 형태로 바뀌었으며 전문가의 입장에서 일방적으로 서비스를 제공하던 기존의 방식에서 이용자 중심으로 전환되었다. 또한, 클라이언트가 문제해결과정에 적극적으로 참여하도록 주체적인 역할을 강조하여, 사회복지실천 과정에서의 클라이언트 책임성을 강화하는 계기가 되기도 했다.

▶ 다원주의가 사회복지실천에 미친 영향

사회복지실천에서도 다양한 계층에 대한 수용, 다양한 문제 및 접근 방법에 대해 개방적인 입장을 보이는 등 새로운 경향이 지속적으로 발생하고 있다. 즉, 다원주의의 영향으로 다양한 계층과 문제를 인정하는 계기가 마련되었다. 예를 들어, 우리나라 사회가 다문화사회로 변화하면서 사회복지실천이 문화적 다양성에 따른 실천으로 확대되고 있는 것을 들 수 있다. 결혼이주여성, 외국인 노동자, 새터민(북한이탈주민)에 대한 실천이 이루어지고 있으며, 성적 소수자에 대해서도 사회복지 분야가 관심을 갖고 개입하고 있다. 이러한 대상은 아직까지 사회적으로 소수이며 적극적으로 권리를 주장하거나 옹호받지 못하기 때문에 사회복지실천은 이들이 자신들이 처한 삶의 조건을 향상시킬 수 있는 힘을 가질 수 있도록 역량강화 접근의 필요성을 강조하고 있다. 이러한 측면에서 다원주의는 다양한 계층과 다양한 문제를 인정하는 계기가 되었으며 역량강화 논의를 활발하게 하는 데 영향을 미쳤다.

표 1-1 사회복지실천에 영향을 미친 이념과 내용

이념	내용
인도주의 박애주의	• 자선조직협회의 인도주의적 서비스 제공 • 타인을 위하여 봉사하는 정신으로 실천됨 • 취약계층에게 인도주의적 서비스 제공
사회진화론	• 자선조직협회의 사회 통제적 성격의 활동 중산층의 기독교적 도덕성 강요 사회 주류 계층에 방해가 되지 않는 상태로 남아 있도록 함
민주주의	• '주는 자' 중심에서 '받는 자' 중심의 서비스로 전환 • 클라이언트에 대한 선택적 봉사 철학 강화 • 클라이언트의 자기 결정권 강조 • 인보관 운동: 빈곤층의 가치 인정, 사회 개혁적 활동 • 서비스 제공자와 소비자의 동등한 관계 강조 • 대상자의 서비스 선택권 강조 • 서비스 이용자의 정책 결정 참여 • 빈곤에 대한 사회적 책임 중시
개인주의	• 개인의 권리 존중 개별화, 수혜자격 축소(최소한의 수혜자격 원칙) • 빈곤의 원인과 책임을 개인으로 돌림
다원주의 (다양화)	• 다양한 계층, 다양한 문제 인정 • 역량 강화 논의 활발

4. 사회복지실천의 분류와 사회복지실천의 속성

1) 사회복지실천 수준에 따른 사회복지실천 분류

사회복지실천의 수준에 따라 사회복지실천을 미시 수준의 실천, 중범위 수준의 실천, 거시 수준의 실천으로 나눈다. 사회복지사가 실천 현장에서 만나는 클라이언트가 개인이나 가족 같은 가장 작은 크기이면 사회복지실천은 미시 수준의 실천이라 하며, 클라이언트가 집단이나 조직 같은 중간 크기이면 중 범위 수준의 실천이라 한다. 마지막으로 사회복지사가 지역사회 전체 사회 혹은 국가 수준에서 활동하는 것은 거시 수준의 실천이라고 한다.

(1) 미시 수준의 사회복지실천

① 개념

미시 수준의 사회복지실천이란 개인이 가장 친밀한 사람과 상호작용하는 과정에 개입하는 실천활동 혹은 개인과 가족이 직면한 문제를 해결하도록 돕는 활동을 말한다.

② 특징

미시 수준의 사회복지실천 활동은 개인의 심리적·사회적 상태, 부모 및 자녀관계나 부부관계 등에 개입하게 되므로 일반적으로 실천 대상은 개인이나 가족이다. 미시 수준은 클라이언트를 직접 만나서 이루어지는 직접 실천이 많기 때문에 사회복지사의 실천활동도 직접 서비스 제공이나 중개자 역할이 많다.

③ 미시 수준 실천의 예

퇴원한 정신장애인을 대상으로 사회기술훈련 제공, 가족치료 실시, 위탁가정 아동 방문, 정신장애인 재활상담 등이다.

(2) 중범위 수준의 사회복지실천

① 개념

중범위(중시적) 수준은 미시 수준과 거시 수준의 중간 수준이다. 가족처럼 친밀한 관계보다는 조금 거리가 있는 관계, 즉 기관이나 조직 내부, 기관이나 조직 간 상호작용 등에 개입하므로 집단, 조직이나 기관 등이 클라이언트가 된다.

② 특징

중범위 수준의 사회복지실천은 일반적으로 체계 간 의사소통 촉진, 중재, 협상을 이끌고 교육시키며 사람들을 참여하게 한다. 사회복지사는 치료집단을 조직하고 운영하는 등의 활동을 하게 된다.

③ 중범위 수준의 실천 예

지지집단 운영, 지역사회보장협의체에서 기관 실무자 네트워크 회의 소집 등이다.

(3) 거시 수준의 사회복지실천

① 개념

거시 수준은 지역사회나 전체 사회, 혹은 국가의 복지체계 같은 수준을 말한다. 따라서 거시 수준의 사회복지실천은 지역사회나 국가 수준에서 활동하는 것이며, 전체 사회의 향상과 변화를 목적으로 한다.

② 특징

사회복지사는 주로 국가나 사회의 정책 개발, 정책 대안을 발굴하고 제시하는 활동, 취약한 계층을 옹호하는 등의 활동을 수행한다. 미시 수준의 사회복지실천이 클라이언트를 직접 대면하여 활동하는 직접적 실천이라면, 거시 수준의 실천은 클라이언트를 직접 만나서 상호 작용하기보다는 간접적인 사회복지서비스 지원 형태로 이루어지기 때문에 간접적 실천이라고 할 수 있다.

③ 거시 수준 실천의 예

사회복지정책 분석 및 평가, 모금활동, 정책 대안의 발굴, 제안된 법안에 대한 분석, 지역사회자원 개발, 취약계층 옹호, 후원자 개발 및 관리, 노숙인 보호를 위한 모금활동, 직업재활 대상자를 위한 자원개발 등이다.

표 1-2 사회복지실천 수준에 따른 사회복지실천 분류

실천 수준	특징에 대한 설명	특징에 대한 예
미시 수준	개인 가족이 직면한 문제를 해결하도록 돕는 활동 개인의 가장 친밀한 상호작용 과정에 개입	-개인 상담, 정보 제공 -개인에게 사회기술훈련 제공 -가족치료 -위탁가정 아동 방문 -정신장애인 재활상담

실천 수준	특징에 대한 설명	특징에 대한 예
중범위 수준	기관이나 조직 내부 기관이나 조직간 상호작용에 개입	-자조집단이 지지집단 운영
거시 수준	지역사회나 전체 사회, 국가의 복지체계에 개입	-사회복지정책 분석 및 평가 -모금활동 -정책 대안 발굴 -제안된 법안분석 -지역사회자원 개발 -취약계층 옹호 -후원자 개발 및 관리 -노숙인보호를 위한 모금활동 -직업재활대상자를 위한 자원개발

2) 개입 방식에 따른 사회복지실천 분류

클라이언트를 변화시킴으로써 문제해결을 도와주는지, 클라이언트의 환경을 변화시킴으로써 간접적으로 클라이언트의 문제해결을 도와주는지, 개입 방식에 따라서 사회복지실천을 직접 실천과 간접 실천으로 나눈다.

(1) 직접 실천

① 개념

직접 실천은 직접개입이라고도 하는데, 클라이언트를 변화시킴으로써 클라이언트의 문제를 해결하는 실천 방식이다. 개인, 집단, 가족을 직접 대면하여 변화를 일으키는 것이다. 일반적으로 클라이언트의 사회적 기능이나 대처능력을 향상시키기 위해 개인, 가족, 소집단체계에 직접적으로 개입한다.

② 직접 실천의 예

장애아동 양육을 위한 부모 상담, 클라이언트가 필요로 하는 정보 제공, 가족치료, 기술교육 제공, 상담, 장애인 취업상담, 독거어르신 재가방문, 치매어르신 주간보호 제공, 정신장애인 사회기술훈련 등이다.

(2) 간접 실천

① 개념

간접 실천은 간접 개입이라고도 하는데, 지역사회에서 클라이언트를 둘러싼 환경체계에 개입하여 사회적 지지체계나 자원을 활용하는 실천 방식이다. 클라이언트를 둘러싼 환경에 변화를 일으켜 클라이언트의 문제해결을 돕는다. 클라이언트가 겪는 곤란이나 어려움 중에는 클라이언트 개인의 기능에 문제가 생겨 발생하는 것도 있지만 클라이언트를 둘러싼 환경에 문제가 있거나 두 체계 간 상호작용에 문제가 생겨 발생하는 것도 있다. 이런 경우 클라이언트의 변화만으로는 문제가 해결되지 않기 때문에 환경이나 두 체계 간 상호작용의 변화를 도모한다.

② 간접 실천의 예

아동 학대 예방을 위한 홍보활동, 학교폭력 예방활동을 위한 자원봉사자 모집, 희귀질환 아동을 위한 모금활동, 공청회 개최, 프로그램 개발, 모금운동, 예산확보운동, 자원봉사자 확보, 캠페인, 클라이언트 옹호, ADHD 아동 지원정책 개발 등이다.

표 1-3 개입 방식에 따른 사회복지실천 분류

실천수준	실천에 대한 설명	실천에 대한 예
직접 실천	클라이언트를 변화시킴으로써 클라이언트의 문제를 해결하는 실천 방식	-장애아동 양육을 위한 부모 상담-클라이언트가 필요로 하는 정보 제공 -가족치료 -기술교육 제공 -상담
간접 실천	클라이언트를 둘러싼 환경체계에 개입하여 사회적 지지체계나 자원을 발굴 또는 연계하는 방법을 활용하는 실천 방식	-아동 학대 예방을 위한 홍보활동 -학교폭력 예방활동을 위한 자원봉사자 모집 -희귀질환 아동을 위한 모금활동 -공청회 개최

실천수준	실천에 대한 설명	실천에 대한 예
		-프로그램 개발 -모금운동 -예산확보운동 -자원봉사자 확보 -캠페인 -클라이언트 옹호

3) 사회복지실천의 과학적 속성과 예술적 속성

사회복지실천은 과학적 지식에 바탕을 두고 개인·가족·집단·조직·지역사회의 사회적 기능 향상을 돕는 활동이며, 사회복지사는 과학적 지식과 사회복지 관련 전문 지식을 사회복지사 개인의 성품이나 가치관, 다른 사람에 대한 감정 등과 통합시키면서 전문적인 활동을 수행하는 사람이다. 이런 측면에서 사회복지실천을 과학과 예술의 조화라고 한다.

과학적 지식에만 의존하는 실천은 기계적인 수행에 그치게 되며 과학성이 결여된 예술성만으로는 효과적인 실천이 이루어질 수 없게 된다. 즉, 과학성과 예술성은 서로 대립되는 개념이 아니라 상호보완적이며 의존적인 관계에 있다.

(1) 사회복지실천의 과학적 속성

① 의미

사회복지실천의 과학적 속성인 과학적 기반 과학성은 효과적인 개입을 위해서 사회현상, 사회적 조건과 문제, 사회정책과 프로그램, 사회복지 전문직, 다양한 실천 이론과 관련된 지식에 바탕을 두고 이를 적용 활용하는 것을 의미한다. 사회복지가 전문 영역으로 기능하고 사회복지사가 효과적으로 개입하기 위해서는 체계적인 이론과 과학적인 근거가 뒷받침되어야 한다.

② 사회복지실천의 과학적 속성이 반영된 예

단일사례설계를 이용한 클라이언트 효과성 평가, 결식아동 지원 프로그램 과정 평가, 경험적 사실의 수집, 실험적 조사, 이론적 설명, 객관적 관찰, 기술훈련 등이다.

(2) 사회복지실천의 예술적 속성

① 의미

사회복지실천의 예술적 속성인 예술적 기반, 예술성은 클라이언트의 정서적 측면에 개입하는 사회복지사의 심리적 특성이나 능력을 적절히 활용하는 것을 말한다.

② 사회복지실천의 예술적 속성이 반영된 예

타인의 고통을 진심으로 이해하고 공감하는 능력, 클라이언트와 의미 있고 효과적인 관계를 맺을 수 있는 능력, 클라이언트의 특수한 상황에 맞게 유연하게 판단하고 적용할 수 있는 능력, 클라이언트와의 전문적 관계를 형성하는 능력, 클라이언트에 대해 감정이 이입된 의사소통능력, 창의적 사고, 적합한 가치, 직관적 능력, 건전한 판단력, 개인적 경험, 진실성, 사회적 관심 등이다.

4) 사회복지의 전문성

(1) 그린우드(Greenwood)가 제시한 전문직의 속성

그린우드(Greenwood. 1957)는 전문직의 속성(Attributes of a Professions)이라는 글에서 전문직의 속성을 다섯 가지로 제시했다. 이에 비추어 볼 때 사회복지직은 이미 전문직이라 규정하고 계속 전문직화를 추구해 나가는 과정 속에 있다고 평가했다. 그린우드(Greenwood)가 제시한 이 갖추어야 할 속성은 다음과 같다.

① **체계적 이론**(체계화된 지식기반과 기술)

체계적인 이론의 존재 여부와 기술의 사용 여부가 전문직과 비전문직을 구별하는 기준이다. 기술 자체보다는 기술의 근원이 되는 체계적이고 과학적인 이론의 존재 여부가 전문직으로 인정받기 위한 중요한 요소가 된다.

② **전문적 권위**

클라이언트와의 관계에서 전문직은 전문적 권위를 갖는다. 권위란 클라이언트에게 전문적인 영향을 미치는 힘이다. 전문가는 사회복지직에 부여된 전문적 권위와 신뢰가 있어야 한다.

③ **사회적 인가**(재가)

공동체나 사회의 승인 여부에 따라 전문직에 부여되는 권한과 특권은 달라진다. 사회는 특정 지식과 기술 등을 갖춘 집단에게 전문직이라는 권한을 부여함으로써 사회적으로 승인하게 되는데 일반적으로 자격시험 관장 같은 독점적 권한을 부여한다.

④ **전문직 문화**(공유된 전문직 가치와 규범)

전문직은 전문직 자체의 고유한 가치나 규범, 상징을 세워서 공유하고 이를 보존한다. 전문직은 다른 목적을 위한 수단이 되어서는 안 되며 사회복지사는 사명감과 직업의식을 가지고 전문직을 수행해야 한다.

⑤ **윤리강령**

전문직은 사회로부터 승인을 받고 전문직으로서 권한과 권위를 가지게 되는데 바람직한 전문직 수행을 위해서 체계화된 윤리강령이 있어야 한다. 윤리강령을 통하여 전문직 수행에 대한 옳고 그름을 판단하여 올바른 실천을 이끌어내고 전문가와 클라이언트를 보호한다.

중심어

사회복지실천의 정의, 목적, 기능, 이념과 철학, 사회복지의 전문성

연습문제

1. 사회복지실천의 목적과 기능에 대해 설명해 보시오.

2. 사회복지실천에 영향을 미친 이념과 내용에 대해 설명해 보시오.

CHAPTER

02 사회복지실천의 발달과정

1. 서구 사회복지실천의 역사적 발달과정

사회복지실천의 역사는 국가에 따라 역사적 배경이 다르며 전체 국가의 사회복지실천의 변천과정에 따라 이해해야 한다. 특히 서구의 사회복지 발달과정에서는 영국에서 최초로 시작 되었으며 산업혁명으로 인한 사회경제적 구조나 시민사회의 급격한 변화는 많은 사회문제를 유발하였고, 이에 따라 개인의 생활에도 영향을 받게 되었다. 구체적으로 구빈법 이래 전개되어 온 국가 차원의 빈민구제사업의 확대와 민간차원이 자선사업의 조직화가 시작되었다.

이 장에서는 서구 사회복지실천의 발달과정은 영국과 미국으로 제한하여 사회복지실천의 역사적 시대별 변천과정과 발달과정을 살펴보고자 한다.

표 2-1 서구 사회복지실천의 역사적 변천과정

서구 사회복지실천의 역사적 변천과정

년도	변천과정	내용
1900년 전후	태동기	자선조직협회 인보관 운동
1900~1920년	확립기	전문직회의 움직임
1920~1950년	분화기	3대 방법론 확립
1950~1960년	통합기	통합방법론 발전
1960~1980년	발전기	현장접근방법 방법론 정착
1980~현재	확정기	새로운 모델 다양한 관점

1) 사회복지실천의 태동기(19세기 말~1900년대 이후)

역사적으로 사회복지실천은 산업혁명 이후 19세기 말 영국에서의 질병, 빈곤, 범죄, 비행 증가 등 새로운 사회문제가 대량으로 발생하게 되면서 이를 대응하기 위해 공적 자원의 개입 및 문제해결이 역부족인 상황에서 개인이나 민간차원에서의 각종 자선사업과 박애사업이 등장하면서 19세기 말에 대도시를 중심으로 자선조직협회와 인보관 운동이 활발하게 전개됨으로써 사회변화에 많은 관심을 두게 되면서 전문적 사회복지실천이 태동하게 된다.

(1) 자선조직협회(Charity Organization Society: COS)

자선조직협회의 탄생배경은 18세기 중엽 영국에서 산업화·도시화가 진행되면서 많은 인구가 도시로 유입되었고 그에 따라 도시빈민들이 발생하기 시작하였기 때문이다. 이러한 도시빈민들의 문제를 해결하기 위한 목적으로 1800년대 초부터 영국에서 사회복지 기관들이 하나둘씩 출현하였다. 당시 사회복지 기관들은 대개 개인이나 민간단체들에 의해서 운영되었다. 주로 성직자들이 운영 및 활동을 주도했고, 거기에 종교단체들이 참여했다.

그 후 1900년대 초반까지 빈민을 위한 서비스는 이들 성직자와 거기에 가세한 부유한 자선가들에 의해 제공되었다. 그런데 이들은 서비스 제공에 필요한 정규적인 훈련을 받지 않았고, 인간행동에 대한 이해도 부족했기 때문에 어려움을 경험하고 있거나 문제를 표출하고 있는 개인들을 어떻게 도와야 할지 잘 몰랐다. 이들 민간조직 및 거기에 소속된 인력들에 의해 제공된 서비스는 주로 음식이나 주거시설 등과 같은 물리적인 원조였으며, 정서적 문제나 대인관계상의 문제들에 대해서는 종교적 훈계 차원의 개입만이 이루어졌다. 이러한 초기 활동들이 사회복지실천 영역에 포함된다고 보기는 어렵다.

사회복지실천 영역은 전통적인 박애활동 및 자선의 형태에서 벗어나 보다 현실적이고 체계적인 방법으로 사회문제 또는 사회적 고통에 대처하기 위한 방안을 찾아내고자 하는 노력에서 비롯되었다. 1800년대 중후반에 들어서면서 대도시를 중심으로 많은 민간 구제기관이 출현하기 시작했는데, 이들의 활동 목적은 실업자, 빈민, 환자, 신체·정신장애인, 고아 등을 돕는 것이었다. 민간 구제기관들은 빈민들의 행동습관이나 환경을 조사했고, 가정을 방문하여 그들이 자립할 수 있는 자립계획을 제시하고 경제활동을 지도하였다. 이들의 활동은 서로 조정이 되지 않은 채 제각기 행해졌기 때문에 중복되기도 했다. 따라서 이러한 민간 사회복지 기관들의 활동을 조절하기 위한 목적으로 영국에서 1800년대 중후반에 자선조직협회(Charity Organization Society: COS)가 결성되고 이후 영국 최초의 자선조직협회는 1869년 런던에서 설립되었고, 미국 최초의 자선조직협회는 1877년 뉴욕주의 버펄로에 세워졌다.

자선조직협회는 빈곤자에 대한 무분별한 구제를 방지하고 공정한 서비스를 제공하는 것이 목적이었다. 이를 위해 구제 신청자들의 가정을 방문하여 적합한 수혜자를 정하고 지속적인 감독과 충고를 통해 수혜대상자 가정이 독립적으로 생계를 꾸려 갈 수 있도록 하였다. 또한 자선조직협회는 '구제받을 자격이 있는 빈민(deserving poor)'과 '구제받을 자격이 없는 빈민(undeserving poor)'으로 구분하여 구제하였다. 또한 자선조직협회를 통해서 빈민구제에 활동하는 자원봉사자의 조직을 우애방문자(friendly visitors)라고 불렀다. 우애방문자는 주로 기독교 사상을 지닌 중산층 이상 부인들로서, 협회의 위원회에서 구호하기로 결정된 빈곤가정 사례를 할당받아 활동하였으며, 주된 활동은 가정생활, 아동교육, 가계경제 등에 대해 조언하고 지도하는 것이었다. 특히 미국에서는 빈민에 대한 한시적인 구호가 아닌 근로와 절약의 가치를 교육하는 데 주력하였고, 우애방문원의 가정방문, 면담, 기록, 분석 등의 활동은 사회복지실천 방법론중 개별사회사업의 기초가 되었다(김혜영 외, 2010; 박주현 외, 2013).

자선조직협회 원조는 클라이언트의 상황에 대한 철저한 조사와 평가를 근거로 이루어졌다. 이후 조사에 대한 명칭과 목적 및 절차가 변화되었지만 사회복지사 활동이 클라이언트체계의 상황, 강점과 약점, 기회 등의 이해를 기반해야 한다는 자선조직협회의 실천원리는 지금까지도 지속되고 있다. 이러한 점 때문에 자선조직협회 활동은 오늘날 개별사회사업(social case work)의 기초가 되었다.

자선조직협회의 활동은 오늘날 사회복지실천 발전에 있어 특히 방법론적 측면, 즉 빈민가정 방문을 통한 면담과 기록, 사례관리 등을 통한 개별사회사업 실천과 사회조사 등에 영향을 미쳤고, 사회복지실천 조직들 간의 체계성과 연대주의 제고에도 기여하였다.

반면 우애방문원을 통한 개입활동은 결과적으로 오늘날 사회복지전문직의 시발점이 되었다는 점에서 의미가 크다. 즉, 특정 지역 사회적 부유층의 개별적이고 시혜적이며, 무급의 단순자선이나 봉사 차원에서 머물던 우애방문원들의 수가 급속한 빈곤화로 인한 다량의 욕구에 시대적으로 부응하지 못하게 되고, 빈곤문제 해결을 위한 보다 전문적이고 안정적인 일자리가 필요해지기 시작하자 이들은 유급 직종으로 변환되면서 사회복지실천의 발전에 커다란 밑거름이 되었던 것이다.

그러나 자선조직가협회는 빈곤은 개인적 노력을 통해 제거될 수 있으며, 또한 빈곤은 대규모의 국가개입이 아닌 민간 부문의 노력을 통해 해결될 수 있다는 사고방식, 즉 빈곤이 발생하는 사회적 기반을 경시한 점이 자선조직협회의 한계점이라 할 수 있다(김동국, 1994).

(2) 인보관 운동(Settlement House Movement)

인보관 운동(Settlement House Movement: SHM)은 빈곤문제를 해결하려는 일종의 사회운동으로 시작되었으며 가진 자가 가지지 못한 자에게 주는 시혜가 아니라 서로가 서로에게 영향을 주고받는 운동으로, 서로의 문제를 유용하게 해결하는 방향으로 조직화하여 지역사회운동의 시발점으로 빈민의 문제를 개인의 차원보다는 사회의 차원으로 인식하여 빈민지역의 주택 개선, 공중보건 향상, 빈민착취방지 및 해결 등 사회문제에 대한 개혁적인 해결을 강조하였다.

세계 최초의 인보관 운동은 1884년 영국 런던(London)에 동부 빈민 지역(이스트엔드)에 세워진 토인비 홀(Toynbee Hall)로 시작되어, 1887년 스탠턴 코잇(Stanton Coit)에 의해 뉴욕(New York) 근린조합(Neighborhood), 1889년 시카고 헐하우스(Chicago Hull House) 등으로 이어졌다. 스탠턴 코잇은 런던 빈민가의 가장 중심적인 지역에 인보관을 만들고 그 곳에서 빈민과 더불어 일하고 생활하는 젊은 대학생을 목격하고 크게 감명을 받았다. 이러한 사상은 미국에 급속하게 퍼져나가서 1897년 74개소의 인보관이 생겼고, 1900년에는 100개 이상, 1920년까지는 400개 이상의 인보관이 미국에 설치되었다. 이런 내용은 미국 사회복지정책과 프로그램이 영국의 영향을 받았다는 증거가 된다(김융일 외, 2005).

미국의 인보관 중에서 가장 잘 알려진 헐 하우스(Hull House)는 의과대학생이었던 제인 애덤스(Jane Addams)에 의해서 1885년 영국 화이트 채플(white Chapel)에 있는 토인비 홀을 모델로 1889년 미국 시카고에 세워졌다. 헐 하우스 프로그램의 대부분은 다른 인보관 운동의 모델이 되었다. 헐 하우스의 특징은 이곳에서 일하는 모든 사람들이 이 기관에서 함께 숙식을 하면서 함께 생활한다는 것이다. 그 때문에 이 기관의 이름이 인보관(settlement house)이 되었다.

이곳에서 일하는 사람들은 모두 젊고 똑똑한 사람들이었으며, 높은 이상을 가진 대학생들이 주를 이루었다. 대부분 자유주의자들로 주택문제, 공공위생문제, 고용주로부터의 고용착취 등에 관심을 갖고 사회개혁을 시도한 사람들이다. 이들은 빈곤의 원인을 무직이라 생각하였고, 실직하게 된 것은 개인의 무지나 게으름 같은 도덕적 문제가 아니라 산업화 착취의 결과라고 주장하였다. 이들 역시 현대지역사회 사회복지사의 전신이다(양옥경 외, 2005).

뿐만 아니라 인보관 운동에 있어 청년들은 빈곤하거나 장애를 가진 소외계층(disadvantaged)에 대해 역량강화(empowerment)를 주장하였다. 즉, 소외계층도 자신의 문제를 해결할 수 있는 능력이 있음을 인정하고 그 능력을 발휘할 수 있도록 힘을 북돋아 주는 역할을 하였다. 이러한 인보관 운동은 요즈음 다시 대두되고 있는 사회복지실천방법으로 역량강화 모델의 이념적 근원이 되며 영국의 토인비 홀과 헐 하우스는 오늘날 지역사회복지관으로 발전하게 된다(양옥경 외, 2005).

표 2-2 자선조직협회와 인보관 운동의 비교

구분	자선조직협회	인보관 운동
문제의 원인	개인적인 속성을 강조	사회교육, 사회개혁
이념 및 이론	사회진화론적인 이념에 동조	자유주의와 당시의 급진주의 사상에 동조
주요 활동가	중산층 부인 중심의 자원봉사	젊은 대학생이나 의식 있는 지식인(교육자, 종교지도자 등)
도덕성에 대한 관점	기독교적 도덕성 강조, 빈자의 나태함 비난	도덕성의 다양한 관점 인정
실천 장소	가정방문	빈곤지역에 거주
접근 방법과 해결방향	사회문제의 접근 방법에 있어 빈민을 개조하거나, 그들이 처한 역기능적인 면을 수정하는 실용적인 방향으로 접근	인보관활동가들은 빈민과 거주하면서 기본의 사회체계를 비판하는 서비스에 역점을 두었음. 인보관운동은 집단사회의 기원으로도 볼 수 있다.

2) 사회복지실천의 전문직 확립기(1900~1920년 전후)

사회복지실천의 태동을 넘어 보다 내실 있게 성장하기 위한 기반을 다지기 시작한 시기이며 자선조직협회에 유급 근무자들은 그들의 전문성 함양을 위한 사회복지실천과 전문직의 수행을 위한 교육적 차원에서의 노력이 일어나기 시작했다. 이에 따라서 우애방문원들의 역할을 정립하고, 서비스의 질을 향상시키기 위하여 일련의 표준 훈련과정이 개발되었는데, 이것이 사회복지실천가를 위한 전문적 교육과정의 시초라고 알려져 있다(최혜지 외, 2013).

(1) 전문적 교육과 훈련제도 도입

전문성을 갖추기 위하여 우애방문원 교육과 훈련이 필요성이 이전되면서 1898년 뉴욕자선조직협회의 후원으로 공식적인 교육이 시작되었다. 당시 자선조직협회에서 근무하던 메리 리치몬드(Mary Richmond)는 1897년에 열린 자선 및 교정학회에 참석하여 전문교육을 담당할 기관의 필요성을 강조하였다. 이를 계기로 1989년 미국 최초의 사회복지 전문인력 훈련과정(Summer School of Philanthropy)이 개설되고, 뉴욕자선조직협회에서 매년 6주간의 프로그램을 실시한 것이 사회사업의 시초가 되었고, 1904년에 뉴욕박애학교라는 명칭으로 1년 과정으로 확대 개설되었다. 이후 뉴욕사회복지대학(New York School of Social Work), 시카고대학교의 사회복지 교육과정이 개설되었다. 1915년 의료전문직 평론가이자 전문적 교육의 권위자인 플렉스너(Flexner)는 전국자선교정사업회의에 강연을 통해서 사회복지의 전문직으로서의 기준을 제시하였다.

따라서 전문직은 '교육적으로 전달할 수 있는 기술'을 소유하지 않으면 안 된다고 하면서 사회복지사의 업무는 수없이 많고 다양하기 때문에 매우 의미 있고 조직화된 교육적 훈련을 구체화할 수 없다고 했다(김융일 외, 2005). 이후 사회복지의 전문성에 대한 논의가 급속히 전개되었고, 제1차 세계대전 이후 사회복지교육과 사회복지 종사자 수의 증가에 대한 기대와 맞물려 사회복지사의 전문직화 노력이 다양하게 시도되었다. 이에 따라 미국사회사업가협회(1905), 미국의료사회사업가협회(1918), 미국교회사회사업가협회(1934) 등 전문사회복지 영역별 협회들이 설립되었다(류상렬, 2006). 이 시기는 전문적 사회복지실천 이론이 확립되기 시작한 시기이며 전문직으로서 성장해 가는 시기라고 할 수 있다.

(2) 전문적 실천 활동과 이론화

이 시기의 사회복지사들은 사회경제적 상황과 가족의 특성이 개인의 건강과 복지 수준에 미치는 영향력을 고려하여 개인의 긍정적 변화를 도모할 수 있도록 돕는 전문직으로서, 학교, 병원, 교정시설 등 다양한 전문영역에서 아동복지 및 학교사회사업가, 의료사회사업가, 교정복지사 등으로 활동하기 시작하였다(Zastrow, 2009; 김혜영, 2010 재인용).

1900년 필라델피아(Philadelphia) 자선조직협회의 총책임자가 된 리치몬드는 개별사회사업을 체계화하는 데 기여한 가장 대표적 이론서인 『Social Diagnosis(사회진단)』(1917)를 출간하였다. 여기에서 그는 빈민이 처한 상황을 체계적으로 진단하는 기술을 제시하였고, 그간 우애방문자들의 활동 내용 및 실천 과정을 종합하였다. 그는 또 다른 저서 『What Is Social Case Work?』(1922)를 통해서 개별사회사업(Case Work)을 개인과 개인, 개인과 환경 간의 적절한 조화와 조정을 통해 인격의 발달 및 성장을 가져오게 하는 과정이라고 정의함으로써, 현재 사회복지실천의 기본 개념 틀인 '환경 속의 인간' 개념을 고려하였다(김혜영 외, 2010).

3) 사회복지실천의 전문직 분화기(1920~1950년 전후)

1920년까지 사회복지실천이 점차 전문직으로 성장하면서 전문 영역의 확장 및 이론적 기초를 이루기 위한 성장을 이루었다면, 이 시기에는 사회복지실천의 이론적·방법론적 발달이 각 영역별로 분화되어 발전하는 시기였다(양정남·최선령, 2008).

(1) 정신분석이론의 영향

1920년대 미국은 주식시장이 무너지면서 세계경제대공황에 처하게 되면서 빈곤의 원인을 개인에게서 사회로 돌리게 되는 중대한 계기가 되었고 경제대공항은 10년 동안 계속되었다. 경제 대공황 기간 동안 후버(Hoover) 대통령은 공적 구제에 대해 호의적이지 않았다. 1933년 루스벨트(Roosevelt)가 대통령이 되었을 때 그는 자신의 철학에 입각한 광범위한 공공영역(public sector)에서 공적 복지 프로그램이 제공되는 긴급구제법을 입법화하였다.

1930년대는 사회복지전문직의 이론 및 실천적 측면에서 분화가 일어나면서 특정 문제의 원인과 해결을 위한 개인적 측면과 사회적 측면의 학문적 충돌이 강하게 일어난 시기이다. 그 대표적 분화가 바로 프로이트(Freud)의 정신분석이론을 중심으로 하는 진단주의와 랭크(Rank)의 이론을 중심으로 하는 기능주의다. 이들 간 논쟁은 전통적 정신분석이론에 대한 비판이 제기되면서 시작되었는데 1950년대까지 지속되었으며, 사회복지실천에 많은 영향을 주었다(엄명용 외, 2011).

(2) 개별사회사업의 발달: 진단주의와 기능주의

사회적 변화로 인해 개별사회사업의 접근에서도 또 다른 움직임을 보이게 되는데, 이것이 바로 진단주의학파(diagnostic school)와 기능주의학파(functional school) 간의 분리이다(양옥경 외, 2005).

진단주의학파는 프로이트(Freud)의 이론에 근거하여 무의식, 전이, 저항, 정신적 결정론을 포함하는 개념들을 기초로 하고 있다. 1920년대 개별사회사업은 클라이언트의 초기 아동기에 발견되지 않은 문제와 클라이언트의 자라 온 과정을 탐구하는 것을 기반으로 하는 해밀턴(Gordon Hamilton), 홀리스(Florence Hollis), 오스틴(Lucille Austin), 로베르그(Fern Lowerg), 가렛(Annette Garrett) 등의 학자가 있다.

진단주의는 변화의 중심이 문제를 진단해 규정하고 치료계획을 세우는 사회복지실천가에게 있다고 보았고, 진단주의학파는 클라이언트가 자신의 심리적 과거를 통찰하면 현재의 행동 패턴이라는 감옥에서 자유로워진다고 가정하고, 심리적 통찰을 발달시키고 자아 능력 강화를 위한 지지 제공을 치료전략으로 하였다(최해경, 2009).

반면 기능주의는 인간의 성장성을 중시하고 현재에 초점을 두면서 인간과 인간, 인간과 사회환경과의 관계를 중심적으로 분석하고 사회복지실천가는 원조를 필요로 하는 사람의 성장에 기여한다는 믿음과 협력적 실천관계를 중시하며, 문제해결의 중심은 당사자 자신임을 강조한다. 또한 과거보다는 현재에, 'here and now(여기 그리고 지금)'의 상황에 초점을 둠으로써 실존주의적 입장과 '성장 심리학'에 근거하고 있다.

기능주의학파는 1930년대 대표적인 학자 오토랑크(Otto Rank)는 프로이트(Freud)의 인간관에 이의를 제기하여 인간은 그들 과거의 생산물이 아니라 그들 스스로 계속적으로 창조하고 재창조할 수 있다는 인간에 대한 낙관적 견해를 채택하였고 기능주의 특성으로 진단주의에 영향을 주어 진단주의가 개인의 내적 진단을 중시한 프로이트의 영향에서 약간 벗어나 환경 속의 인간을 이해하는 쪽으로 나아가게도 하였다(엄명용 외, 2011).

(3) 집단사회사업의 발달

집단사회사업은 1930년대에 중요한 사회복지실천 방법론으로 인정받게 되며 집단사회사업은 직접적인 리더십보다는 집단 구성원들 사이의 상호작용을 강조하였고 경쟁보다 협동에 초점을 두었다.

1923년 웨스턴리저브(Western Reserve)대학교 사회복지대학원에 처음으로 코일(Coyle)이 집단사회사업 강의를 시작했고, 이후 많은 대학에서 집단사회사업 교과과정을 갖추어 가르치기 시작하였다. 1940년대는 사회복지전문가로 인정받기를 원하는 집단사회사업가들의 열망뿐 아니라 정신분석기법을 지향하는 개별사회사업가들의 긴밀한 협력으로 인해 집단을 치료 목적으로 활용하는 경우가 늘어나기 시작하였다. 1946년에는 전미사회복지회의에서 코일(Coyle)의 보고서에 의해 집단사회사업이 개별사회사업이나 지역사회조직사업과 똑같은 사회복지실천기술의 한 방법으로 공식적인 인정을 받게 되었다.

(4) 지역사회조직사업의 발달

1920년부터 주 단위로 공적 복지기관이 설치되면서 지역사회조직사업은 새로운 단계에 접어들었다. 1935년에는 사회보장법이 제정되었고, 연방정부가 사회보장에 대한 책임을 명확히 함으로써 미국에서도 공적 사회사업기관이 발달하게 되었다. 1929년 대공황을 겪으면서 이를 대응하기 위해 루스벨트(Roosevelt) 대통령은 뉴딜정책을 펼치게 되었고, 사업의 일환으로 공공영역에서 사회복지사들을 대거 고용하기 시작해 사회복지사들이 전문적으로 활동을 하게 되었다(백은령 외, 2009).

최근에는 전문화에 대한 강조가 약화되면서 오히려 '일반적 실천'(generalist practice)이라는 접근을 통해서 사회복지실천가가 갖고 있는 지식과 기술이 광범위한 영역에 걸쳐 사용될 수 있으며, 문제의 사정과 해결모색이 보다 포괄적으로 이루어진다. 결국 오늘날의 사회복지실천은 개인 변화를 주창한 자선조직협회의 영향, 개혁성향의 사회변화를 주창한 인보관 운동의 영향 그리고 근린지역사회 자원의 조직 및 동원을 강조하는 지역사회조직

운동 등의 영향이 통합되어 이루어진 것이라 수 있다(엄명용 외, 2011).

4) 사회복지실천방법 통합기(1950~1970년 전후)

1950년대에 들어와 이론적 통합이 이루어지게 된다. 펄만(Perlman)은 1957년 『개별사회사업 문제해결과정(Social Casework: A Problem-Solving Process)』이라는 저서에서 기본적으로 진단주의적 입장을 취하면서 기능주의 견해를 수용하여 절충 주의적 방식을 제시함으로써 진단주의와 기능주의 논쟁이 끝이 난다.

이후 각 실천방법 간에 공통기반과 준거 틀을 명확하게 하면서 사회복지실천의 공통기반을 완성하게 된다. 이 공통기반을 토대로 통합적인 사회복지실천 이론을 형성하면서 통합하게 되었다. 여기서 통합적 방법은 사회복지실천가가 개인, 집단, 지역사회에서 제기되는 사회문제에 활용할 수 있는 공통된 하나의 원리나 개념을 제공하고자 하는 방법의 통합화, 즉 공통된 지식, 가치, 기술에 기반을 두는 것을 의미한다(김용환 외, 2013).

1970년대 개별적인 사회복지실천 방법론의 전문화에 대한 강조가 약화되면서 '일반적 실천(generalist practice)'이라는 접근을 통해 사회복지실천가는 자신이 갖고 있는 지식과 기술을 광범위한 영역에 걸쳐 사용할 수 있고, 문제의 사정과 해결모색이 보다 포괄적으로 이루어질 수 있게 되었다.

이 과정은 단계적으로 진행되었으며, 문제와 욕구에 대응하기 위해 통합방법론적 대표적인 통합 모델로 4체계 모델(Pincus & Minahan), 단일화 모델(Goldsein), 문제해결과정 모델(Compton & Galaway), 생활 모델(Germain & Gitterman) 등이 있다(박세정 외, 2008). 1955년에는 미국사회사업가협회(NAWS)가 의료사회사업가협회, 학교사회사업가협회, 사회사업가협회, 정신의료사업가협회, 집단사회사업가협회 등 다섯 전문직 단체와 지역사회조직사업과 사회사업조사에 관한 두 연구단체를 합하여 단일 전문직 단체로 출범하게 되었다(양정남 외, 2008).

5) 사회복지실천의 확장기(1970년~현재)

사회복지실천은 사회정책과 사회개혁에 보다 많은 관심을 나타내기도 하고, 혹은 개인 변화를 돕는 직접서비스 전달에 충실한 기능을 수행하는 등 초점의 변동이 있었다. 1960년대 중반에 이르러 많은 연구들은 빈곤이란 어느 특정 지역에 국한된 문제이기보다는 쉽게 경제적·인종적 차별과 연결될 수 있는 이슈임을 강조하였다. 존슨 대통령은 'War on Poverty(빈곤과의 전쟁)'을 선언하고 공적 부조 제도에 대한 개혁을 추진하여 빈곤가정 어린이의 조기 두뇌개발을 위한 헤드 스타트(Head Start) 프로그램과 포괄적인 지역사회 행동계획(Community Action Program) 등을 도입하였다.

이 시기에 지역사회사업실천의 확장으로 사회적 보호와 지역사회사업의 개념은 상처받기 쉽고 혜택을 받지 못한 집단에 특별히 주안점을 둠으로써 더욱 강화되었다. 권한부여(empowerment)는 1970년대 이후 사회복지에서 일반체계이론과 생태학 이론을 활용하게 되면서 나타난 일반사회복지실천에서 오랫동안 존재해왔던 강점 중심의 실천 모델이라고 할 수 있다. 클라이언트를 문제 중심이 아니라 강점 중심으로 봄으로써 클라이언트의 잠재력 및 자원을 인정하고 클라이언트가 건강한 삶을 결정할 수 있도록 권한 혹은 힘을 부여하고자 하는 것이다. 전략은 가난하고 억압받는 집단들을 대상으로 활동하면서 특별히 그 필요성이 인정되었다(Lee, J., 1994).

또한 개별사회사업실천에서는 다양한 이론적 관점을 수용하게 되었고 클라이언트의 관점에 보다 관심을 갖게 되었다(Anderson & Goolishian, 1992). 뿐만 아니라 상황에 맞게 클라이언트의 처지와 체질에 맞는 개입이 강조되었으며 역할 및 개입전략의 다중성이 중요하게 여겨졌다(Germain & Gitterman, 1980). 또한 문제에 대한 사회, 정치적 측면뿐만 아니라 개인적 차원에서 동시에 해결되어야 한다는 필요성이 강조되었다. 개인이나 가족들과 치료적인 대화를 나누는 이야기 및 해설자적 접근법 등 매우 독특한 치료적 개입기법이 개발되었고, 단기문제해결 중심의 개입기법이 개발되었다(Borden, 1992).

한편 사회복지 전문직 측면에서 문제가 된 이슈는 공공부문의 확대된 일자리에서 사회복지사 역할을 담당하는 사람의 대다수가 사회복지 고등교육을 이수한 인력이 아니라는 점이었다. 따라서 전미사회복지교육협의회(CSWE)

는 1962년 학부교육과정을 개발하여, 1974년부터 학부 교육과정의 인증 제도를 시행하기에 이르렀다.

결국 1960년대 말부터 1970년대에 이르기까지 학부교육과정의 급증은 일반주의 사회복지실천에 대한 확대보급을 가져오게 되었다(최혜지 외, 2013). 이와 함께 사회발전과 변화로 인한 사회복지실천의 대상체계가 다양해지고 늘 새로운 문제양상이 발생하면서 이에 맞출 수 있는 구체적이고 체계적인 새로운 실천접근법도 필요하게 되었다. 대표적인 예로, 1960년대 이후로 사회구조의 변화 속에서 가족 내 구성원들이 겪는 복합적인 개인사회적 갈등과 그 문제의 치유를 위한 해결방안으로 가족치료적 접근은 매우 중요하게 인식되었으며, 오늘날에 사회복지실천의 중요한 대상이자 실천분야로 자리 잡았다.

2. 한국 사회복지실천의 역사적 발달과정

1) 사회복지실천의 발달

우리나라의 근대 사회복지실천 도입은 1950년대 초 한국전쟁 시기에 이루어졌다. 서구의, 특히 미국의 원조단체들은 우리나라 사회복지실천의 초석을 다지게 하는 계기가 되었으며, 무엇보다도 전쟁으로 인해 혼란한 시대에 구호활동을 위해 상당한 노력들을 기울였다.

그러나 다수의 외원기관들이 들어와 활동하는 과정에서 예전 서구의 역사에서처럼 서비스의 중복수혜나 사각지대가 발생하면서 서비스의 조직과 전달의 문제가 드러나고 체계적인 협조의 필요성이 강하게 인식되기 시작하였다. 이를 위하여 1952년 3월, 외원단체들의 협력조직체인 한국외원단체협의회(Korea Association of Voluntary Agencies: KAVA)가 탄생하게 되었다.

이 조직은 지금까지의 구호 및 원조에 있어서 발생한 혼선을 예방하고 서비스 제공자 간의 협력과 조정기능을 강화하여 정보교환과 사업계획의 통일, 협력 체제를 통한 사업의 원활한 추진을 목적으로 하였다. 외원단체들이 국내에서 펼친 각종 사회사업 내지 실천방법들은 곧 우리나라 사회복지실천이 근대적 형성을 이루는 데에 중요한 영향을 미쳤다. 그 영향을 정리하자면 다음과 같다(최원규, 1996).

첫째, 한국의 사회사업이 기독교와 밀접한 관련 하에 전개되도록 하였다.

둘째, 한국에서 전문 사회사업이 시작되도록 하였다.

셋째, 시설 중심의 사회사업이 발전하게 된 계기를 만들었다.

넷째, 한국의 사회복지가 거시적인 사회정책보다는 미시적인 사회사업 위주로 발전하게 하였다.

다섯째, 한국인들로 하여금 사회사업을 구호사업 또는 자선사업과 같은 것으로 인식하게끔 하는 데 기여하였다.

여섯째, 외원단체의 철수에 따라 외원에 크게 의존하던 한국의 민간사회사업 부문이 이제는 정부에 의존하게 됨으로써 민간사회사업 부문이 정부 통제 하에 편입되게 하는 데 영향을 미쳤다.

한국전쟁 이후 서서히 안정을 찾기 시작하고 경제적 발전의 초석이 마련되기 시작하면서 외원단체의 활동도 점차 줄어들기 시작하였다. 특히 1970년대에 들어서면서 한국의 고도 경제성장으로 외원의존도가 확실히 감소하면서 국내의 자생적 민간기관 및 단체를 포함한 우리나라의 사회복지실천은 아직 체계를 이어받거나 발전시키지 못한 상태에서 자구적인 전문실천을 모색하기 시작하였다.

그럼에도 외원단체들 중에서는 우리나라에서 토착화에 성공한 단체들도 있으며, 이들은 역사적 의미뿐 아니라 일정부분 실제로 우리나라 사회복지실천의 도입과 성장에 기여하기도 하였다.

외원기관에서 출발하여 한국 사회에 뿌리를 내리고 현재까지 사업을 전개하고 있는 몇몇 대표적인 국내 사회복지 기관들로는 기독교 아동복지회(Christian Children's Fund: CCF, 현 한국복지재단), 선명회(World Vision of Korea, 현 월드비전), 홀트아동복지회(Holt Adoption Program: HAP), 한국지역사회복리회(Save the Children: CF, 세이브더칠드런), 캐나다 유니테리안봉사회(Unitarian Service Committee of nada: USCC, 현 한국봉사회), 메노나이트중앙재단(Mennonite Central Committee:

MCC, 현 가정복지회), 스웨덴아동구호연맹(Swedish Save the Children Federation: SSCF, 현 한국아동복지회), 양친회(Foster Parent's plan: FPP, 현 양친사회복지회), 태화복지재단 등이 있다(엄명용 외, 2011).

2) 사회복지실천교육의 발달

우리나라 사회복지발달과정을 시기별로 구분해 보면 1960년대는 사회복지의 제도적 형성기, 1970년대는 사회복지의 실험적 실천기, 1980년대는 제도적 정비기로 볼 수 있다. 1960년대 들어와서 「공무원연금법」(1960), 「생활보호법」(1961), 「아동복리법」(1961), 「고아입양특례법」(1961), 「윤락행위등방지법」(1961), 「군사원호법」(1961), 「재해구호법」(1961), 「사회보장에 관한법률」(1963), 「산업재해보상보험법」(1963) 등의 제정으로 사회보험과 공공부조, 사회복지서비스의 제도적 기반을 구축하기 시작했다. 그러나 각종 입법의 취지대로 건강하고 문화적인 수준의 보호에는 이르지 못했으며, 사회복지정책은 자활지도 위주로 이루어졌고 시설보호사업은 외국의 민간 원조기관의 후원 아래 유지되고 있었다.

사회복지실천과 관련된 제도 면에서 꾸준한 발전이 있어 왔는데, 특히 사회복지 전문 인력을 양성하는 교육적인 측면에서는 많은 변화가 있었다.

1947년 최초의 사회사업학과가 이화여자대학교에 설치되었고, 이 당시부터 시작된 전문 사회사업교육에서는 미국식 전문교육모형을 받아들여 치료중심의 사회사업방법들을 교육하였다.

1970년대 들어서는 「사회복지사업법」(1970), 「의료보호법」(1977) 등이 제정되고 1960년대에 입법화된 각종 제도들이 본격적으로 시행되고 있었으나 경제개발 우선 정책에 밀려 사회복지정책은 괄목할 만한 발전을 보지 못했다. 구체적으로, 1970년에는 「사회복지사업법」이 최초로 명시되었으며 1983년에 사회복지사 자격제도의 시행과 더불어 최초의 사회복지관인 '태화여자관'이 1921년에 세워졌다. 그 후 본격적으로 정부의 개입으로 1983년 개정된 「사회복지사업법」을 토대로 사회복지관의 설립 및 운영을 지원하는 근거가 마련되었고, 1989년 사회복지관 설치·운영 규정이 만들어지면서 정부는 지방자치단체와 협력하여 저소득층 밀집지역에 사회복지관의 설치를 확대하는 정책을 추진하였다.

이처럼 1980년대에 들어서서 「아동복리법」이 확대·개정되고(1981, 1984), 「노인복지법」(1981, 1989), 「장애인복지법」(1981, 1989) 등이 제정 및 개정되었으며, 국민연금의 실시(1988), 최저임금제의 도입(1988), 의료보험의 국민개호보험화(1989) 등 일련의 입법조치와 복지행정의 확대가 이루어지기 시작했다. 사회복지관의 확대와 함께 1987년 7월 1일부터는 도시 저소득층 밀집지역 동사무소에 사회복지 전문요원이 배치되기 시작하였고, 1996년부터는 사회복지사의 전문성을 제고하고자 1988년부터 그 명칭이 '전문 사회복지사'제도로 바뀌어 시행되고 있다. 또한 1966년부터 「정신보건법」이 시행되면서 한국정신보건사회복지사업학회가 보건복지부의 위탁을 받아 '정신보건 사회복지사'를 배출하고 있다. 1997년 7월에는 사회복지사업법이 전면개정되었고, 1988년에는 사회복지사 자격 국가시험이 신설되었다.

또한 1990년대에 들어와 「고용보험법」(1993), 「성폭력범죄의 처벌 및 피해자보호 등에 관한 법률」(1994), 「사회보장기본법」(1995), 「윤락행위등방지법」(1995), 「여성발전기본법」(1996), 「가정폭력의 방지 및 피해자보호 등에 관한 법률」(1997), 「장애인·노인·임산부 등의 편의증진보장에 관한 법률」(1997), 「국민의료보험법」(1997), 「사회복지공동모금회법」(1999), 「모자복지법」(1998), 「국민연금법」(1998), 「국민건강보험법」(1998) 등의 제·개정으로 사회복지의 대상영역이 확대되고 4대 사회보험이 구축되는 등의 변화를 통해 21세기를 향한 복지국가의 기반을 다져 나갔다.

이러한 제도적인 측면에서의 정비와 함께 우리 사회는 사회복지실천의 전문적 지식과 기술을 발휘할 만한 현장이 아직은 미흡하지만 서서히 형성되어가고 있다. 「정신보건법」 시행의 결과로 종합병원의 정신보건 관련 현장, 지역사회정신보건센터 등에서 개별실천 및 집단실천의 장이 점차 확대되고 있고, 지역사회복지관에서도 아동 및 청소년 등을 대상으로 개인 및 집단 실천이 확대되고 있다. 최근에는 학교사회사업의 제도화를 위한 움직임들이 나타나고 있기도 한다.

무엇보다 국민기초생활수급자들에 대한 생활보호 업무수행의 전문화와 함께 타 전문적 실천의 장이 확대되어 감으로서 사회복지실천 전문기술에 대한 요구는 증가하고 있다.

3) 사회복지관의 발달

우리나라 최초의 사회복지관 태화여자관(현태화기독교사회복지관)이다.

1952년 부산기독교사회관이 설립되었는데, 이는 한국전쟁 중에 부산으로는 피난을 갔던 태화관 직원들에 의해서 시작되었다고 한다. 1956년에는 이화여대 부속 사회관이 개관되고, 1958년에는 군산기독교사회관이 박순임이라는 개인에 의해서 설치, 운영되었다. 이들 사회관들은 1958년 태화관에서 모임을 갖고 사회관연합회 결성을 도모하며 강습회를 개최하기에 이른다.

이런 소수의 사회복지관 외에 1970년대까지만 해도 사회복지관은 크게 활성화되지 못하였다. 1983년 개정된 「사회복지사업법」에서 사회복지관사업을 법정사업으로 규정함으로써 본격화할 수 있는 기틀이 마련되었고, 그 이후 1990년을 전후 사회복지관이 급속하여 증가하였으며, 지금까지 사회복지서비스가 수용시설을 중심으로 전개되어 온 사실을 감안할 때 이용시설인 사회복지관이 지역주민을 대상으로 복지서비스를 제공하게 되었다는 점에서 사회복지관 사업의 확대는 커다란 의미를 갖는다.

4) 전문사회복지실천의 발달

우리나라는 사회복지사의 전문성에 대한 새로운 인식과 벌전의 중요한 계기가 된 「정신보건법」이 1997년 제정 실시되어 공식적 정신보건사회복지사가 탄생하였다.

이로써 개인대상의 치료적 개입영역에 전환점을 이루게 되었고, 현재 정신보건복지 및 의료복지 분야에서의 전문성 확보에 대한 노력이 계속적으로 강화되고 있다.

이 외에도 학교사회복지사제도의 확립을 위해 다양한 현장에서 시범사업들이 실시되고 있고 군사회복지사, 교정사회복지사 등 전문사회복지실천의 요구가 높아지고 있다.

5) 사회복지실천 현장의 서비스 체제 변화

한국의 사회복지실천 현장은 그 구조와 맥락에서 현격한 변화를 겪게 되었는데, 특히 2010년대 「사회보장급여법」 제정 및 개정으로 사회복지 전담공무원의 배치와 업무, 통합사례관리 등에 관한 법적 근거가 마련된 점은 사회복지서비스 제공과 기관, 연계 등 서비스 체계 전반에서의 성장과 발전을 더욱 촉진하였다.

한편 우리 사회는 유래를 찾기 어려울 만큼의 저출산·고령화 현상 속에서 그 어느 때보다도 만연한 경제위기와 실업, 가족 해체 등에서 비롯되는 다양하고 복합적인 사회문제들에 대한 '사회적 돌봄' 요구에 더욱 직면하게 되었다.

즉, 사회복지서비스 다양화와 맞춤형 지원 그리고 이에 맞는 전달 체계 개편 요구와 직결된다. 이런 현상을 반영하여 정부는 2018년 지역사회중심의 통합적 복지체계인 '지역사회통합돌봄(커뮤니티케어, communitycare)'을 제시하면서 우리나라 사회서비스 재구조화를 꾀하기 시작했다. 지역사회통합돌봄이란 "케어(care)가 필요한 주민들이 자기 집이나 그룹 홈 등 지역사회(community)에 거주하면서 개개인의 욕구에 맞는 서비스를 누리고 지역사회와 함께 어울려 살아가면서 자아실현과 활동을 할 수 있도록 하는 사회서비스 체계(보건복지부, 2018)"로 정의되며, 지역사회 거주를 기반으로 하면서 좁은 의미의 돌봄뿐 아니라 주거, 복지 및 보건의료서비스 등을 포괄하는 개념으로 접근한다.

사회복지실천 현장에서는 사회복지사의 전문성을 강화하여 사례관리 전담인력을 보강하고 지역사회 연계를 통한 민관협동의 통합사례관리 강화가 요구되는 현실이다(이경준 외 2019). 따라서 오늘날 사회복지실천 현장은 앞선 요구들과 함께 수많은 도전에 직면해 있기도 하다. 우선 공공복지 영역에서의 전통적 관료주의나 전달 체계의 효율성 문제, 민간복지 영역에서의 전문성 담보 우려와 불안한 재원 확보나 운용 문제 등의 극복을 넘어서 공공과 민간의 협력 및 연계체제 도모와 상호적 공공성과 책임성 공유, 더욱 높게 요구되는 사회복지 기관의 윤리경영 의식과 사회적 경제관점 등 그 차원도 매우 다양하다.

최근 팬데믹(pandemic) 현상 속에서 사회복지영역도 곳곳에서 취약점이 드러나면서 지역사회서비스체제에 대한 전체적 점검과 '비대면·비접촉' 시대의 서비스 모형과 프로그램들이 새롭게 개발되어야 한다.

중심어

자선조직협회, 인보관운동, 우애방문단, 개발사회사업의 발달, 한국외원단체 협의회

연습문제

1. 자선조직협회와 인보관 운동의 특징 및 차이점에 대해 설명해 보시오.

2. 진단주의학파와 기능주의학파의 차이점에 대해 설명해 보시오.

CHAPTER

03 사회복지실천의 가치와 윤리

1. 사회복지실천의 철학적 기반

1) 가치의 개념

로웬버그(Lowenberg)는 가치(Value)란 "믿음과 같은 것으로 좋고 바람직한 것에 대한 지침이며 적합한 행동의 선택에 대한 지침이다."라고 하였다.

고든(Gordon)은 객관적으로 증명할 수 없고 주관적으로 선호하는 것으로 '인간의 절한 행동을 선택하는 지침이나 기준'으로 보았고, 리머(Reamer)는 '인간이 노력하는 데 있어 지침이 되는 바람직한 최종 상태 혹은 사회적 행동을 이끄는 정당화된 목적의 가장 일반적인 진술 또는 여러 대안적 행동 중에서 선택할 때 영향을 주는 규범적 기준'이라고 하였다.

레비(Levy)는 '사람에 관하여 그리고 사람을 다루는 적절한 방법에 대한 전문직의 신념'으로 정의하였다(김융일 외, 2005: 101). 전재일 등(2004: 44)은 가치를 '어떤 행동의 좋고 나쁨, 옳고 틀림, 바람직함과 바람직하지 못함이라는 도덕적 판단의 기준인 동시에 행복 또는 불행한 상태를 판단하는 기준'으로 보았다. 일반적으로 사회복지 윤리학 분야에서는 가치를 '인간의 삶과 관련된 특정 수단, 목적, 조건들에 대한 보편적 선호'라고 정의한다.

2) 사회복지 목적과 관련된 가치

사회복지 가치를 추상적인 목적과 관련된 궁극적 가치, 이러한 목적을 달성하기 위해서 사용할 수 있는 수단인 수단적·도구적 가치 그리고 이 두 가지 사이에 추상적 가치를 좀 더 구체화한 차등적 가치의 세 가지로 범주화하였다.

(1) 궁극적 가치

궁극적 가치(Ultimate values)는 가장 추상적이고 다수에 의해 쉽게 동의를 얻을 수 있는 내용들이다. 궁극적 가치는 절대적 가치로 사회나 시대상황에 관계없이 불변하는 가치이다.

예로 인간의 존엄성, 사회정의, 자유, 평등, 평등한 대우 및 차별금지 등을 말한다.

(2) 수단적 가치

수단적 가치(Instrumental values)는 궁극적 가치를 달성하기 위한 수단이나 방법에 대한 가치이다. 목적 달성에 필요한 수단들을 명확히 하는 것이며, 궁극적 가치를 달성하기 위한 수단이다.

예로 비난하지 않는 태도, 자기결정, 비밀보장, 고지된 동의, 수용을 들 수 있다.

(3) 차등적 가치

차등적 가치(Proximate values)는 추상적인 궁극적 가치와 구체적 행위나 상황과 관련된 도구적 가치 사이에 있으며, 추상적 가치를 좀 더 구체화한 가치이다.

차등적 가치는 상대적 가치로, 사회 문화적 영향이나 개인의 경험에 따라 찬성과 반대가 가능한 가치이며, 특수하고 단기적인 목표를 제시하는 중간

수준의 가치(intermediary values)이다.

예로 보건의료서비스, 치료를 거부할 수 있는 환자의 권리, 낙태나 동성애에 대한 가치 등을 들 수 있다. 그리고 시대 환경에 따라 변화 가능한 가치이다.

3) 사회복지 차원에 따른 가치

(1) 개인적 가치

가족, 문화, 사회의 가치에서 비롯된다.

또한 개인적 가치는 종교적, 문화적 가치로부터 강력히 영향을 받으므로 각 개인의 환경에 따라 다르게 형성될 수 있다.

(2) 사회적 가치

개인적 가치에 영향을 미치며 시대의 변화에 따라 변하는 특성이 있다.

이는 그 사회의 일반화된 정서적 공감대를 반영하는 것으로 역사적으로 형성 되었으며 경험에서 비롯된다.

(3) 기관의 가치

각 사회복지 기관은 역할, 기능, 책임에 따라 고유한 가치를 갖는다.

이러한 기관의 가치는 종종 클라이언트의 가치와 갈등을 빚을 수 있다.

(4) 전문적 가치

어떠한 직업이 전문직으로 인정되는 과정에서 그 전문직의 독특한 실천활동과 관련하여 요구되는 가치로써 기본적으로 해당 전문직 활동의 평가와 책임소재의 근거가 된다. 하나의 직업이 사회적 차원에서 전문직으로 인정받는 과정에서 주어지는 것이므로 일반적으로 전문직이 속한 사회의 가치를 반영하게 된다.

4) 사회복지실천의 주요가치

(1) 본질적 가치

사회복지실천의 본질적 가치는 '인간의 존엄성'과 '배분적 사회정의'로 나눌 수 있다. 이를 이중가치체계(double value system)라고도 한다.

① 인간존엄성 존중

인간의 존엄성은 인간이라는 이유만으로 사람은 그 존재 가치가 있으며, 그 인격은 존중받아야 한다는 이념을 말한다. 인간의 존엄성은 인간이 출생으로부터 권리를 갖고 태어난다는 천부인권사상의 표현으로, 인간이라는 이유만으로도 존엄한 가치를 보장받고 존중받아야 한다는 원칙을 말한다(한림학사, 2007). 인간의 존엄성 존중은 인간을 존엄한 존재로 여기는 것으로, 사회복지실천에서 클라이언트의 자기결정권, 개별화, 무조건적 수용, 비밀보장을 존중하는 수단적 가치와 직업적인 윤리의 기초가 된다.

즉, 인간의 존엄성은 모든 인간에 존재하는 고유한 가치이므로, 정신질환자, 장애인, 외국인 등을 포함한 모든 사람에게 보장되어야 한다. 모든 인간을 가치 있는 존재로 인정함으로써 인간이 가치 있는 삶을 영위할 수 있도록 사회복지서비스가 제공되어야 한다.

② 배분적 사회정의

사회의 책임성과 참여를 중요시하는 것으로, 개인의 문제는 사회적 자원의 결핍이나 사회환경의 역기능적 영향에 의해 발생하는 것이기 때문에 사회는 개인의 발전을 위해 최소한의 사회적 자원을 공평하게 배분해 주어야 한다는 신념이다.

예로 빈부의 격차가 개인의 능력이나 노력에 의해 영향을 받는다는 것을 인정하면서도 이들의 인간적인 삶을 위해 최소한의 사회적 자원이 배분되어야 한다는 것을 의미한다.

(2) 기본적 가치

사회복지의 기본 가치로 프리드랜더(Friedlander)가 제시하는 가치는 인간의 존엄성, 인간의 자율성, 기회의 균등성, 사회적 책임성 등이다. 미국사회복지사협회(National Association of Social Workers: NASW, 2019)가 제시하는 기본 가치는 개인의 가치와 존엄성, 개인에 대한 존경, 개인의 변화가능성에 대한 가치, 클라이언트의 자기결정권, 비밀보장, 사생활보장, 적절한 자원과 서비스 제공, 역량강화, 동등한 기회보장, 비차별성, 다양성 존중 등이다.

이 외에도 사회복지실천의 가치로는 인간의 잠재적 능력을 인정받고 개발할 수 있는 기회를 가질 가치, 자기결정권, 기회균등, 인간의 사회적 책임, 연대성, 인도주의 등이 있다.

5) 사회복지 전문직의 가치

사회복지실천의 가치란 사회복지사가 추구해야 할 가치이다. 가치기준은 사회복지에 한정된 것이 아니라 할지라도 사회복지사가 활동할 가치영역을 규정한다.

레비(Levy, 1973)는 사회복지 가치들이 갖는 기능적 측면을 기준으로, 사회복지전문직의 가치를 3개 범주, 즉 사람우선가치, 결과우선 가치, 수단우선 가치로 구분하여 설명하였다.

(1) 사람우선가치(인간에 대한 개념적 가치)

사람우선가치는 인간에 대한 바람직한 개념으로, 전문직 수행의 대상인 사람 자체에 대해 전문직이 갖추고 있어야 할 기본적인 가치로써 인간의 본성을 제시해줄 수 있는 가치들이다. 또한 인간의 가치와 존엄성 존중에 대한 믿음, 건설적 변화 의지와 능력에 대한 믿음, 상호적 책임, 소속의 욕구, 독특성, 일반적인 인간적 욕구 등을 인정하는 가치이다.

(2) 결과우선 가치(인간을 위한 결과적 가치)

'결과우선 가치'는 클라이언트에게 서비스를 제공했을 때 나타나는 결과에 대한 가치로, 바람직한 결과 성취를 위해 가져야 하는 가치이다. 사회가 인간의 기본 욕구를 충족시키고, 부적절한 교육이나 주택문제 등의 사회문제를 제거해야 하며, 개인의 발전을 위해 사회참여 기회를 동등하게 제공해야 한다는 사회적 책임에 대한 믿음이다.

(3) 수단우선 가치(인간을 다루는 수단적 가치)

수단우선 가치는 인간을 대하는 바람직한 방법으로서, 서비스를 수행하는 방법과 수단, 그리고 도구에 대한 가치이다. 또한 인간은 존경과 존엄성으로 다루어져야 하며, 자기결정의 권리를 가져야 하고, 사회 변화에 참여하도록 촉진되며, 하나의 독특한 개인으로 인정되어야 한다는 믿음이다.

미국사회복지교육협의회(Council of Social Worker Education: CSWE)에서는 사회복지 전문직의 가치를 다음과 같이 요약해 볼 수 있다(사회복지교육연구센터편저, 2014).

첫째, 개인의 가치와 인간의 존엄성, 수용, 비밀보장, 정직, 책임성이다.

둘째, 클라이언트의 자기결정권, 원조과정에의 적극적 참여권리 존중이다.

셋째, 클라이언트체계가 필요한 자원을 획득할 수 있도록 원조할 책임성이다.

넷째, 사회제도 개선의 책임: 사회제도가 인도적으로 운영되고 인간의 욕구에 부합하도록 만드는 노력이다.

다섯째, 다양한 집단의 고유한 특성을 존중하고 이해할 수 있는 능력이다.

여섯째, 사회복지사 자신이 행한 윤리적 행위와 실천 내용에 대한 책임, 전문적인 지식과 기술을 발전시키는 노력이다(전문직업적 특성 개발을 위한 노력 등).

6) 사회복지실천의 가치 발달

(1) 1단계: 19세기 말

전문적인 사회복지실천의 태동시기, 자선조직협회 등이 활동하던 시기. 구제활동과 빈곤에 대한 대응이 가장 중요한 임무, 사회복지실천은 전문직이나 실무자의 도덕성 또는 윤리에 관한 것보다는 클라이언트의 도덕성에 더 많은 관심을 가졌다.

(2) 2단계: 20세기 초

인보관 운동의 시작 및 전보의 시기로써, 사회복지의 목적과 가치지향이 빈곤자의 도덕성에서 주택, 건강 위생, 교육, 고용, 빈곤과 관련된 광범위한 사회문제를 개선하기 위한 요구로 바뀌어 갔다.

(3) 3단계: 1940~1950년대 초

전문직의 도덕적 차원에 대한 관심이 집중된 시기. 사회복지전문직의 가치와 윤리가 본격적으로 언급되기 시작. 초기에 클라이언트의 도덕성에 관심을 가졌던 거와는 달리, 실천가들의 도덕성 및 윤리문제에 더 큰 관심을 두게 되었다.

뿐만 아니라, 실천을 향상시키기 위해 전문가의 윤리지침이 개발되기 시작했다.

(4) 4단계: 1960년대 이후

사회적 평등, 인권, 복지권, 차별, 억압 등 일련의 가치를 사회복지실천과 교육에 접목시킨 격동의 시기로써, 1960년 전미사회복지사협회는 최초의 윤리강령을 공식 채택, 사회복지 가치와 윤리에 대한 관심이 증폭되었다.

2. 사회복지전문직의 가치와 윤리강령

1) 가치와 윤리

로웬버그와 돌고프(Lowenberg & Dolgoff, 1966)는 가치는 '무엇이 좋고 바람직한가'와 관계되는 반면, 윤리는 '무엇이 옳고 그른가'를 다루는 것이라고 강조했다.

즉, 가치는 방향을 제시해주고, 윤리는 가치에서 나오기 때문에 가치와 조화를 이루어야 한다. 사회복지실천의 윤리에서 가치문제를 중요하게 다루는 이유는 사회복지의 가치에서 윤리적 원칙이 나오기 때문이다.

그리고 사회복지실천에서 전문적 가치는 실천 현장에서 필요한 윤리적 원칙을 세우는 지침을 제공한다. 예를 들면, 사회복지사가 문제해결을 위한 개입을 위하여 상담 면접을 녹화하게 될 때 클라이언트로부터 사전 동의를 얻는 이유는 사회복지실천의 윤리규칙이 사생활을 존중하는 사회적 가치에 기반을 두고 있기 때문이다. 가치와 윤리의 차이점을 살펴보면 표 3-1와 같다.

표 3-1 가치와 윤리의 차이점

구분	가치	윤리
개념	객관적 증명이 어려우며 주관적으로 선호하는 것으로 인간의 적절한 행동을 선택하는 지침 또는 기준	가치에서 비롯되며 옳고 그름에 대한 판단의 도덕적 지침
관심	선하고 바람직한 것에 대한 관심	올바르고 정확한 것에 대한 관심
표현	인간의 생각으로만 머물기도 함	인간의 행동으로 나타남
기준	과학적 근거 부재, 규범적 기준이 필요하지 않은 하나의 신념	행동에 대한 사회적 태도가 규범적인 것
개입	인간관계가 개입되지 않기도 함	인간관계의 상호작용 속에서만 해당함

2) 사회복지실천 윤리

사회복지실천 윤리는 사회복지실천 과정에서 직면할 수 있는 다양한 윤리적 쟁점에 대하여 올바른 판단을 내릴 수 있도록 하는 체계적 준거틀이다. 사회복지실천의 윤리에서는 먼저 윤리란 무엇인가를 알아보고, 사회복지실천 윤리의 필요성과 사회복지 전문직의 윤리강령에 대해 살펴보겠다.

(1) 사회복지 윤리학의 개념과 범위

사회복지실천 윤리란 다양한 배경을 가진 사회복지사들이 복잡한 사회복지실천 분야에서 직면하게 되는 윤리적 쟁점에서 올바른 판단을 할 수 있는 체계적인 준거틀을 제공한다(Levy, 1976).

로웬버그와 돌고프(Lowenberg & Dolgoff, 1996)는 사회복지실천 윤리를 사회복지 실무자에게 무엇이 윤리적으로 올바른 실천방법인지 인식할 수 있도록 돕고 전문적인 사회복지실천 상황에서 발생하는 윤리적인 측면을 올바른 실천 행위로 결정하고 도와줄 수 있는 방법이라고 정의한 바 있다.

사회복지사는 클라이언트를 돕는 과정에서 다양한 윤리적 결정을 해야 하는 상황에 직면하게 된다. 도덕적으로 마땅히 해야 할 옳은 일은 무엇인지, 그 상황에서 사회복지사는 어떻게 해야 비윤리적인 행동을 피할 수 있는지 등 사회복지실천 과정에서 사회복지사의 판단 근거와 방향을 제시해줄 수 있는 것이 바로 사회복지실천 윤리이다. 즉, 사회복지실천 윤리는 사회복지실천 과정에서 직면하는 다양한 윤리적 쟁점에 대해 올바른 판단과 이를 행동으로 실행하도록 도와주는 지침이라고 할 수 있다.

(2) 사회복지실천의 윤리의 필요성

사회복지실천 윤리는 사회복지전문직을 보호하는 기능을 한다. 사회복지 전문가의 가치관과 클라이언트의 가치관, 사회의 가치관 등 이들 사이에 존재하는 공통점과 차이점에 대해 확인시켜 주고, 서로 다른 가치관 사이의 관계 정립을 위해서도 필요하다. 아울러 사회복지실천 윤리는 실천 과정에서의 윤리적 딜레마를 이해하고 이에 올바른 판단과 행동을 했는지 스스로 판단함으로써 자기규제를 하도록 한다. 이를 통해 사회복지전문직의 전문성을 확보할 수 있다. 사회복지사의 자기규제는 전문직을 보호하고 윤리적인 실천과 함께 클라이언트도 보호한다. 따라서 사회복지실천 윤리는 사회복지 전문가는 물론 클라이언트의 권리 보호 등을 위해 필요하다.

3) 사회복지사의 윤리강령

(1) 윤리강령의 기능

전문직이 윤리적 실천을 수행할 수 있도록 구체적인 지침을 규정으로 정해놓은 것으로, 외부의 규정으로부터 보호해주고, 전문직의 사명이나 방법론과 관련된 규범을 수립하는 기준을 제시하는 기능이다.

윤리강령의 기능은 다섯 가지로 정리할 수 있다(양옥경 외, 2004: 92-93).

첫째, 사회복지실천 현장에서 윤리적 갈등이 발생했을 때 지침과 원칙을 제공한다.

둘째, 자기규제를 통해 클라이언트를 보호한다.

셋째, 스스로 자기규제를 가짐으로써 사회복지전문직의 전문성을 확보하고 외부통제로부터 전문직을 보호한다.

넷째, 일반대중에게 전문가로서의 사회복지 기본업무 및 자세를 알리는 일차적 수단으로 기능한다.

다섯째, 윤리강령이라는 선언적 선서를 통해 사회복지전문가들의 윤리적 민감화를 고양시키고 윤리적으로 무장시킨다.

로웬버그 등(Lowenberg & Dolgoff, 1992)이 강조한 윤리강령의 기능을 살펴보면 다음과 같다.

첫째, 실무자가 윤리적 문제를 포함한 딜레마에 당면했을 때 안내한다.

둘째, 무능력한 실무자로부터 대중을 보호한다.

셋째, 정부의 통제로부터 전문직을 방어한다.

넷째, 동료의 관계를 건전하게 유지한다.

다섯째, 소송으로부터 전문가를 보호한다.

종합해 보면 윤리강령의 기능은 전문가로서 지켜야 할 기본 윤리적 행위가 무엇이고, 전문가로서 하지 말아야 할 비윤리적 행동이 무엇인지를 판단하는 기준을 제시한다. 따라서 윤리강령의 기능은 전문직을 외부의 규정으로부터 보호하는 기능과 전문직 실천 대상을 보호하는 기능으로 이해할 수 있다.

(2) 사회복지사의 기본적 윤리기준

사회복지사는 실천 현장에서 다양한 수준에서의 윤리성을 요구받고 있으며, 또한 실천 순간마다 윤리적 딜레마를 겪으면서 전문직을 수행하고 있다. 윤리적 딜레마는 실천 현장마다 매우 다르게 나타나 열거하기 힘들다고 볼 수 있다.

(3) 윤리강령의 목적

전문직이 수행하는 전문기능, 실천 현장, 서비스 대상과 상관없이 모든 사회복지사에게 적용된다.

미국사회복지사협회(NASW)에서 제시하고 있는 윤리강령의 목적은 다음과 같다.

① 강령은 사회복지실천 사명의 기반이 되는 핵심 가치를 확인한다.

② 강령은 전문직의 핵심 가치를 반영하는 광범위한 윤리적 원칙을 개괄하며 사회복지실천의 지침으로 사용되어야 할 일련의 구체적 윤리기준을 확립한다.

강령은 전문적 의무에 갈등이 생기거나 윤리적 불확실성이 일어날 때 사회복지사들이 적절한 고려사항을 확인해 볼 수 있도록 기획되었다.

④ 강령은 일반 대중이 사회복지전문직을 신뢰할 수 있도록 윤리적 기준을 제공한다.
⑤ 강령은 이 분야에 새롭게 들어온 실천가들에게 사회복지실천의 사명, 가치, 윤리적 원칙, 윤리적 기준을 사회화시킨다.
⑥ 강령은 사회복지사가 비윤리적 행위에 관여하고 있는지를 사정하기 위해 사회복지전문직 자체가 사용할 수 있는 기준을 명확히 표명한다. NASW는 회원에 대해 제기된 윤리적 고충 신고를 판결하기 위한 공식 절차를 두고 있다. 강령에 동의함으써 사회복지사는 강령의 실행에 협력해야 하며, NASW는 소송절차에 참여해야 하고 강령에 기반을 둔 모든 NASW의 징계 및 제재를 준수해야 한다.

4) 미국사회복지사협회(NASW)의 사회복지사 윤리강령

미국사회복지사협회의 사회복지사 윤리강령에는 사회복지전문직의 활동과 관련된 사회복지사의 윤리기준을 제시하고 있다. 이는 사회복지실천 현장에서 수행하는 모든 일에 대한 전문가의 윤리와 책임의 관점에서 원칙, 지침, 평가, 책임소재의 근거가 되고 있다. 윤리강령에 기술된 사회복지사의 윤리기준은 다음과 같다.

① 클라이언트에 대한 사회복지사의 윤리적 책임
② 동료에 대한 사회복지사의 윤리적 책임
③ 실천 현장에 대한 사회복지사의 윤리적 책임
④ 전문직으로서의 사회복지사의 윤리적 책임
⑤ 사회복지전문직에 대한 사회복지사의 윤리적 책임
⑥ 더 넓은 사회에 대한 사회복지사의 윤리적 책임

미국사회복지협의회의 윤리강령에서 제시하는 전문가의 핵심가치와 윤리적 원칙을 도식화로 정리하면 다음과 같다.

표 3-2 NASW의 윤리강령의 핵심가치와 윤리적 원칙

핵심가치	윤리적 가치
서비스 제공 (요구가 있는 사람)	사회복지사는 도움을 요청하는 사람들을 돕고 사회문제를 해결해야 한다.
사회정의 증진	사회복지사는 사회적 불의와 대결해야 한다.
인간에 존엄성과 가치	사회복지사는 타고난 인간의 존엄과 가치를 존중해야 한다.
인간관계의 중요성 인식	사회복지사는 인간관계의 본질적인 중요성을 인식해야 한다.
신뢰성 확립(성실)	사회복지사는 신뢰감을 줄 수 있게 행동해야 한다.
능력	사회복지사는 자신의 능력 범위 내에서 실천 활동을 하여야 하며, 자신의 전문적 기술을 개발하고 향상해야 한다.

5) 우리나라 사회복지사의 윤리강령

우리나라에서는 1992년 10월 22일 사회복지사 윤리강령을 제정한 이후, 세 차례의 개정작업을 거쳐 2001년 서문, 기본적 윤리기준, 클라이언트에 대한 윤리기준, 동료에 대한 윤리기준, 사회에 대한 윤리기준, 기관에 대한 윤리기준, 윤리위원회의 구성과 운영에 관한 부분으로 범주화하였다.

(1) 사회복지사의 기본적 윤리기준

① 사회전문직으로서의 책임으로 품위와 자질 유지 및 업무에 대한 책임, 개인이나 집단에 대한 차별대우 금지, 개인적 언행 유의, 업무수행 과정에서의 부당한 압력과의 타협 금지, 인가되지 않고 자격이 없는 사회복지실천 행위 금지, 전문적 가치와 판단에 따른 자율적인 업무수행, 사회정의 실현과 개인의 복지 증진을 위한 국가와 사회에 요구하는 노력 등이 있다.

② 전문성 개발을 위한 노력으로 전문직 가치를 바탕으로 한 지식과 기술 개발, 전문적 실천 지식을 개발, 활용, 전파할 책임, 클라이언트의 복지증진을 위한 연구 수행, 클라이언트의 자발적이고 고지된 동의에 기초한 연구, 전문성 개발 명목 하에 서비스 제공에 소홀함 금지, 한국 사회복

지사 협회가 제공하는 재교육 및 보수교육에 성실한 참여 등이 있다.

③ 경제적 이득에 대한 태도로 공정하고 합리적인 수수료 책정, 부당한 방법에 의한 경제적 이익 취득 금지 등이 있다.

(2) 클라이언트에 대한 윤리기준

① 클라이언트와의 관계로 클라이언트의 권익 최우선, 인간존엄성 존중, 자기결정권 보장, 사생활 보호와 비밀 유지, 알 권리 존중, 자발적인 클라이언트 동의하에 정보 활용, 클라이언트 요구 시 기록 공개, 클라이언트와의 전문적 관계 악용 금지, 클라이언트와 성적 행위 금지, 클라이언트를 사회복지 증진을 위한 동반자로 인정 등이 있다.

② 동료 사회복지사의 클라이언트와의 관계로 다른 기관, 혹은 동료의 클라이언트에 대해 전문적 책임 수행, 긴급한 사정으로 인한 동료의 클라이언트에게 자신의 클라이언트와 동등한 서비스 제공 등이 있다.

(3) 동료에 대한 윤리기준

동료와의 관계로 존중과 신뢰, 협력에 의한 전문적으로서의 이익과 관심사 증진, 윤리적, 전문적 행위 촉진 및 공식적인 절차에 의한 비윤리적인 행위에 대처, 개인적 결함이 있는 사회복지사에게 적절한 조치 수행, 민주적인 직무수립 등이 있다. 지도감독자와의 관계로 지위악용 금지, 전문적인 기준에 의한 공정한 책임수행, 평가공유, 전문적 지도, 원조 수행 및 이에 대한 사회복지사의 존중, 인격적으로 수치심을 주는 행위 금지 등이 있다.

(4) 사회에 대한 윤리기준

사회에 대한 윤리기준에는 인권존중과 인간평등을 위한 헌신 및 사회적 약자를 옹호하고 대변하는 일에 대한 책임, 사회서비스 개발을 위한 사회정책 수립·발전 및 입법·집행에 적극적인 참여 및 지원, 사회환경 개선과 사회정의 증진을 위한 사회정책 수립·발전·입법·집행의 요구 및 옹호, 지역사회 문제 이해와 해결에 대한 적극적인 참여 등이 포함되어 있다.

(5) 기관에 대한 윤리기준

기관정책 목표달성, 서비스의 효율성과 효과성 증진, 기관목표를 위해서만 기관자원 활용, 기관의 부당한 정책이나 요구에 대한 공식적 절차 활용, 소속기관과 한국사회복지사협회 등 전문단체 활동에 적극적인 참여 등이 포함되어 있다.

(6) 사회복지윤리위원회의 구성과 운영

사회복지사협회의 윤리적 권고와 결정을 존중, 한국사회복지사협회의 사정 회복 윤리 실천을 위한 노력, 한국사회복지사협회 윤리위원회의 공식적 절차에 의한 비윤리적 행위 대처 등이 포함되어 있다.

3. 사회복지실천 현장에서의 가치 갈등

사회복지실천 활동과 관련해서 발생할 수 있는 윤리적 갈등은 직접적인 실천과 관련된 윤리적 갈등, 사회복지정책 및 프로그램 차원의 갈등, 사회복지조직체 및 동료 사회복지사와 관련된 윤리적 갈등의 세 가지 범주로 구분할 수 있다.

1) 직접적인 실천과 관련된 윤리적 갈등

사회복지사는 개인, 가족 혹은 집단을 대상으로 직접적인 실천을 수행해 나가는 과정에서 여러 가지 윤리적 갈등에 직면한다. 사회복지사가 지켜야 하는 윤리적 의무나 원칙 가운데 대표적인 것은 비밀보장, 클라이언트의 자기결정, 진실의 의무 등이 있다.

예를 들어, 사회복지시설에서 오랜 기간 동안 만성질환으로 극심한 고통을 받아 온 클라이언트가 사회복지사에게 비밀리에 연명치료 중단을 요청한 경우, 사회복지사는 클라이언트의 자기결정권을 무조건 존중해야 하는가라는 문제에 직면한다.

사회복지사는 가족이나 제3자에게 클라이언트의 결정을 알려야 하는지 혹은 생명연장을 위해 클라이언트의 의사에 반하여 강제적으로 의료적 처치를 지속해야 하는지 등의 여러 가지 윤리적 갈등 상황에 빠지게 된다.

2) 사회복지정책 및 프로그램 차원의 갈등

사회복지정책 및 프로그램을 기획하고 실행해 나가는 과정에서 발생하는 것으로 간접적인 사회복지실천 활동으로 분류되는 영역에서 제기된다. 예를 들면 예산배분 문제를 들 수 있는데, 제한된 경제적 자원으로 어떤 복지정책에 얼마만큼 배분하는 것이 가장 정당한 것인가를 결정하는 것은 쉽지 않은 결정사항이다.

3) 사회복지조직체 및 동료 사회복지사와 관련된 윤리적 갈등

사회복지조직체 및 동료 사회복지사와 관련된 것으로 한 조직체의 일원, 즉 고용된 사람으로서 사회복지사가 겪을 수 있는 갈등이다.

예를 들면 어떤 사회복지사가 우연히 직장 동료에게 전염성 질환이 있음을 알게 된 경우, 그 사실을 기관에 알려야 하는가의 문제에 봉착할 수 있다. 해당 동료의 실직 위험과 관련된 사생활 보호 및 비밀보장의 원칙과 기관 동료들에게 전염병 전파 위험성과 관련된 생명보호의 원칙 사이에서 사회복지사는 갈등할 수 있다.

4) 윤리적 가치 갈등의 유형

사회복지사는 사회복지를 실천하는 과정에서 다양한 가치적 쟁점에 직면하며, 신중한 가치판단을 내려야 하는 상황에 직면한다. 사회복지실천 현장에서 사회복지사가 겪게 되는 다양한 가치 갈등의 유형을 제시하면 다음과 같다(권중돈 외, 2019; 서미경 외. 2002).

첫째, 가치 상충이다.

가치 상충은 윤리적 갈등이 가장 빈번히 야기될 수 있는 상황으로, 사회복지사가 두 가지 또는 그 이상의 경쟁적 가치와 직면 했을때 갈등이 발생하는 것을 말한다.

예를 들어, 셋째 아이를 임신한 직장여성인 클라이언트가 남편에게 알리지 않고 낙태하기를 원하는 경우, 사회복지사는 비밀보장과 생명보호의 가치 사이에서 윤리적 갈등을 경험한다.

둘째, 클라이언트체계의 다중성이다.

부적응 아동, 아내 학대 등 복합적인 문제를 다룰 때 사회복지사는 누가 클라이언트인지를 결정하는 데 어려움을 겪는다. 누구의 이익을 최우선으로 고려하고 어떠한 문제에 먼저 개입해야 하는지를 결정하기란 쉽지 않다.

예를 들어, 치매를 앓고 있는 노인에 대한 방임문제, 부양자인 아들 부부의 수발로 인한 갈등문제, 치매 노인과 한 방을 써야 하는 손자녀의 반항문제가 가정 내에 복합적으로 있을 때 노인의 관점, 부양자의 관점, 손자녀의 관점, 부모 부양에 관한 사회규범 등 다양한 가치의 영향으로 윤리적 딜레마가 발생하게 된다.

셋째, 의무 상충이다.

사회복지사는 기관에 대한 의무와 클라이언트에 대한 의무 사이에서 갈등하게 된다. 사회복지사는 자신이 속한 기관의 정책을 따라야 하지만 기관의 목표가 클라이언트 이익 우선의 원칙에 위배되면 윤리적인 갈등에 직면하게 된다. 클라이언트의 이익이 최선이라는 가치를 지켜야 하지만 기관의 한정된 자원으로 인해 클라이언트에게 최선의 서비스를 제공하지 못하는 사례는 어렵지 않게 찾아볼 수 있다.

예를 들어, 경미한 정신적 어려움을 갖고 있지만 노숙자 쉼터에서 생활하면서 공공근로를 계속하기 원하는 클라이언트가 있을 때, 사회복지사도 계속 도와주고는 싶지만 다른 클라이언트와 공동생활의 어려움으로 인해 정신요양시설로 보내야 한다는 기관의 결정이 내려지면 의무 상충의 갈등 상황이 발생할 수 있다.

넷째, 결과의 모호성이다.

사회복지사는 자신이 내리게 될 윤리적 결정의 결과가 최선인지, 어떤 결정이 올바른 결정인지 판단하기 어려운 모호한 상황에 직면하게 된다.

예를 들어, 해외입양이 아동을 위한 최선의 결정인지 아니면 다른 보호서비스를 대안으로 선택하는 것이 옳은 결정인지 확신할 수 없기 때문에, 해외입양 담당 사회복지사는 갈등을 자주 겪는다.

다섯째, 전문가와 클라이언트 간의 힘 또는 권력의 불균형이다.

클라이언트는 도움을 요청하는 입장이므로 전문가에게 의존하는 관계가 형성되기 쉽다. 클라이언트의 자기결정권, 클라이언트 이익의 최우선성, 의사결정에서 클라이언트의 참여 우선성 등의 요인에 높은 가치를 두고 있지만, 사회복지실천 과정에서 이를 충분히 반영하지 못하는 경우가 생길 수 있다. 특히 나이가 어리거나 지적장애로 인한 능력의 제한으로 클라이언트가 현실적으로 결정이나 선택을 스스로 할 수 없는 경우, 전문가에게 의존하는 상황이 된다.

이처럼 사회복지사는 다양한 가치 갈등 상황을 경험하게 되므로, 문학, 역사, 철학 등의 인문학적 소양과 함께 생활경험을 통해 다양한 사람을 접하면서 다양한 생활양식, 다양한 가치관에 대한 이해가 필요하다. 또한 사회복지사는 자신의 가치관 점검을 통해 편견을 없애려는 노력을 끊임없이 해야 한다.

5) 사회복지실천 과정의 윤리적 쟁점

사회복지실천 상황에서는 두 가지 이상의 윤리적 의무가 있지만 한 가지를 위반하지 않고서는 다른 것을 지킬 수 없는 상황이 필연적으로 발생한다. 이런 경우 사회복지사는 자신의 개인적 가치, 사회적 가치 그리고 사회복지실천 전문직의 가치 사이에서 갈등한다. 이러한 가치 갈등으로 인해 사회복지사는 다양한 윤리적 딜레마에 빠지게 된다. 사회복지실천 과정에서 경험하게 되는 대표적인 윤리적 쟁점으로는 다음과 같은 것들이 있다.

(1) 클라이언트의 자기결정권

자기결정권은 클라이언트가 스스로 선택하고 결정할 수 있도록 클라이언트의 권리와 욕구를 인정하는 사회복지 윤리원칙이다. 사회복지사는 자신의 전문적 지식과 경험, 기술에 근거하여 자신의 생각이나 이념을 클라이언트에게 강요할 수 없고, 클라이언트가 스스로 최선이라고 생각하는 것을 선택하도록 하는 권리이다.

클라이언트가 너무 어리거나 정신 연령이 낮아서 스스로 결정할 수 있는 능력이 없을 때, 클라이언트의 결정이 타인 혹은 기관이나 사회에 해를 끼칠 가능성이 높다고 판단될 때, 사회복지사는 어느 범위까지 클라이언트의 자기결정권을 제한해야 할지에 대한 윤리적 딜레마에 빠지게 된다.

(2) 클라이언트의 비밀보장

비밀보장은 사회복지사가 클라이언트의 동의 없이 클라이언트에 대한 정보를 누설하지 않는다는 윤리원칙이다. 이러한 정보에는 클라이언트의 신상 관련 자료, 상담 내용, 클라이언트에 대한 전문가 의견 등이 있다. 한편, 사회복지 전문직 훈련 교육과정에서, 슈퍼비전이나 전문가회의 등의 전문적인 이유로 클라이언트의 정보를 공개할 수 있는데, 이때에는 클라이언트를 반드시 익명으로 처리하고 개인의 권리를 최대한 존중하면서 클라이언트에게 사전 동의를 받아야 한다.

대부분의 경우 클라이언트의 비밀보장이 지켜져야 한다. 그러나 사회복지사는 클라이언트가 자신 또는 타인을 해칠 위험이 있을 경우, 가정폭력으로 아동 학대나 노인학대가 일어났을 경우, 법원이 클라이언트의 정보공개에 대한 요구가 있을 경우와 같이 클라이언트의 비밀을 지킬 수 없다고 판단되는 상황에 직면하여 윤리적 갈등을 겪을 수 있다.

(3) 진실을 말할 의무

사회복지사는 사회복지실천 과정에서 알게 된 내용을 클라이언트에게 정직하게 알려 줄 책임이 있다. 이를 진실을 말할 의무라고 한다. 제공되는 서비스의 특징, 발생 가능한 혜택과 위험, 클라이언트 자신이나 가족에게 미칠 가능성이 있는 영향, 가능한 대안과 예상되는 비용 등은 클라이언트가 충분히 인지하고 있어야 한다.

사회복지사는 클라이언트에게 진실을 말하지 않거나 잘못된 정보를 제공하는 일이 없도록 해야 한다. 사회복지사는 때로 진실한 정보가 클라이언트에게 해가 된다고 판단될 때 윤리적 갈등을 경험할 수 있다.

(4) 그 외 윤리적 쟁점

제한된 자원의 공정한 분배, 상충되는 의무와 기대, 클라이언트의 이익과 사회복지사의 이익, 전문적 동료관계, 규칙과 정책 준수, 개인적 가치와 전문적 가치, 전문적 관계유지 등과 관련된 윤리적 쟁점이 발생하여 사회복지실천 상황에서 윤리적 갈등이 초래될 수 있다.

6) 윤리적 갈등의 조정

사회복지실천 과정에서 발생하는 윤리적 갈등 상황을 해결하기 위해 사회복지사는 늘 노력해야 한다. 두 가지의 정당한 가치나 윤리 사이에 갈등이 존재할 때, 사회복지사는 하나의 가치나 윤리를 우선적으로 결정해야 하는 윤리적 갈등을 경험하게 된다. 사회복지사는 다양한 윤리적 갈등 상황에서 결정을 내려야 하는데, 이때 사회복지사가 도움을 받을 수 있는 의사결정 과정(혹은 의사결정 모델)과 윤리원칙 준거틀이 있다. 그 내용을 살펴보면 다음과 같다.

(1) 윤리적 의사결정 과정(의사결정 모델)

의사결정 모델은 의사결정 과정의 한 형식으로 윤리적 의사결정을 할 때 도움을 주는 11단계로 구성되어 있다. 로웬버그와 돌고프(Lowenberg & Dolgoff, 1996)의 윤리적 의사결정 모델은 일반적인 의사결정 단계의 한 모델로, 사회복지실천 과정에서 윤리적 의사결정의 유용한 지침이 되고 있다(김기덕, 2002).

표 3-3 윤리적 의사결정 모델

단계	내용
1단계	문제가 무엇인지, 문제를 야기하는 요인은 무엇인지를 확인한다.
2단계	누가 클라이언트이고 피해자인지, 지지체계와 다른 전문가 등 해당 문제와 관련된 사람과 단체는 누구인지 확인한다.
3단계	사회적 가치, 전문가로서의 가치, 클라이언트와 사회복지사의 개인적 가치 등 두 번째 단계에서 확인된 다양한 주체가 주어진 문제와 관련해서 어떤 가치가 있는지 확인한다.
4단계	주어진 문제를 해결하거나 혹은 최소한 문제의 정도를 경감시킬 수 있는 개입 목표를 명확히 한다.
5단계	개입 수단과 개입 대상을 확인한다.
6단계	확정된 목표에 따라 설정된 각각의 개입 방법의 효과성과 효율성을 평가한다.
7단계	누가 의사결정에 참여할 것인가 결정한다.
8단계	개입 방법을 선택한다.
9단계	선택된 개입 방법을 수행한다.
10단계	선택된 개입 방법이 수행되는 것을 검토하여 예상하지 않았던 결과가 나타나는지 주의를 기울인다.
11단계	결과를 평가하고 추가적인 문제들이 무엇인지 확인한다.

(2) 윤리원칙 준거틀

로웬버그와 돌고프(Loewenberg & Dolgoff)는 윤리적 의무들이 서로 갈등을 빚는 상황에서 어떤 원칙이나 법적 의무를 우선시해야 하는지에 대한 결정을 돕기 위해 '윤리원칙 준거틀'을 제시하였다. 여러가지 원칙이 충돌하는 경우, 상위의 원칙이 우선적으로 적용된다. 즉, 생명보호의 원칙과 비밀보장의 원칙사이에서 윤리적으로 갈등하는 경우에 생명보호의 원칙이 우선한다. 어떤 실천 상황에서든지 관련된 윤리적 원칙과 법적 의무를 확인해야 한다. 갈등이 발생하면 '윤리적 준거틀'에 근거하여 의사결정을 한다.

표 3-4 윤리원칙 준거틀

윤리원칙	준거틀 내용
윤리원칙 1 생명보호의 원칙	인간의 생명보호가 모든 다른 것에 우선한다.
윤리원칙 2 평등과 불평등의 원칙	능력이나 권력이 같은 사람들은 '똑같이 취급받을 권리'가 있고, 능력이나 권력이 다른 사람들은 '다르게 취급받을 권리'가 있다.
윤리원칙 3 자율과 자유의 원칙	클라이언트의 자율성과 독립성 그리고 자유는 중시되나 무제한적으로 허용되지는 않으며, 자신이나 타인의 생명을 위협하거나 학대할 권리 등은 없다.
윤리원칙 4 최소 해악(손실)의 원칙	선택 가능한 대안이 모두 유해할 때 가장 최소한으로 유해한 것을 선택해야 한다.
윤리원칙 5 삶의 질 원칙	지역사회는 물론이고 개인과 모든 사람의 삶의 질을 좀 더 증진시킬 수 있는 것을 선택해야 한다.
윤리원칙 6 사생활 보호와 비밀보장의 원칙	사회복지사가 클라이언트에 대해서 알게 된 사실을 다른 사람에게 공개해서는 안 된다.
윤리원칙 7 성실의 원칙 (진실성과 정보개방의 원칙)	클라이언트와 여타의 관련된 당사자에게 오직 진실만을 이야기하며 모든 관련 정보를 완전히 공개해야 한다.

사회복지사의 윤리적 의사결정을 돕기 위해서는 사회복지실천에서 윤리적 문제를 제대로 이해하고 철저히 규명하기 위한 점검과정이 필요하고, 교

육과정에서 윤리적 문제를 해결하기 위한 연습과 훈련의 적용, 비판적 사고와 성찰적 태도 강화, 조직의 윤리풍토 조성 그리고 이를 위한 관리자들의 변화가 필요하다(유연숙 외, 2016). 따라서 사회복지전문직 가치선택을 위한 구체적이고 체계적인 윤리적 의사결정 과정의 제시는 윤리적 딜레마 상황을 더욱 민감하게 인지할 수 있게 하여 다양한 대안을 제시할 수 있게 하고, 더 나아가 윤리적 의사결정을 최선의 방향으로 이끌 수 있도록 한다. 이러한 기여에 부합될 수 있도록 사회복지 윤리강령이 끊임없이 세부화되고 구체적으로 다듬어져야 할 것이다.

중심어

인간존엄성 존중, 배분적 사회정의, 윤리원칙 준거틀, 윤리갈등

연습문제

1. 사회복지전문직의 가치에 대해서 설명해 보시오.

2. 사회복지실천 현장에서의 가치 갈등 유형에 대해 설명해 보시오.

CHAPTER

04 사회복지실천 현장의 이해

사회복지실천 현장이란 사회복지사들이 직접 또는 간접적으로 사회복지 서비스를 제공하는 분야나 장소를 의미한다. 사회복지실천 현장은 매우 넓고 다양하므로 이러한 현장에서 이루어지는 사회복지사의 역할 또한 범위가 넓다.

사회복지실천 현장은 실천 과정 중 중요한 영향을 미치기 때문에 사회복지사로서 활동하기 위해서는 실천 현장에 대한 이해가 선행되어야 한다. 이에 본 장에서는 실천 현장의 의미와 사회복지사들이 활동하고 있는 주요 현장을 우리나라를 중심으로 살펴보고, 이러한 사회복지실천 현장에서 이루어지는 사회복지사의 역할에 대해 살펴보고자 한다.

1. 사회복지실천 현장의 의미와 분류

1) 사회복지실천 현장의 개념

사회복지실천 현장은 사회복지실천이 이루어지는 곳 또는 클라이언트의 문제해결을 위해 사회복지사가 활동하는 장소로서 사회복지실천이 행해지는 장과 문제 및 대상을 모두 포괄하는 개념이며, 사회복지의 다양한 기관과 그러한 기관에서 활동하는 데 필요한 특별한 능력까지를 포함하는 복합적인 개념이다.

사회복지실천 현장은 특정 대상이나 사회문제에 초점을 두고 서비스를 제공하는 사회복지 기관이 증가함에 따라 점차 세분화되고 있다. 사회복지실천 현장은 넓은 의미로도 사용하고 좁은 의미로도 사용하고 있다.

(1) 좁은 의미의 사회복지실천 현장

좁은 의미의 사회복지실천 현장은 직접적으로 또는 간접적으로 사회복지서비스를 제공하는 장소를 가리킨다. 따라서 사회복지실천이 이루어지는 구체적인 장소 혹은 사회복지서비스를 직접 또는 간접적으로 클라이언트에게 제공하는 사회복지 기관이 해당된다. 좁은 의미의 사회복지실천 현장은 종합사회복지관, 가출청소년쉼터, 장애인복지관 등이 있다.

(2) 넓은 의미의 사회복지실천 현장

넓은 의미의 사회복지실천 현장은 사회복지실천이 이루어지는 분야(field) 혹은 서비스의 초점이 되는 문제, 대상(client) 등을 모두 포함하는 개념이다. 넓은 의미의 실천 현장은 단순히 물리적인 공간이나 장소만을 뜻하는 것이 아니라 사회복지실천이 이루어지고 있는 실천 분야, 사회복지서비스를 제공하기 위해 직·간접적으로 관련되는 모든 분야를 말한다.

2) 사회복지실천 현장의 분류

사회복지실천 현장은 광범위하고 다양하므로 실천 현장을 개념적으로 명확하게 분류하는 데에는 한계가 있다. 이와 관련하여 바틀렛(Bartlett, 1970)은 실천 현장의 기준을 정의하기 어려운 이유 중의 하나는 사회복지가 수행하는 장과 프로그램 및 사회서비스가 본질적으로 변화되는 특성이 있기 때문이라고 하였다. 즉, 사회문제와 프로그램은 다양한 형태로 등장하여 통합되거나 때때로 사라진다. 어떤 현장은 통합되며, 어떤 현장은 새롭게 등장할 것인데, 예를 들어 보건과 정신의료사회복지는 결합 되며, 아동복지와 가족복지의 영역은 통합될 수 있다(길귀숙 외, 2018).

바틀렛은 사회복지실천 현장을 기관의 설립 주체나 자금의 조달방식, 서비스의 제공 여부에 따른 분류, 기관의 운영목적과 제공되는 서비스의 내용 등의 네 가지 방식으로 분류하였다.

(1) 기관의 목적에 따른 분류

① 1차 현장

사회복지 서비스를 제공하는 것이 기관의 주된 기능과 목적으로 사회복지사들이 중심이 되어 활동하는 실천 현장이다. 지역사회의 복지관, 노인복지관, 자활지원센터, 지역아동센터 등이 이에 속한다.

② 2차 현장

사회복지 전문기관은 아니지만 사회복지서비스가 기관운영과 서비스의 효과성에 미치는 긍정적인 영향으로 인해 사회복지사의 개입이 부분적으로 이루어지고 있는 실천 현장을 말한다. 즉, 원래의 설립 목적이나 기능이 따로 있음에도 불구하고 실질적으로 사회복지서비스를 제공하는 기관을 의미한다. 학교, 의료기관, 교도소, 보호관찰소, 읍·면·동사무소 등이 이에 속한다.

(2) 기관의 설립 주체와 재원의 조달방식에 따른 분류

① 공공기관

공공기관은 정부의 지원으로 운영되며 사회복지사의 업무도 정부의 규정이나 지침에 의해 지도·감독하는데 사회복지사업을 총괄하는 중앙부서는 보건복지부이다. 따라서 관료적 위계질서에 의해 통제된다.

② 민간기관

민간기관은 사회복지사업과 활동을 목적으로 사회복지법인이나 재단법인, 종교 및 시민단체 등이 운영하는 비영리기관을 총칭하며 이들 기관은 기부금이나 후원금 또는 서비스 이용료 등을 주된 재원으로 한다. 이들은 직접적인 서비스를 제공하는 사회서비스 기관이나 간접서비스나 행정지원을 하는 조직된 협의체 나뉜다.

(3) 서비스 제공방식에 따른 분류

① 행정기관

행정기관은 사회복지정책을 효율적으로 전달할 수 있는 공적 전달 체계를 감독하는 한편, 전달 체계 간의 상호협조와 관계를 도모하는 업무를 담당한다.

보건복지부, 노동부, 교육부, 민간행정조직인 지역사회복지협의체 등이 여기에 속한다.

② 서비스 기관

사회복지실천 대상자를 직접 접촉하면서 서비스를 제공하는 것이 주된 목적인 기관으로 대상과 문제 영역에 따라 다양하게 구분될 수 있다.

아동상담소, 노인복지관, 지역사회복지관, 노인요양원 등이 해당된다.

(4) 주거 제공 여부에 따른 분류

① 생활시설

생활시설은 가족이 부양 능력이 없거나, 혼자서 생활하기 어렵거나 특수한 상황으로 가정 내 숙식이 어려운 클라이언트들에게 주거서비스를 포함한 사회복지서비스를 제공하는 기관이다.

부랑인시설, 노인주거복지시설, 아동양육시설, 청소년쉼터 등이 해당된다.

② 이용시설

주거서비스는 제공하지 않고 가정에서 숙식하는 클라이언트들에게 주로 지역사회를 중심으로 관련된 복지서비스 프로그램을 제공하는 시설을 말한다.

지역사회복지관, 지역아동센터, 노인여가복지시설 등이 포함된다.

2. 사회복지실천 현장

1) 행정기관

행정기관에서 사회복지사들은 통상 행정업무와 사회복지서비스를 동시에 담당하고 있다. 행정기관의 부류에 속하는 현장으로는 보건복지부 또는 여성가족부, 시·도, 시·군·구, 읍·면·동의 행정복지센터, 사회복지단체가 있다.

보건복지부 및 여성가족부와 시·도, 시·군·구에서 근무하는 사회복지사는 읍·면·동의 일선 업무와 사회복지시설에 대한 지원업무를 주로 하고 있으며, 읍·면·동의 행정복지센터의 사회복지 전담공무원은 「국민기초생활보장법」과 관련한 업무를 주로 수행하고 있다. 특히, 2018년부터 읍·면·동의 행정복지센터를 기반으로 복지허브화사업이 전면 실시되어 이용시설에는 모든 유형의 클라이언트가 서비스를 받을 수 있게 되었다.

행정기관으로서 사회복지단체는 한국사회복지협의회, 사회복지공동모금회, 한국사회복지사협회, 각 사회복지시설연합회와 전국 규모 사회복지법인의 본부를 들 수 있다.

2) 주요 사회복지시설

본 장에서 다루는 주요 사회복지시설은 대상별로 구별했으며, 기본적으로 보건복지부(2022)에서 발행한 「사회복지 시설 관리안내」를 기준으로 분류하였다. 다만 사회복지 관련 시설의 경우는 각 시설의 특성과 관련 법의 내용을 참고하였다.

(1) 아동복지시설

아동복지의 대상은 「아동복지법」 제3조에 따라 18세 미만의 자로 규정하며, 생활시설과 이용시설로 나누어 살펴볼 수 있다.

① 아동복지 생활시설

- 아동양육시설: 보호대상아동을 입소시켜 보호, 양육 및 취업훈련, 자립지원 서비스 등을 제공하는 것을 목적으로 하는 시설
- 아동일시보호시설: 보호대상아동을 일시 보호하고 아동에 대한 향후의 양육대책수립 및 보호조치를 행하는 것을 목적으로 하는 시설
- 아동보호치료시설: 아동에게 보호 및 치료 서비스를 제공하는 시설
  - 불량행위를 하거나 불량행위를 할 우려가 있는 아동으로서 보호자나 친권자나 후견인이 입소를 신청한 아동 또는 가정법원 지방법원소년부지원에서 보호 위탁된 19세 미만인 사람을 입소시켜 치료와 선도를 통하여 건전한 사회인으로 육성하는 것을 목적으로 하는 시설
  - 정서적·행동적 장애로 인하여 어려움을 겪고 있는 아동 또는 학대로 인하여 부모로부터 일시 격리되어 치료받을 필요가 있는 아동을 보호·치료하는 시설
- 자립지원시설: 아동복지시설에서 퇴소한 사람에게 취업 준비기간 또는 취업 후 일정 기간 보호함으로써 자립을 지원하는 것을 목적으로 하는 시설
- 공동생활가정: 보호대상아동에게 가정과 같은 주거여건과 보호, 양육, 자립지원서비스를 제공하는 것을 목적으로 하는 시설로 일반 양육을 목적으로 하는 시설과 학대피해아동쉼터로 지정되어 운영되는 시설 두 가지 종류가 있음

② 아동복지 이용시설

- 아동상담소: 아동과 그 가족의 문제에 관한 상담, 치료, 예방 및 연구 등을 목적으로 하는 시설
- 아동전용시설: 어린이공원, 어린이놀이터, 아동회관, 체육·연극·영화·

과학실험전시 시설, 아동휴게숙박시설, 야영장 등 아동에게 건전한 놀이·오락, 그 밖의 각종 편의를 제공하여 심신의 건강 유지와 복지증진에 필요한 서비스를 제공하는 것을 목적으로 하는 시설

- 가정위탁지원센터: 부모의 사망이나 학대, 질병 등으로 가정에서 아동을 양육할 수 없는 상황일 때 일정 기간 위탁가정에서 아동을 보호, 양육하는 제도. 「아동복지법」과 유엔아동권리협약에 근거하며, 가능한 처음의 가족 형태를 그대로 보존하는 것을 원칙으로 하기 때문에 가정이 회복될 때까지 아동을 안전하게 보호하여 복귀하게 하는 것을 목적으로 하는 시설
- 지역아동센터: 지역사회 아동의 보호·교육, 건전한 놀이와 오락의 제공, 보호자와 지역사회의 연계 등 아동의 건전 육성을 위하여 종합적인 아동복지서비서를 제공하는 시설
- 아동보호전문기관: 「아동학대특례법」에 의거하여 학대로부터 아동을 보호하고 아동의 권익을 증진시키며, 건강한 가정과 사회 속에서 아동이 행복하게 자랄 수 있도록 아동복지사업을 수행하는 시설
- 다함께돌봄센터: 초등학교의 정규교육 이외의 시간 동안 아동의 안전한 보호 와 균형 있는 급식 및 간식의 제공, 등·하교의 전후와 야간 또는 긴급상황 발생 시의 돌봄서비스 제공, 체험활동 및 교육·문화·예술·체육 프로그램의 연계·제공 등 지역사회 중심의 아동에 대한 공적 돌봄을 실시하는 시설
- 어린이집: 보호자의 위탁을 받아 6세 미만의 어린이를 돌보고 기르는 시설

표 4-1 아동복지시설 종류

형태	시설 종류	소관 부처	관련 법령
생활	· 아동양육시설, 공동생활시설	보건복지부	「아동복지법」
	· 아동일시보호시설		
	· 아동보호치료시설		
	· 자립지원시설		
	· 공동생활가정(학대피해아동쉼터로 지정된 곳에 한함)		

형태	시설 종류	소관 부처	관련 법령
이용	· 아동상담소		
	· 아동전용시설		
	· 가정위탁지원센터		
	· 지역아동센터		
	· 아동보호전문기관		
	· 다함께돌봄센터		
	· 어린이집		「영유아복지법」 제10조

출처: 보건복지부(2022). 「사회복지시설 관리안내」 수정.

(2) 노인복지시설

노인복지시설은 「노인복지법」 제31조에 의한 시설로서 생활시설과 이용시설로 나눌 수 있다.

① 노인복지 생활시설

- 노인요양시설: 치매·중풍 등 노인성 질환 등으로 심신에 상당한 장애가 발생하여 도움이 필요한 노인을 입소시켜 급식·요양과 그밖에 일상생활에 필요한 편의를 제공하는 시설
- 노인요양공동생활가정: 치매·중풍 등 노인성 질환 등으로 심신에 상당한 장애가 발생하여 도움이 필요한 노인에게 가정과 같은 주거여건과 급식·요양, 그밖에 일상생활에 필요한 편의를 제공하는 시설
- 양로시설: 노인을 입소시켜 급식과 그밖에 일상생활에 필요한 편의를 제공하는 시설
- 노인공동생활가정: 노인들에게 가정과 같은 주거여건과 급식, 그밖에 일상생활에 필요한 편의를 제공하는 시설
- 노인복지주택: 노인에게 주거시설을 분양 또는 임대하여 주거의 편의·생활지도·상담 및 안전관리 등 일상생활에 필요한 편의를 제공하는 시설

• 학대피해노인전용쉼터: 피해를 입은 노인을 일정 기간 보호하고 심신 치유 프로그램을 제공하는 시설

② 노인복지 이용시설

• 재가노인복지시설: 재가노인복지시설에는 방문요양서비스, 주·야간 보호서비스, 단기보호서비스, 방문목욕 서비스, 방문간호 서비스, 재가노인 지원 서비스 등
  - 방문요양서비스: 가정에서 일상생활을 영위하고 있는 노인으로서 신체적·정신적 장애로 어려움을 겪고 있는 노인에게 필요한 각종 편의를 제공하여 지역사회 안에서 건전하고 안정된 노후를 영위하도록 하는 서비스
  - 주·야간 보호서비스: 부득이한 사유로 가족의 보호를 받을 수 없는 심신이 허약한 노인과 장애노인을 주간 또는 야간 동안 보호시설에 입소시켜 필요한 각종 편의를 제공하여 이들의 생활 안정과 심신기능의 유지·향상을 도모하고, 그 가족의 신체적·정신적 부담을 덜어주기 위한 서비스
  - 단기보호서비스: 부득이한 사유로 가족의 보호를 받을 수 없어 일시적으로 보호가 필요한 심신이 허약한 노인과 장애노인을 보호시설에 단기간 입소시켜 보호함으로써 노인 및 노인가정의 복지증진을 도모하기 위한 서비스
  - 방문목욕서비스: 목욕 장비를 갖추고 재가노인을 방문하여 목욕을 제공하는 서비스
  - 방문간호서비스: 간호사 등이 의사, 한의사 또는 치과의사의 지시서에 따라 수급자의 가정 등을 방문하여 간호, 진료의 보조, 요양에 관한 상담 또는 구강위생 등을 제공하는 서비스
  - 재가노인 지원서비스: 그밖에 재가노인에게 제공하는 서비스로서 상담·교육 및 각종 서비스

• 노인복지관: 노인의 교양·취미생활 및 사회참여 활동 등에 대한 각종 정보와 서비스를 제공하고 건강증진 및 질병 예방과 소득보장·재가복지, 그밖에 노인의 복지증진에 필요한 서비스를 제공하는 시설

- 경로당: 지역 노인들이 자율적으로 친목 도모·취미활동·공동작업장 운영 및 각종 정보교환과 기타 여가활동을 할 수 있도록 하는 장소
- 노인교실: 노인들에 대하여 사회활동 참여욕구를 충족시키기 위하여 건전한 취미생활·노인건강유지·소득보장 등 기타 일상생활과 관련한 학습프로그램을 제공하는 시설
- 노인보호전문기관: 시·도지사가 노인보호전문기관을 지정·운영, 노인학대 신고, 상담, 보호, 예방 및 홍보, 24시간 신고·상담용 긴급전화(1577-1389) 운영하는 기관
- 노인일자리지원기관: 지역사회 등에서 노인일자리의 개발·지원, 창업·육성 및 노인에 대한 재화의 생산·판매 등을 직접 담당하는 노인 일자리전담기관

표 4-2 노인복지시설 종류

형태	시설 종류		소관 부처	관련 법령
생활	· 의료	· 노인요양시설	보건복지부	「노인복지법」 제31조
		· 노인요양공동생활가정		
	· 주거	· 양로시설, 노인 공동생활가정		
		· 노인복지주택		
	· 학대피해노인전용쉼터			
이용	· 재가	· 재가노인복지시설(방문요양, 주·야간보호, 단기보호, 방문목욕, 재가노인지원, 방문간호)		
	· 여가	· 노인복지관		
		· 경로당, 노인교실		
	· 노인보호전문기관			
	· 노인일자리지원기관			

출처: 보건복지부(2022). 「사회복지시설 관리안내」 수정.

(3) 청소년복지시설

청소년복지시설은 「청소년복지지원법」에 명시된 시설과 그밖에 복지지원 시설로 나누어 살펴볼 수 있다.

① 청소년복지시설

- 청소년쉼터: 가정 밖 청소년에 대하여 가정·학교·사회로 복귀하여 생활할 수 있도록 일정 기간 보호하면서 상담·주거·학업·자립 등을 지원하는 시설
- 청소년자립지원관: 일정 기간 청소년쉼터 또는 청소년회복지원시설의 지원을 받았는데도 가정·학교·사회로 복귀하여 생활할 수 없는 청소년에게 자립하여 생활할 수 있는 능력과 여건을 갖추도록 지원하는 시설
- 청소년치료재활센터: 학습·정서·행동상의 장애가 있는 청소년을 대상으로 정상적인 성장과 생활을 할 수 있도록 청소년에게 적합한 치료·교육 및 재활을 종합적으로 지원하는 거주형 시설
- 청소년회복지원시설: 「소년법」제32조 제1항에 의하여 1호 보호처분인 감호위탁 처분을 받은 청소년에 대하여 보호자를 대신하여 그 청소년을 보호할 수 있는 자가 상담·주거·학업·자립 등 서비스를 제공하는 시설

② 청소년복지 지원시설

청소년시설에는 청소년복지시설로 지정되어 있지는 않지만 청소년복지를 위하여 지원하는 관련 기관 또한 존재한다. 대표적으로 청소년상담복지개발원과 청소년상담복지센터, 그리고 이주배경청소년지원센터와 학교밖청소년지원센터가 있으며 청소년상담복지개발원과 청소년상담복지센터, 이주배경청소년지원센터는 「청소년복지지원법」에 근거하여 설치·운영되고 있으며, 학교밖청소년지원센터는 「학교 밖 청소년 지원에 관한 법률」에 근거하고 있다. 모두 여성가족부 소관이다.

- 청소년상담복지개발원: 청소년복지 관련 정책 수립을 지원하고 사업을 효율적이고 체계적으로 수행하기 위하여 청소년 상담 및 복지 관련 정책연구, 청소년상담과 복지 사업 개발 및 운영·지원, 상담자료의 제작

및 보급, 청소년 상담·복지 인력 양성, 청소년상담복지센터, 청소년복지시설, 학교밖청소년지원센터에 대한 지도 및 지원의 업무를 담당하는 시설

- 청소년상담복지센터: 지역사회 내 청소년 및 위기청소년의 허브 기관으로써 청소년에 대한 상담·긴급구조·자활·의료지원 등의 업무를 수행하여 건강한 성인으로의 성장을 돕는 시설
- 이주배경청소년지원센터: 이주배경청소년의 건강한 성장을 돕기 위하여 상담 및 복지지원 서비스를 지원하는 기관
- 학교밖청소년지원센터: 학교 밖 청소년이 건강한 사회구성원으로 성장할 수 있도록 지역사회의 학교 밖 청소년에 대한 의식개선, 프로그램 개발 및 지원, 지역사회 협력체계구축 및 지원, 제도개선, 상담 및 복지지원 등의 업무를 하는 시설

표 4-3 청소년복지(지원)시설 종류

형태	시설 종류	소관 부처	관련 법령
청소년복지시설	· 청소년쉼터(일시, 이동, 단기, 중장기)	여성가족부	「청소년복지 지원법」
	· 청소년자립지원관		
	· 청소년치료재활센터		
	· 청소년회복지원시설		
청소년복지지원 기관	· 청소년상담복지개발원		
	· 청소년상담복지센터		
	· 이주배경청소년지원센터		
	· 학교밖청소년지원센터		「학교밖청소년 지원에 관한 법률」

출처: 보건복지부(2022). 「사회복지시설 관리안내」 수정.

(4) 여성·가족복지시설

여성·가족복지시설은 「성매매방지 및 피해자 보호 등에 관한 법률」, 「성폭력방지 및 피해자 지원에 관한 법률」, 「가정폭력 방지 및 피해자 보호 등

에 관한 법률」, 「한부모가족지원법」, 「다문화가족지원법」, 「건강가정기본법」 등 문제 영역별 특별법 등에 의해 운영되는 시설이다.

① 여성·가족복지 생활시설

- 성매매피해지원시설
  - 일반지원시설: 성매매 피해자 등을 대상으로 1년 범위에서 숙식 제공, 자립 지원
  - 청소년지원시설: 19세 미만의 성매매 피해자 등을 대상으로 19세가 될 때까지 숙식 제공, 취학·교육 등 자립 지원
  - 외국인지원시설: 외국인 성매매 피해자 등을 대상으로 3개월「성매매 알선 등 행위의 처벌에 관한 법률」 제11조에 해당 하는 경우에 그 해당 기간)의 범위에서 숙식 제공, 귀국 지원
  - 자립지원공동생활시설: 성매매 피해자 등을 대상으로 2년의 범위에서 숙박 등의 편의 제공, 자립 지원

- 성폭력피해자보호시설
  - 일반보호시설: 피해자들의 숙식 제공, 상담 및 치료, 자립·자활 교육의 실시와 취업 정보의 제공을 위한 시설
  - 장애인보호시설: 장애인 성폭력 피해자 대상 지원시설
  - 특별지원보호시설: 19세 미만의 성폭력 피해자 대상 지원시설
  - 외국인보호시설: 외국인 성폭력 피해자 대상 지원시설
  - 자립지원공동생활시설: 보호시설을 퇴소한 사람에게 자립·자활 교육의 실시와 취업 정보의 제공 및 그밖에 필요한 사항을 제공하는 시설
  - 장애인 자립지원 공동생활시설: 장애인 보호시설을 퇴소한 사람에게 자립·자활 교육의 실시와 취업 정보의 제공 및 그밖에 필요한 사항을 제공하는 시설

- 가정폭력피해자보호시설
  - 단기보호시설: 가정폭력 피해자 등을 6개월의 범위에서 보호하는 시설로 입소한 피해자 등에 대한 보호 기간을 여성가족부령으로 정하는

바에 따라 각 3개월의 범위에서 두 차례 연장할 수 있음
- 장기보호시설: 피해자 등에 대하여 2년의 범위에서 자립을 위한 주거 편익 등을 제공하는 시설
- 외국인보호시설: 배우자가 대한민국 국민인 외국인 피해자 등을 2년의 범위에서 보호하는 시설
- 장애인보호시설: 「장애인복지법」의 적용을 받는 장애인인 피해자 등을 2년의 범위에서 보호사는 시설

• 한부모가족지원시설
- 모자가족복지시설: 모자가족복지시설은 생계가 어려운 모자가족에게 일정 기간의 주거와 생계를 지원하는 기본생활지원과 모자가정의 자립을 위한 공동생활을 통한 주거지원을 하는 공동생활지원, 자립 욕구가 강한 모자가정의 주거와 생계를 일정 기간 지원하는 자립생활지원시설이 있음
- 부자가족복지시설: 부자가족복지시설은 생계가 어려운 부자가족에게 일정 기간의 주거와 생계를 지원하는 기본생활지원과 부자가정의 자립을 위한 공동생활을 통한 주거지원을 하는 공동생활지원, 자립 욕구가 강한 부자가정의 주거와 생계를 일정 기간 지원하는 자립생활지원시설이 있음
- 미혼모가족복지시설: 미혼모가족복지시설은 미혼 여성의 임신과 출산 시 안전한 분만 및 심신의 건강 회복과 출산 후의 아동의 양육지원을 위하여 일정 기간 주거와 생계를 지원하는 기본생활지원과 출산 후 해당 아동을 양육하지 아니하는 미혼모 또는 미혼모와 그 출산 아동으로 구성된 미혼모자 가족에게 일정 기간 공동생활을 통하여 자립을 준비할 수 있도록 주거 등을 지원하는 공동생활지원시설이 있음
- 일시지원복지시설: 배우자(사실혼 관계의 있는 사람 포함)가 있으나 배우자의 물리적·정신적 학대로 아동의 건전한 양육이나 모의 건강에 지장을 초래할 우려가 있을 경우 일시적 또는 일정 기간 모와 아동 또는 모에게 주거와 생계를 지원하는 시설

② 여성·가족복지 이용시설

• 성매매피해지원시설
  - 자활지원센터: 성매매 피해자 등의 회복과 자립에 필요한 지원을 제공하는 시설
  - 성매매피해상담소: 성매매 피해자 등의 상담을 위한 시설

• 성폭력피해자보호시설
  - 성폭력상담소: 성폭력 피해자 상담을 위한 시설
  - 성폭력 피해자 통합지원센터: 성폭력 피해상담, 치료, 그밖에 피해구제를 위한 지원업무를 종합적으로 수행하기 위한 기관

• 가정폭력피해시설
  - 가정폭력상담소: 가정폭력 피해자 등의 상담을 위한 시설
  - 긴급전화센터: 가정폭력 상담 및 신고, 가정폭력 피해와 관련된 법률자문 등 가정폭력과 관련된 긴급전화를 운영하는 시설

• 다문화가족지원센터
  - 다문화가족을 위한 전반적인 지원을 하는 시설

• 한부모가족복지상담소
  - 한부모가족에 대한 위기·자립 상담 또는 문제해결 지원 등을 목적으로 하는 시설

• 건강가정지원센터
  - 가정 문제의 예방·상담 및 치료, 건강가정의 유지를 위한 프로그램의 개발, 가족문화운동의 전개, 가정 관련 정보 및 자료제공 등을 위한 시설

표 4-4 여성·가족복지시설의 종류

형태	시설 종류		소관 부처	관련 법령
생활	· 성매매피해지원시설	· 일반지원시설	여성가족부	「성매매방지 및 피해자 보호 등에 관한 법률」
		· 청소년지원시설		
		· 외국인지원시설		

형태	시설 종류		소관 부처	관련 법령
		· 자립지원공동생활시설		
	· 성폭력피해자보호시설	· 일반보호시설		「성폭력방지 및 피해자 지원에 관한 법률」
		· 장애인보호시설		
		· 특별지원보호시설		
		· 외국인보호시설		
		· 자립지원공동생활시설		
		· 장애인 자립지원 공동생활시설		
	· 가정폭력피해보호시설	· 단기보호시설		「가정폭력 방지 및 피해자 보호 등에 관한 법률」
		· 장기보호시설		
		· 외국인보호시설		
		· 장애인보호시설		
	· 한부모가족지원시설	· 모자가족복지시설(기본, 공동, 자립)		「한부모가족지원법」
		· 부자가족복지시설(기본, 공동, 자립)		
		· 미혼모자가족복지시설(기본, 공동)		
		· 일시지원복지시설		
이용	· 성매매피해지원시설	· 자활지원센터		「성매매방지 및 피해자 보호 등에 관한 법률」
		· 성매매피해상담소		
	· 성폭력피해보호시설	· 성폭력피해상담소		「성폭력방지 및 피해자 지원에 관한 법률」
		· 성폭력 피해자 통합지원센터		
	· 가정폭력피해보호시설	· 가정폭력상담소		「가정폭력 방지 및 피해자 보호 등에 관한 법률」
		· 긴급전화센터		
	· 다문화가족지원센터			「다문화가족지원법」
	· 한부모가족지원센터	· 한부모가족복지상담소		「한부모가족지원법」
	· 건강가정지원센터			「건강가정기본법」

출처: 보건복지부(2022). 「사회복지시설 관리안내」 수정.

(5) 장애인복지시설

장애인복지시설은「장애인복지법」 제58조에 근거한 시설들로 생활시설로 장애인 거주시설과 쉼터가 있으며 이용시설로는 지역사회 재활시설과 의료재활시설, 직업재활시설, 장애인생산품판매시설 등이 있다.

① 장애인복지 생활시설

- 장애유형별 거주시설: 장애 유형이 같거나 유사한 장애가 있는 사람들이 함께 이용하게 하여 그들의 장애 유형에 적합한 주거지원·일상생활지원·지역사회생활지원 등의 서비스를 제공하는 시설
- 중증장애인 거주시설: 장애의 정도가 심하여 항상 도움이 필요한 장애인에게 주거지원·일상생활지원·지역사회생활지원·요양서비스를 제공하는 시설
- 장애영유아 거주시설: 6세 미만의 장애영유아를 보호하고 재활에 필요한 주거 지원·일상생활지원·지역사회생활지원·요양서비스를 제공하는 시설
- 장애인단기 거주시설: 보호자의 일시적 부재 등으로 도움이 필요한 장애인에게 단기간 주거서비스, 일상생활지원서비스, 지역사회생활서비스를 제공하는 시설
- 장애인공동생활가정: 장애인들이 스스로 사회에 적응하기 위하여 전문인력의 지도를 받으며 공동으로 생활하는 지역사회 내의 소규모 주거시설
- 피해장애인쉼터: 피해장애인의 임시 보호 및 사회복귀를 지원하는 시설
- 피해장애아동쉼터: 장애인 학대로 인하여 피해를 입은 장애아동(이하 "피해장애 아동"이라 한다)의 임시 보호하는 시설(2022.01.28. 시행)

② 장애인복지 이용시설

- 지역사회재활시설
  - 장애인복지관: 장애인에 대한 각종 상담 및 사회심리·교육·직업·의료재활 등 장애인의 지역사회 생활에 필요한 종합적인 재활서비스를 제공하고 장애에 대한 사회적 인식 개선사업을 수행하는 시설

- 장애인주간보호시설: 장애인을 주간에 일시 보호하여 장애인에게 필요한 재활서비스를 제공하는 시설
- 장애인체육시설: 장애인의 체력증진 또는 신체기능 회복 활동을 지원하고 이와 관련된 편의를 제공하는 시설
- 장애인수련시설: 장애인의 문화·취미·오락 활동 등을 통한 심신 수련을 조장·지원하고 이와 관련된 편의를 제공하는 시설
- 장애인생활이동지원센터: 이동에 상당한 제약이 있는 장애인에게 차량 운행을 통한 직장 출퇴근 및 외출 보조나 그 밖의 이동서비스를 제공하는 시설
- 수어통역센터: 의사소통에 지장이 있는 청각·언어장애인에게 수어 통역 및 상담서비스를 제공하는 시설
- 점자도서관: 시각장애인에게 점자 간행물 및 녹음서를 열람하게 하는 시설
- 점서 및 녹음서 출판시설: 시각장애인을 위한 점자 간행물 및 녹음서를 출판하는 시설

• 장애인의료재활시설
  - 장애인을 입원 또는 통원하게 하여 상담, 진단, 판정, 치료 등 의료재활서비스를 제공하는 시설

• 직업재활시설
  - 장애인보호작업장: 직업 능력이 낮은 장애인에게 직업 적응 능력 및 직무기능향상훈련 등 직업재활훈련 프로그램을 제공하고, 보호가 가능한 조건에서 근로의 기회를 제공하며, 이에 상응하는 노동의 대가로 임금을 지급하며, 장애인 근로 사업장이나 그 밖의 경쟁적인 고용시장으로 옮겨갈 수 있도록 돕는 역할을 하는 시설
  - 장애인근로사업장: 직업 능력은 있으나 이동 및 접근성이나 사회적 제약 등으로 취업이 어려운 장애인에게 근로의 기회를 제공하고 최저임금 이상의 임금을 지급하며, 경쟁적인 고용시장으로 옮겨갈 수 있도록 돕는 역할을 하는 시설

- 장애인직업적응훈련시설: 작업 능력이 극히 낮은 장애인에게 작업 활동, 일상생활 훈련 등을 제공하여 기초작업 능력을 습득시키고, 작업 평가 및 사회적응훈련 등을 실시하여 장애인 보호작업장 또는 장애인 근로사업장이나 그 밖의 경쟁적인 고용 시작으로 옮겨갈 수 있도록 돕는 역할을 하는 시설

• 장애인생산품판매시설
  - 장애인 생산품의 판매 활동 및 유통을 대행하고 장애인 생산품이나 서비스·용역에 관한 상담, 홍보, 판로 개척 및 정보제공 등 마케팅을 지원하는 시설

표 4-5 장애인복지시설 종류

형태	시설 종류		소관 부처	관련 법령
생활	· 생활시설	· 장애유형별 거주시설	보건복지부	「장애인복지법」 제58조
		· 중증장애인 거주시설		
		· 장애영유아 거주시설		
		· 장애인단기 거주시설		
		· 장애인공동생활가정		
	· 쉼터	· 피해장애인쉼터		「장애인복지법」 제59조의1
		· 피해장애아동쉼터		
이용	· 지역사회 재활시설	· 장애인복지관		「장애인복지법」 제58조
		· 장애인주간보호시설		
		· 장애인체육시설, 장애인수련시설, 장애인생활이동지원센터		
		· 수어통역센터, 점자도서관, 점서 및 녹음서 출판시설		
	· 장애인의료재활시설			
	· 직업재활 시설	· 장애인보호작업장, 장애인근로사업장, 장애인직업적응훈련시설		
	· 장애인생산품판매시설			

출처: 보건복지부(2022). 「사회복지시설 관리안내」 수정.

(6) 노숙인복지시설

노숙인복지시설은 「노숙인 등의 복지 및 자립 지원에 관한 법률」에 따라 설치된 시설들로 노숙인 발생 예방 및 노숙인들이 심신장애를 극복할 수 있도록 신체적·심리적 치료·재활 기능과 노숙인들의 숙식과 취업 지원 등의 업무를 지원하는 기관들이다.

구체적인 내용은 다음과 같다(「노숙인 등의 복지 및 자립 지원에 관한 법률 시행규칙」 별표 2).

① 노숙인복지 생활시설

- 노숙인자활시설: 건강상에 특별한 문제가 없고 일할 의지 및 직업 능력이 있는 노숙인 등을 입소시켜 생활지도·상담·안전관리 또는 전문적인 직업상담·훈련 등의 복지서비스를 직접 제공하거나 직업훈련기관 또는 고용지원기관 등과의 연계를 통해 노숙인들의 자활·자립을 지원하는 시설
- 노숙인재활시설: 신체장애, 정신장애, 그 밖의 질환 등으로 인하여 자립이 어렵고 치료와 보호가 필요한 노숙인 등을 입소시켜 치료 및 각종 재활프로그램을 제공하고 사회적응훈련을 실시함으로써 노숙인 등의 신체적·정신적 재활을 통한 자립기반 조성을 지원하는 시설
- 노숙인요양시설: 건강상의 문제 등으로 인하여 단기간 내 가정 및 사회복귀가 어려운 노숙인 등을 입소시켜 상담·치료 또는 요양서비스를 제공하는 시설

② 노숙인복지 이용시설

- 노숙인종합지원센터: 노숙인의 생활안정을 위하여 주거·의료·고용 지원을 위한 상담 및 복지서비스 연계, 응급조치, 심리상담 등 노숙인에 대하여 종합적인 서비스를 지원하는 시설
- 노숙인일시보호시설: 노숙인 등에 대한 일시적인 잠자리 제공, 급식 제공, 응급처치 등 일시보호 기능을 주로 수행하면서 종합지원센터에 상담 의뢰, 병원 진료 연계, 생활물자 지원·보관 등 부가적 서비스를 제공
- 노숙인급식시설: 노숙인 등에게 필요한 급식서비스를 제공하는 시설

- 노숙인진료시설: 노숙인 등에 대한 진단·치료·재활 등 의료서비스를 제공하는 시설
- 쪽방상담소: 쪽방 밀집 지역에서 쪽방 거주자에 대한 상담, 취업지원, 생계지원, 그 밖의 행정지원 서비스를 제공하는 기관

표 4-6 노숙인복지시설 종류

형태	시설 종류	소관 부처	관련 법령
생활	· 노숙인자활시설	보건복지부	「노숙인 등의 복지 및 자립지원에 관한 법률」
	· 노숙인재활시설		
	· 노숙인요양시설		
이용	· 노숙인종합지원센터		
	· 노숙인일시보호시설		
	· 노숙인급식시설		
	· 노숙인진료시설		
	· 쪽방상담소		

출처: 보건복지부(2022). 「사회복지시설 관리안내」 수정.

(7) 정신보건복지시설

정신보건시설은 정신장애인이나 가족이 지역사회 생존과 적응을 위해 필요한 다양한 재활과 복지서비스를 개발, 연결, 제공하며 정신장애인의 능력 고취와 기능 수준 향상을 통해 사회복귀를 돕기 위해 설립된 시설을 말한다(김혜영 외, 2016; 96).

① 정신보건복지 생활시설

- 정신요양시설: 정신의료기관에서 의뢰된 정신질환자와 만성질환자를 입소시켜 요양과 사회복귀 촉진을 위한 훈련을 하는 시설
- 정신의료기관: 의료법에 따른 의료기관 중 주로 정신질환자의 진료를 행할 목적으로 제12조 제1항의 시설기준 등에 적합하게 설치된 병원과 의원 및 병원급 이상의 의료기관에 설치된 정신건강의학과를 말함

② 정신보건복지 이용시설

• 정신보건센터: 정신보건서비스의 질적 향상을 위한 노력과 초기 중증정신질환자의 지역사회정신보건전달 체계 및 지지체계 형성, 재활, 사회적응을 도와 인간적인 삶을 영위 할 수 있도록 하고, 소아·청소년을 포함한 일반 시민들의 정신질환 예방을 도모하며, 자살예방상담, 정신질환관리, 우울증 예방, 알코올중독 관리 등을 실시하는 시설
• 사회복귀시설: 정신질환자를 정신의료기관에 입원시키거나 정신요양시설에 입소시키지 아니하고 사회복귀 촉진을 위한 훈련을 행하는 시설

표 4-7 정신보건복지시설 종류

형태	시설 종류	소관 부처	관련 법령
생활	· 정신요양시설	보건복지부	「정신건강증진 및 정신질환자 복지서비스 지원에 관한 법률」
	· 정신의료기관		
이용	· 정신보건센터		
	· 사회복귀시설		

출처: 보건복지부(2022). 「사회복지시설 관리안내」 수정.

(8) 의료복지시설

의료사회복지는 사회복지의 가치, 지식, 기술, 태도를 의료에 응용하는 것이다. 사업의 현장은 주로 병원이며 대상은 질병이나 장애로 인해 기능이 손상되었거나 위기에 처한 사람들이다. 따라서 의료사회복지는 환자와 그 가족이 질병의 원인이나 질병 치료 과정에서 경험하는 신체적, 심리·사회적 어려움을 극복할 수 있도록 도와주고 그들이 건강하게 사회에 복귀할 수 있도록 의료적·사회복지적 지원을 제공하는 것이라고 할 수 있다(최은희 외, 2017).

(9) 학교사회복지시설

학교사회복지는 학교라는 사회적 제도에 개입하여 학생 개개인의 욕구와

문제해결에 관심을 갖도록 도와주며, 학업성취 향상을 돕고 모든 학생들이 학교에서 공평한 교육 기회와 성취감을 얻을 수 있도록 학교 현장에서 활동하는 전문직인 사회복지 분야이다(이광재, 2019).

(10) 교정복지시설

교정복지시설은 범죄인이나 비행 청소년을 둘러싼 개인과 사회환경에 개입함으로써 현재의 문제뿐만 아니라 재범을 예방하기 위한 전문적 사회복지의 한 분야인 교정복지를 실천하는 시설을 의미한다.

최은희 외(2017)는 교정복지시설을 수용시설, 보호시설, 민간시설로 분류화였으며 구체적인 내용은 아래와 같다.

① 교정복지 수용시설

- 교도소: 교도소는 혐의 여부에 따라 기결(미결)자를 수용하여 교정·교화와 건전한 사회복귀를 도모하는 시설
- 개방교도소: 전국 교도소에서 선별된 모범수형자를 수용하여 외부기업체 취업 등 외부 통근제를 실시하여 출소 전 사회적응 능력을 배양하는 시설

② 교정복지 보호시설

- 보호관찰소: 교정시설에 수용하지 않고 일상 사회생활을 유지하면서 재범을 하지 않는 대상자를 지도·감독하는 사회 내 처우이며 수감 명령과 사회봉사명령 등이 포함
- 소년원학교: 법원 소년부에서 보호처분을 받은 소년을 보호·수용하여 선도 및 교정·교육을 하는 특수 교육기관으로 교과교육, 직업능력개발훈련, 의료, 재활교육 등을 실시하는 기관
- 소년분류심사원: 범죄 소년에 대한 분류심사를 실시하여 법원 소년부에 자료를 제공하고 교정 처우 지침 제시, 사후지도 권고 등을 실시하는 기관
- 치료감호: 「치료감호법」에 의해 치료감호처분을 받은 자의 수용·감호

와 치료 및 이에 대한 조사와 연구를 실시하며, 사법기관에서 의뢰한 자에 대한 정신을 감정하고 인성치료재활센터 등에서 그 역할을 수행하는 기관

③ 교정복지 민간시설

- 갱생보호기관: 한국법무보호복지공단이 대표적이며, 무의탁 출소자에 대한 숙식제공과 물질적인 원호가 필요한 사람에게 긴급원호를 지원하는 프로그램을 운영, 또한 직업훈련, 취업 지원, 창업지원 프로그램과 사회성향상교육, 심리치료, 멘토링 및 사후관리 지원 등 상담지원 프로그램을 운영하는 기관
- 소년보호시설: 소년원에서 6호 처분을 받은 소년을 「아동복지법」상의 아동복지시설이나 그 밖의 소년보호시설에 감호를 위탁하여 학업과 직업 교육을 제공, 종교·사회기관 또는 시설, 지역사회복지관과 복지시설 등 다양한 시설에 서비스 대상자를 위탁하는 시설

표 4-8 교정복지시설의 종류

<table>
<tr><th>형태</th><th>시설 종류</th><th>소관 부처</th><th>관련 법령</th></tr>
<tr><td>수용시설</td><td>· 교도소, 개방교도소</td><td rowspan="6">법무부</td><td>「형의 집행 및 수용자의 처우에 관한 법률」</td></tr>
<tr><td rowspan="4">보호시설</td><td>· 보호관찰소</td><td>「보호관찰 등에 관한 법률」</td></tr>
<tr><td>· 소년원학교</td><td rowspan="2">「소년법」</td></tr>
<tr><td>· 소년분류심사원</td></tr>
<tr><td>· 치료감호</td><td>「치료감호법」</td></tr>
<tr><td rowspan="2">민간시설</td><td>· 갱생보호기관</td><td>「보호관찰 등에 관한 법률」</td></tr>
<tr><td>· 소년보호시설</td><td></td><td>「소년법」</td></tr>
</table>

출처: 최은희 외(2017).

3. 사회복지실천 현장의 대상

사회복지실천 현장에서 그 대상을 어떻게 누구로 상정할 것인가는 매우 중요한 문제이다. 이는 서비스의 형태와 전문가의 역할에서뿐만 아니라 서비스 지원체계의 범위까지도 영향을 받을 수 있다.

즉, 사회복지실천 현장의 대상은 사회복지실천 목표의 출발점이자 과업의 대상이라는 점에서 사회복지실천의 결정적 요인으로 인식되어야 한다. 이에 본 장에서는 사회복지실천 대상의 유형과 자격 규정, 특성을 살펴보았다.

1) 사회복지실천 대상

사회복지의 대상을 설명할 때 우리는 보편주의와 선별주의라는 두 가지 원칙을 따르는 것이 일반적이다. 보편주의는 전 국민을 사회복지의 대상으로 삼는 것을 말하며 이때 사회복지는 하나의 권리로서 복지서비스를 제공하고, 복지 수혜의 자격과 기준을 균등화하여 복지서비스의 수급자들이 그 어떤 낙인감, 열등감, 굴욕감도 느끼지 않게 한다한다(Titmuss, 1976;129).

반면 선별주의는 사회복지 대상자들을 사회적·신체적·교육적 기준에 따라 구분한 다음 복지서비스를 제공하는 것을 의미한다. 자산조사를 통해 원조가 필요하다고 인정된 사람들, 즉 결손가정, 장애인, 무능력자, 노인, 빈민 등만을 복지서비스의 대상으로 하며, 공공부조나 공공임대주택이 여기에 속한다. 수혜 조건을 갖추었는지를 조사하는 과정과 일반 시민(조세를 통해 그 비용을 부담하는)들과의 사회적 관계에서 낙인을 피할 수 없다(Townsend, 1975; 124).

그러나 사회복지실천 현장의 대상은 사회복지 대상과 꼭 부합한다고 볼 수 없는 것이 현실이다. 특히 사회복지실천이 중앙정부와 지방정부의 시도 영역이 다르며, 내용도 다를 때 이러한 차이점은 더욱 커진다.

본 교재에서는 사회복지실천 대상을 빈곤층과 사회약자 그리고 모든 주민으로 구분하여 제시하고자 한다.

(1) 빈곤층

빈곤층은 전통적인 사회복지의 대상이기도 하지만 사회복지실천의 주요 대상으로 여겨지기에 사회복지와 사회복지실천, 그리고 정책적인 실천에서 괴리감 없이 동의되어지는 대상이다.

빈곤층의 사회복지 지원은 「국민기초생활보장법」을 기초로 하여 지원되고 있으며 물질적 지원을 포함한 의료, 문화, 교육 등의 인간 삶의 다양한 방면에서의 지원을 그 목적으로 하고 있다. 따라서 빈곤층은 지역사회보장계획 등 지방의 사회복지정책 결정의 매우 중요한 대상으로, 또한 사회복지사가 실천 현장에서 가장 많이, 가장 빈번히 접하거나 프로그램 개발의 대상으로서 이들의 필요와 욕구에 대한 사전 사정은 매우 중요한 사회복지사의 역할이 된다.

(2) 사회약자

사회약자를 빈곤층과 구별한 것은 아동, 여성, 장애인, 노인, 다문화가족 등과 같이 실제 생활상의 어려움을 겪거나 문제 상황에 놓여 있는 자들로 굳이 경제적으로 빈곤하지 않더라도 스스로 생활을 꾸려가는데 심리·사회적, 상황적 어려움을 내포하고 있는 대상들 모두를 포함한다는 데 그 차이점이 있다. 이들 사회적 약자들은 「아동복지법」, 「장애인복지법」, 「노인복지법」과 같은 개별 법령으로 보다 구체적으로 사회복지 실천을 규정하여 보호·지원하고 있다.

(3) 모든 국민

사회복지가 보다 취약한 빈곤층과 사회적 약자를 위해 더 많은 자원과 인력, 시간이 투입되어야 함에는 재론의 여지가 없을 것이다. 그럼에도 불구하고 사회복지의 대상을 모든 국민으로 여기는 것은 사회복지의 가치와 관련된 것으로 인간의 삶, 인간의 행복, 인간다운 삶이 경제적인 물질적 지원에 국한되지 않는다는 관점의 적용이라고 할 수 있다. 모든 국민에 대한 사회복지실천에 대한 담론은 정부가 시행하는 모든 정책이 사회복지적 방향의 지향이라는 점에서 더욱 그 당위성을 확보한다고 할 수 있다.

그럼에도 한정된 자원이라는 현실적 어려움 속에서 보다 취약한 대상에 대한 지원이 우선시 되어야 한다는 것은 또 다른 의미에서 사회복지적 지향이라는 점에서 매우 중요한 실천적 가치라고 할 수 있다.

2) 대상의 유형

사회복지실천이나 사회복지서비스의 대상을 망라하면 크게 개인, 가족, 집단, 지역사회로 사회복지실천 대상을 나누어 서비스를 지원하고 있다.

(1) 개인

개인은 사회복지서비스를 개별적으로 받거나 사회복지실천에 개별적으로 참여하는 자들이다. 이들의 욕구나 문제를 해결하기 위해 우선 개별화가 필요하다. 특히 같은 유형의 문제나 욕구라 할지라도 그 문제의 수준이 심각하여 타인에게 노출될 수 없는 상황에서는 개별적으로 서비스를 제공하는 것이 바람직하다. 예컨대 겪고 있는 문제 유형이 같은 집단을 대상으로 상담이나 치료를 위해 집단 프로그램을 실천할 수 있다. 이때 만약 참여자 중 자신의 의사소통 능력이나 개인적으로 겪고 있는 문제가 너무 심각하여 집단에서 다루기 어려운 경우 따로 개별 서비스를 지원할 수 있을 것이다.

(2) 가족

가족이 사회복지실천의 대상이 되는 것은 개인에게 가장 많은 영향을 미치는 환경으로서의 가족의 중요성이 강조되고 있기 때문이다. 개인의 문제해결을 위한 다양한 노력과 더불어 가족치료와 같은 접근을 통해 가족의 기능을 회복하고 강화한다는 것은 가족으로서의 집단과 개인의 환경으로서의 가족에 대한 영향력을 긍정적인 방향으로 나아갈 수 있도록 이끄는 것을 의미한다. 나아가 세대 단위로 사회복지서비스를 받는 경우 가족의 형태는 다르겠지만 가족 단위로 시행되는데, 예컨대 부모와 함께 생활하지 않는 아동이 할머니와 함께 조손가족을 이루어 살며 여러 유형의 서비스를 받는 형태가 여기에 속한다고 할 수 있다.

(3) 집단

10명 안팎의 인원으로 구성된 소집단으로 사회복지실천이 이루어지는 경우는 크게 두 가지로 나누어 볼 수 있다. 집단 자체의 욕구나 문제를 해결하기 위한 개입과 개인의 욕구나 문제해결에 초점을 두고 집단을 활용하여 개입하는 경우가 있다. 이들 두 집단의 특징을 집단사회사업의 방법론에서는 집단의 유형을 각각 과업집단과 치료집단으로 구분하기도 한다(김종옥·권중돈, 1993).

(4) 지역사회

개인과 같이 지역사회도 욕구와 문제를 지닌다. 물론 지역사회의 욕구나 문제에 대한 사전은 지역사회 주민의 공통된 형편을 바탕으로 이루어진다. 그러므로 지역사회를 위한 사회복지실천도 궁극적으로는 지역사회 주민 각자의 행복을 위한 사회복지사의 활동인 것이다. 그러나 지역사회를 단위로 사회복지실천이 이루어질 때는 지역사회의 특성에 따라 개입 기술이나 활동 영역, 동원되어야 하는 지역사회 자원의 규모 따위가 판이하게 다르기 때문에 사회복지사는 지역사회 관련 기술을 익혀야 한다.

3) 대상의 자격 규정

사회복지서비스는 관련 법령과 정책, 시행령과 지침을 기반으로 시행되며, 여기에서 규정한 대상자들이 일차적으로 사회복지서비스, 즉, 공적인 예산 투입의 대상이 될 수 있는 자격이 주어지는 것이다.

(1) 사회복지서비스법

사회복지실천에서 그 대상은 대체로 「국민기초생활보장법」을 비롯한 사회복지서비스법에서 규정하고 있다. 특히 「아동복지법」, 「장애인복지법」, 「노인복지법」과 같은 사회복지서비스법은 「사회복지사업법」이 총괄하여 정하고 있다.

(2) 사회복지 관련법

사회복지실천은 현장에서 매우 다양하게 실시되므로 「국민기초생활보장법」이나 사회복지서비스법에서 사회복지실천의 대상을 모두 규정하지는 못한다. 앞에서 언급한 사회복지법에 의한 사회복지서비스 대상 기준 이외의 것은 사회복지 관련법에서 규정하고 있다. 특히 사회복지서비스법은 보건복지부와 여성가족부가 관장하나 사회복지 관련법은 고용노동부, 법무부 따위가 관련되어 있다. 주요 관련법으로는 「고용상 연령차별금지 및 고령자고용촉진에 관한 법률」, 「청소년기본법」, 「청소년보호법」, 「보호관찰 등에 관한 법률」, 「법률구조법」 등을 들 수 있다.

(3) 사회복지 기관의 운영 지침

사회복지실천의 대상 기준을 사회복지법과 사회복지 관련법에서 모두 규정할 수는 없다. 이 두 영역에서 정하지 못한 대상은 사회복지실천의 주요 현장인 사회복지 기관의 운영 지침에서 가능하다. 아울러 이들 운영 지침은 사회복지서비스법과 사회복지 관련법이 규정하고 있는 서비스를 구체적으로 정하기도 한다.

4) 대상의 특성

다음에 소개되는 사회복지 대상의 특성은 따로 개별적이며 독립적으로 존재하기도 하지만 때론 중복되거나 순환적으로 영향을 주기도 한다.

(1) 경제적 빈곤

대체로 사회복지서비스의 대상은 개인이나 가정, 지역사회이든 경제적으로 빈곤한 대상이 우선시 된다. 특히 빈곤에 처해 있는 지역사회는 빈곤과 관련하는 문화를 형성하기도 한다. 이런 맥락에서 정부나 사회복지 기관에서는 클라이언트의 소득보장을 위한 서비스를 더욱 중요하게 여길 수밖에 없다.

(2) 기능의 부족

사회복지사가 만나는 대상자들은 대부분 자신의 삶을 영위하기 위한 적당한 기능에 문제점이 있거나 다른 사람들보다 늦게 또는 전혀 발휘하지 못하기도 한다. 예컨대 장애인, 만성질환자, 범죄인, 비행 청소년들과 같은 개인과 문제를 갖는 지역사회도 사회생활을 영위하기 위한 기능을 발휘하지 못한 경우라 하겠다(최옥채, 2018).

(3) 사회로부터 소외

사회복지실천 대상자들은 철저히 사회로부터 소외되어 있다고 하여도 과언이 아니다. 이 소외 과정은 사회가 먼저 이들을 소외시킬 수도 있고 대상자 스스로 자격지심을 느낌으로써 소외될 수도 있다. 특히 장애인은 누구에게나 당연한 권리로서의 이동권과 편의시설 이용권 등에서 차별받고 있으며, 사회적 인식으로부터 외면받고 있는 것이 현실이다. 또한 노인 비하나, 노키즈존 등의 대상자에 대한 사회적 거부적 의사 표시들은 이들의 심리적 소외감을 더 높이는 추세라고 할 수 있다.

(4) 욕구 · 문제의 다양성과 심각성

사회 상황의 변화에 따라 클라이언트들의 욕구나 문제는 갈수록 다양해지고 그 수준이 심각해지고 있다. 사회복지실천 현장에서 대면하는 클라이언트의 욕구나 문제는 늘 새롭게 발전하고 있어 사회복지사의 끊임없는 노력을 요구하고 있다(최옥채, 2018).

4. 사회복지사의 역할

본 장에서 사회복지사의 역할은 크게 일반적으로 규정되어 있는 사회복지사의 역할과 기능에 따른 사회복지사의 역할, 두 가지 형태로 나누어 살펴보았다.

1) 사회복지사의 역할

일반적으로 규정되어 있는 사회복지사의 역할은 사회복지실천 현장에서 사회복지사 개인에게 요구되는 능력과 관련된 것으로 사회복지실천 현장의 특성과 밀접하게 관련되어 있는 능력이라 할 수 있다. 본 교재에서는 조력자, 중재자, 통합자/조정자, 관리자, 교육자, 분석가/평가자, 중개자, 촉진자, 협상가, 옹호자의 10가지 역할을 살펴보았다.

(1) 조력자

사회복지사는 클라이언트의 위기상황에서 다양한 스트레스에 대처하도록 돕는 역할을 한다. 조력자의 역할에 필요한 기술은 희망을 전하고 저항이나 양가감정을 줄이도록 돕는다. 이에 감정을 인식하고 관리하며 개인의 감정이나 사회자원을 발굴하고 지지해 주는 것과 문제를 손쉽게 다룰 수 있도록 분류하고 목적을 강조하며 이를 잘 성취하도록 방법을 인식하는 것이다.

(2) 중재자

사회복지사는 중재자이다. 이는 상이한 의견이나 가치를 가진 개인들 간 또는 집단이나 조직 간의 갈등 등을 중재하는 역할을 의미한다. 그러기 위해서 중재자는 공통된 입장, 즉 관련된 사람이 자기 이익이 어떻게 어디에서 중복이 되는가를 파악한다. 이를 파악하는 데는 사회복지사-클라이언트 관계의 활동 및 면접기술이 요청된다. 중재자는 양자의 이익이 모아지는 지점을 찾고 그다음에 양자를 각각으로 만나 이야기를 하고 상대방과 협동적인 관계를 개발함에 있어 각자가 가지고 있는 이해관계를 지적한다. 중재자는 양자가 상대방과 이야기하도록 돕고 만약 양자가 동의하면 계약한다. 그리고 나서 중재자는 합동 회합을 소집하고 양자가 해결할 수 있는 공통된 입장을 파악하고 그들과 더불어 서비스 계약을 한다. 또한 중재자는 갈등을 가진 양자가 개방적이고 정직한 커뮤니케이션을 하게 되면 양자 모두 이익이 될 것이라는 신념을 가지고 이러한 중재자의 상을 계속적으로 투사해야 한다. 이러한 중재자의 일차적 기능은 양자의 상호 욕구를 재발견하도록 돕고 그리하여 각자가 다시 상대방의 이익에 도움이 되도록 하는 것이다.

(3) 통합자/조정자

사회복지사는 통합하며 조정하는 사람이다. 이는 구성원들을 조직화된 방식으로 함께 묶는 것이다. 이러한 사회복지사의 역할은 복합적인 문제를 가진 가족의 경우 여러 기관들이 함께 일을 하게 되는데 서비스의 중복과 상호 간의 갈등을 피하는 기능을 하게 된다.

(4) 관리자

사회복지실천에서의 관리자는 사회복지 기관이나 부서의 행정 책임과 관련이 있는 것으로 조직의 목표를 세우고 서비스 프로그램을 운영하며, 기관의 효과성과 효율성을 높이고 재정자원을 확보하며 지역사회의 지지를 얻으며, 기관 실무자의 일을 조정하는 역할을 한다.

(5) 교육자

교육적 전략을 통해 사회복지사는 현재의 문제를 해결하고, 심지어 앞으로 발생할 수도 있는 다른 어려움을 예방하거나 사회적 기능을 향상시키는 데 필요한 정보를 제공해 줌으로써 클라이언트의 역량을 강화시킨다.

(6) 분석가/평가자

모든 사회복지사는 연구자가 되어야 하고, 연구 내용에는 사회복지실천에 관한 문헌 연구, 개입 효과성 평가, 프로그램의 장·단점, 그리고 지역사회 욕구 조사 등이 포함된다.

(7) 중개자

사회복지사는 중개인이다. 이는 개인이나 집단이 지역사회 내에 있는 서비스 체계나 자원을 활용할 수 있도록 돕거나 안내해 주는 역할을 말한다. 많은 경우에 있어서 클라이언트들은 자신이 필요로 하는 서비스나 자원이 지역사회 내에 어디에 어떻게 있는지를 모르거나 이용 방법을 알지 못하여 고통으로부터 벗어나지 못하고 있다는 것이다. 중개인으로서의 사회복지사는 그가 속한 기관의 자원을 제공할 수 있고 지역사회의 용이한 자원을 파악하고 활용할 수 있게 하며 자원이 없을 경우에는 필요한 자원을 창출한다. 이러한 역할을 수행함에 있어 사회복지사는 연락자, 촉진자, 해석자, 조정자 등의 기능을 하게 된다.

(8) 촉진자

사회복지사는 집단과정을 촉진시킴으로써 집단의 기능을 격려하고, 집단 내의 지지를 자극하고, 집단의 상호작용을 관찰하며, 건설적인 피드백을 제공하고, 집단 역동성과 과정에 관한 정보를 공유한다.

(9) 협상가

사회복지사는 협상하는 사람이다. 이는 하나 혹은 그 이상의 갈등적 문제를 가진 사람들이 서로 화해하고 수용하며 의견의 일치를 이루어 내도록 돕는 것이다. 중개와 마찬가지로 협상은 모든 쪽이 가능한 한 함께 합의에 도달할 수 있도록 중간지점을 찾는 일을 한다. 이때 윈-윈(win-win)하도록 중립적인 역할을 감당하지만, 협상을 성공시키기 위해서는 중재자와는 달리 협상가는 관련된 어느 한쪽과 연결되어 있다.

(10) 옹호자

옹호란 사회정의를 지키고 유지하려는 목적으로 개인이나 집단, 지역사회의 입장에서 직접 대변과 보호, 개입, 지지하여 일련의 행동을 제안하는 행동을 포함한다. 옹호자의 역할은 클라이언트를 위하여 일을 진행하고 지지하는 것으로 특히 클라이언트가 필요한 것을 얻을 힘이 없을 때 적절하게 돕는 역할이다. 옹호는 절대적으로 많은 노력을 요구하며, 크고 강력한 체계에 맞서 있는 클라이언트를 옹호하기 위해서는 위험도 감수해야 한다.

2) 기능에 따른 사회복지사의 역할

기능에 따른 사회복지사의 역할은 사회복지사가 속한 다양한 체계 속에서 각 단계마다 수행하는 기능에 따른 역할로 Hepworth 외(2006)가 제시한 직접서비스 제공, 체계 연계 역할, 체계 유지 및 강화를 위한 역할, 그리고 체계 개발자의 역할로 나누어 살펴보았다.

(1) 직접서비스 제공하기

사회복지사가 클라이언트를 직접 만나 클라이언트의 욕구와 문제를 해결하기 위해 직접서비스인 개별문제 해결, 부부 또는 가족치료, 집단서비스 등을 제고하는 역할로 심리치료사, 정보제공자 혹은 교육자 역할이 있다. 사회복지실천에서 가장 많은 부분을 차지한다.

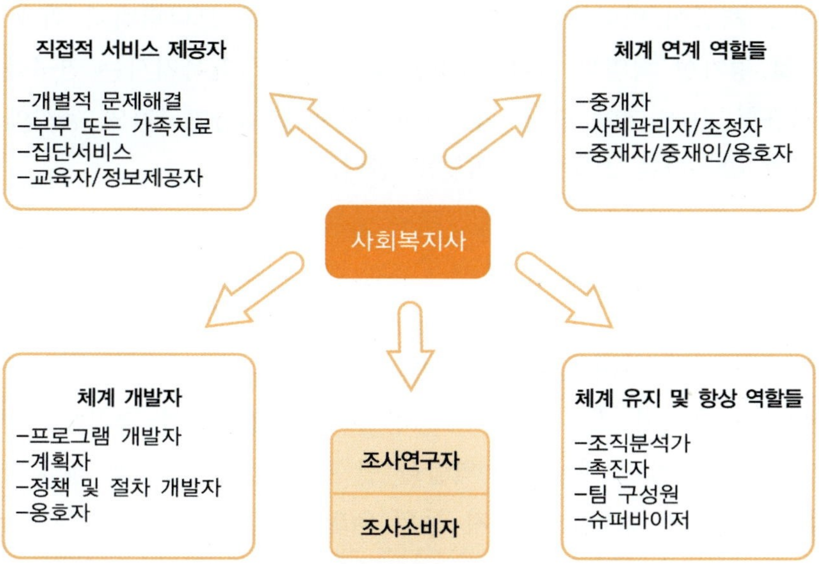

그림 4-1 사회복지사의 역할

출처: 김혜영 외(2020) 재인용

(2) 서로 다른 체계들을 연결하는 역할

사회자원을 연계하여 이 지원을 충분히 활용할 수 있도록 도와준다. 중개자, 사례관리자, 중재자/중재인/옹호자와 대변인 등의 역할이 있다.

(3) 체계 유지와 강화를 위한 역할

사회복지사는 자신이 속한 기관의 정책, 서비스 전달 체계, 효과성, 효율성 등을 평가하고 개선하는 역할을 한다. 기관의 질적 향상을 위해 노력한다. 여기에는 조직분석가, 전문가 팀원, 촉진자, 자문, 슈퍼바이저 등의 역할이 있다.

(4) 연구자 및 연구 활동자

사회복지사는 평가 가능한 개입 방법을 선택하여 그 개입 방법의 효과성을 평가할 책임이 있다. 또한 클라이언트의 변화를 모니터하기 위해 공적·사적으로 평가할 책임도 있다. 이러한 과정에서 사회복지사는 연구를 지도하고 활용할 수 있어야 한다. 즉, 사회복지사는 조사연구자인 동시에 조사된 자료를 활용하는 소비자의 역할도 한다.

(5) 체계 개발 역할

사회복지사는 클라이언트의 욕구가 충족되었는지를 사정하고 예방적 서비스에 대한 욕구가 있는지, 서비스 간 괴리는 없는지를 평가하고 기관의 서비스를 확대하거나 개선하는 역할을 할 수 있다. 프로그램 개발자, 계획자, 정책 및 정책 개발자, 옹호자 등의 역할이 있다.

중심어

1차 현장, 2차 현장, 교정복지시설, 생활시설, 이용시설

연습문제

1. 기관의 목적에 따른 분류에서 1차 현장과 2차 현장에 관하여 설명해 보시오.

2. 사회복지실천 현장에서 사회복지사의 역할에 관하여 설명해 보시오.

PART 02

사회복지실천의 접근 방법

05 사회복지실천의 관점

06 사회복지실천에서의 사례관리

07 사회복지실천의 대상

08 사회복지실천을 위한 전문적 관계

09 사회복지실천을 위한 면접과 기록

CHAPTER

05 사회복지실천의 관점

1. 통합적 관점

사회복지실천은 클라이언트에게 전문적으로 제공되는 사회사업 활동 및 서비스 프로그램 등의 제반적 사회서비스다. 사회복지사는 실천 현장에서 클라이언트의 문제를 해결하기 위해 다양한 이론, 관점, 모델, 접근 방법을 알고 있어야 하고 다양한 클라이언트를 만나게 되므로 이론들의 기본 파악이 있어야 한다. 또한, 사회복지사는 클라이언트 행동에 대한 이해가 기반이 되어야 한다. 인간행동에 대한 사회환경을 이해하고 중재자, 옹호자, 지지자 등의 임무를 수행하기 위해서는 지식체계를 적용하여 다양한 기법에 대한 이해가 필요하다 할 수 있다.

사회복지실천 기법은 사회복지사가 실천 현장에서 인간에 기초한 전문적 사회복지실천 지식을 응용할 수 있는 능력이라고 볼 수 있다. 사회복지실천의 통합적 관점은 모든 사회복지사가 개인, 집단, 지역사회에서 발생하는 사회문제를 대처해 나갈 때 사용할 수 있는 공통된 원리와 개념을 제공하는 것이다. 이 장에서는 통합적 사회복지실천방법의 등장 배경과 개념, 특징에 대해 살펴보고자 한다.

1) 통합적 방법의 등장 배경

전통적 사회복지실천방법론은 1920년대부터 1960년대까지 프로이트(Freud)

이론의 영향을 크게 받았다. 전통적 사회복지실천방법론은 인간의 병리적 측면에 초점을 두며 클라이언트의 과거 경험 중시와 인과관계 이론에 의존하였다. 이러한 맥락에서 전문가들은 인간행동 평가 및 변화를 위해 의료적 접근 방법을 사용하였다. 하지만 1960년대 이후부터 전문가들은 의료 모델의 효율성에 대한 비판을 제기하며 클라이언트의 문제 원인을 규명하는 데 있어 인간을 둘러싼 환경적 요인도 중요하다고 믿게 되었다.

사회복지실천은 미국을 중심으로 발전했으나 내용적 측면에서 통일된 체계로 발전되지 못하고 개별사회사업, 집단사회사업, 지역사회조직사업, 사회복지행정, 사회복지조사 등으로 나뉘어 각기 독자적인 이론적 배경에 따라 구축되어 왔다. 하지만 이러한 전통적 방법은 여러 가지 문제를 해결하는 데 어려움이 있어 사회복지실천의 통합적 방법에 대한 욕구는 더욱 증대되었다.

브라이어(Briar)는 분화된 전통적 방법이 지닌 문제점을 다음과 같이 정리하였다.

첫째, 전통적 방법은 제한된 특정 문제에만 적용할 수 있으므로 사회변화로 인해 수반되는 복잡한 문제 상황에서는 적절한 개입이 어렵다. 그러므로 전통적 방법은 시대 변화에 따른 다양한 문제에 따른 한계가 수반된다.

둘째, 과도한 세분화로 사회복지사의 전문성 강화 요구로 인해 서비스가 파편화되었다. 이러한 현상은 다양한 문제와 욕구가 있는 클라이언트들이 사회복지사들을 찾아다니게 되었고 최선의 서비스도 제공할 수 없다.

셋째, 전문화 중심의 교육 훈련은 사회복지사가 직장을 이전하게 될 시 도움이 되지 못한다.

넷째, 공동기반을 전제하지 않는 세분화된 전문화는 각기 다른 사고 및 언어로 인해 사회복지 전문직의 정체성 확립에 장애가 된다.

위와 같은 전통적 방법의 한계를 보완하고자 세분화된 사회복지실천 방법을 통합하려는 시도가 나타나게 되었고 보다 포괄적이고 체계적인 방법을 요구하는 사회복지의 전문적 요구와 더불어 통합적 방법의 정립이 가속화되었다. 사회복지를 실천하는 방법은 다양하지만, 사회복지사가 클라이언트에게 수행하는 역할을 공통된 점이 있다는 맥락에서 사회복지실천의 통합적 방법이 등장하게 되었다.

통합적 방법은 사회복지실천에 있어서 다양한 노력과 함께 사회체계이론, 일반체계이론, 생태체계이론 등의 다양한 이론이 등장하면서 복잡한 문제에 접근할 수 있는 이론적 기반의 틀을 마련하게 되었다. 이와 더불어 통합적 방법은 사회복지실천 분야에서 다양한 욕구 때문에 중요한 기반으로 등장하게 되었다. 이러한 이론적 기반은 다양한 사회복지실천을 요구하는 사회복지실천 분야의 욕구와 함께 통합적 방법의 이론적 기반을 가속화 시키게 되었다.

2) 통합적 방법의 개념

통합적 방법이란 사회복지실천 분야에서 개인 또는 집단, 지역사회에서 수반되는 다양한 사회문제를 해결해 나가기 위해 활용하는 공통한 원리와 개념을 제공할 수 있는 기반, 즉 방법의 통합화를 의미한다(김융일 외, 2005). 즉, 전통적 방법을 조합하여 사회복지실천을 하면서 사회복지사가 교육을 통해 클라이언트에게 통합적으로 개입하는 것으로 정의할 수 있다. 통합적 방법의 유형은 결합적 접근 방법, 중복적 접근 방법, 단일화 접근 방법의 크게 세 가지 유형으로 구분할 수 있는데 그 세부적 유형에 대한 설명은 다음과 같다(전재일, 2009).

(1) 결합적 접근 방법

결합적 접근 방법은 클라이언트의 문제나 상황에 따라서 전문화된 방법들을 임기응변으로 단독이나 복수 형태로 사용하는 결합적 접근 방법이라 할 수 있다. 하지만 이 방법은 사회복지사가 전문성 있는 교육과 훈련을 받아서 모든 방법을 알고 있어야 가능하다.

(2) 중복적 접근 방법

중복적 접근 방법은 각 방법의 원리와 기술을 비교하여 공통성, 유사성,

차이성, 다양성을 확인하며 각 방법 간의 상호 관련성을 명확하게 현실에 입각하는 것이다. 각 방법을 조합하는 중복적 접근 방법이라는 통합화의 방향이다. 하지만 이러한 방법들은 각 방법을 뒷받침하는 이론이 다른 상황에서 어떻게 조합하는 것이 가장 적절한 방법인지에 대한 이론적 근거를 찾기는 어렵다.

(3) 단일화 접근 방법

단일화 접근 방법이란 전문직으로서 사회복지실천을 공통된 기반에 근거하여 방법을 특징짓는 총체적 관점과 틀을 확정하여 방법을 재편성해 나가는 것이다. 일반적 접근 방법이라고도 하며 일반적으로 사회복지실천에서 가장 많이 활용되고 있다.

3) 통합적 방법의 특징

사회복지실천에서 통합적 방법의 특징은 다음과 같다(김융일 외, 2009).

첫째, 사회복지실천에서 개념, 활동, 기술, 과업 등에 공통적 기반이 있음을 전제한다.

둘째, 통합적 방법이 갖고 있는 가치관은 클라이언트의 잠재성을 인정하고, 계속적 성장을 통해 그 잠재성을 계발할 수 있으며, 성장과 잠재성은 미래지향적임을 강조한다.

셋째, 사회복지실천 지식은 과거 정신역동 측면의 초점을 둔 것과 상황 속의 인간을 이해하고자 하는 환경 속의 인간을 이해하고 설명하는 것까지 포함된다.

넷째, 인간과 환경의 상호작용에 초점을 두어 인간과 환경의 공유 영역, 즉 사회적 기능수행에 사회복지사가 개입해야 함을 강조한다.

다섯째, 클라이언트를 존엄한 대상으로 여기며 클라이언트의 자기 결정과 개별화를 극대화할 것을 강조한다. 또한, 사회복지실천 과정의 계속적 평가를 주장한다.

2. 통합적 관점의 주요 이론

통합적 관점은 기존의 전통적 방법에 대한 비판과 함께 새로운 방향에 대한 요구로 발생하게 되었다. 이러한 통합적 관점의 이론에 관한 연구는 전통적 방법을 부인한다기보다 그 안에서 발생할 수 있는 사회복지실천의 공통점을 찾고 생태체계 학적 관점을 근거로 클라이언트와 환경의 상호작용의 다양한 사정과 개입을 통해 클라이언트 삶의 질 향상을 돕고자 하는 것이다(양옥경 외, 2006)

사회복지실천의 기초를 두고 실천 현장에서 활용되는 주요 통합적 관점의 이론으로 환경 속의 인간 관점, 일반체계적 관점, 생태체계적 관점, 강점 관점에 대해 살펴보고자 한다.

1) 환경 속의 인간 관점

(1) 개념

인간을 온전하게 이해하기 위해서는 내적 특성뿐만이 아니라 환경 혹은 상황을 모두 고려해야 한다. 인간이 경험하는 각종 사회복지적 문제의 원인은 개인적 요소와 환경적 요소가 서로 어우러져서 나타난 결과라 할 수 있다.

환경 속의 인간이란 개인에 대한 환경적 요구, 개인의 욕구, 환경적 지지, 극복 능력 및 적응 능력 등을 포함한다. 인간의 문제는 개인이 원하는 것이 환경과 조화되지 않을 때 발생한다. 따라서 사회복지실천 현장에서 환경 속의 인간 관점은 환경과 개인 간 상호작용을 향상하기 위한 변화의 노력이다.

환경 속의 인간(PIE: person in environment)은 클라이언트의 문제와 강점의 균형에 초점을 둔다. 즉, 개인과 환경 간 상호작용 증진의 책임을 개인과 환경 모두에게 두는 것을 의미한다. 따라서 사회복지사는 클라이언트가 문제로 인해 어려움을 겪는 정도뿐만 아니라, 그 문제를 다룰 수 있는 클라이언트의 강점도 함께 파악할 수 있어야 한다. 이 과정에서 인간과 환경이 관계되는 방식은 환경이 인간에게 어떤 영향을 미치는 것을 말하는 환경 영향, 인간이 환경에 대하여 반응하고 작용하는 환경체험으로 나뉜다.

(2) 환경 속의 인간에서의 체계 구분

환경 속의 인간에서는 인간 주변의 환경을 미시체계, 중간체계, 거시체계 세 가지로 나누어 구분한다. 첫 번째 미시체계는 개인과 관련된 밀접하게 접촉하는 가족이나 친구를 뜻한다. 두 번째 중간체계는 미시체계의 바깥쪽 생활에 영향을 미치는 영역을 뜻하며, 학교와 같은 지역사회를 말한다. 세 번째 거시체계는 가장 넓은 범위를 뜻하며 국가나 자연 생태계와 같은 거대한 부분을 말한다. 체계들과 관련된 개념에는 이중 초점이 있는데 개인의 미시, 중간, 거시체계들의 영향 아래 있으면서도 동시에 개인도 이러한 체계들에 영향을 미친다는 것이다. 따라서 사회복지사는 클라이언트 주위의 체계에도 관심을 가져야 한다.

(3) 환경 속의 인간과 사회복지실천

환경 속 인간의 개념은 사회복지실천에서 다음과 같은 의미가 있다. 첫째, 개인과 환경의 상호작용을 강조한다. 둘째, 인간이 경험하는 각종 문제의 원인을 개인과 환경 중 어느 한쪽의 결함으로 보지 않고 개인과 환경적 요소의 상호작용으로 본다. 셋째, 사회복지실천은 개인, 가족, 또는 집단 체계의 사회적 기능을 향상하여 관련된 사회체계와 상호작용 과정에서 긍정적인 결과를 끌어내야 한다.

2) 일반체계적 관점

(1) 정의와 특징

모든 유기적 조직체는 체계, 즉 상부체계와 이의 부분들인 하부체계들로 구성되어 있다는 것을 제안하는 것이 생물학적 이론이다. 일반체계이론은 유기체와 환경 간의 체계적인 상호작용, 상호관련성에 대해서 전체성, 상호성, 개방성의 개념으로 설명할 수 있다. 체계를 구성하는 요소들의 속성과 이들 간의 상호작용 속성을 이해함으로써, 복잡한 체계의 관계속성 또는 체계 내부에서 이루어지는 상호작용의 특성을 파악하기 위해 개발되었다.

(2) 일반체계의 기본적 속성

체계는 상호의존적이고 상호작용하는 부분으로 구성된 전체와 부분 간에 관계를 맺는 일련의 단위라 할 수 있다. 체계는 인과적인 관계 속에서 직접 또는 간접으로 관련된 제 구성요소의 복합체이며, 각 구성요소는 특정 기간 내에 안정적으로 다른 구성요소와 관련되어 있다. 또한, 체계는 물질적 또는 정신적 에너지가 교환되는 경계가 있는 실재이며 끊임없이 변화하는 전체로 간주한다.

(3) 체계의 주요 개념

① 경계

- 다른 체계와 구분할 수 있는 각 체계의 테두리로 체계의 분류를 규정한다.
- 건전한 체계는 반투과적 경계를 잘 유지한다.

② 개방체계

- 에너지가 경계를 넘나들면서 상호교환이 되는 체계이다.
- 경계의 투과성이 높으며 성장·발전에 필요한 것을 외부에서 자유롭게

수용한다.
- 체계이론에서는 체계를 개방적인 것으로 본다.
- 환경으로부터 투입을 받아들이며 산출을 생산하여 환경으로 보낸다.

③ 폐쇄체계
- 다른 체계와 상호작용을 하지 않는다.
- 에너지의 접근이 불가능하며 스스로 에너지를 사용해야 하므로 번창할 수 없다.
- 시간이 흐름에 따라 에너지의 유입이 없게 되어 조직과 기능을 상실하여 유용한 에너지가 감소하는 상태이다.

(4) 하위체계와 상위체계 사이의 관계

모든 체계의 기본단위는 활동이나 에너지 기능을 위해 상위체계에 의존하고 하위체계의 방향을 제시한다.

① 균형
- 상위체계가 그것을 둘러싼 더 큰 체계의 하위체계가 되는 현상이다.

② 항상성
- 외부로부터 투입을 받고 결과를 배출하면서 변화하지만 자신의 기본적 성격을 유지하려는 능력을 의미한다.
- 체계는 지속적 변화 상태에 놓여 있는 동시에 역동적인 균형상태를 유지한다.
- 폐쇄체계에서 흔히 볼 수 있는 외부자극에 대한 반응이다.
- 고정된 상태를 유지하려는 역동적 과정이다.

③ 안정상태
- 부분들의 관계를 유지하고 체계가 붕괴하지 않게 하려고 에너지가 계속 사용되는 상태를 말한다.

• 외부의 투입요소를 받아들이고 사용함으로써 자신의 안녕을 유지하는 방식이다.
• 체계의 내·외부 위기상황에 대처하면서 안정상태를 유지할 경우 체계는 성장하고 발달한다.
• 사회복지실천은 역엔트로피(逆entropy)를 유지 또는 증가함으로써 바람직한 안정상태를 얻도록 원조한다.

④ 평형상태

• 외부환경으로부터 새로운 에너지를 투입받지 않고 현상을 유지하려는 체계의 속성이다.

(5) 체계의 과정

① 투입-전환-산출

• 투입: 체계가 환경으로부터 받아들이는 에너지, 정보, 사물 등을 말한다.
• 전환: 투입물을 처리하여 체계 기능에 필요한 형태로 전환하는 작용을 의미한다.
• 산출: 전환 활동을 통해 발생한 결과물이 체계 밖으로 나타나는 것을 의미한다.

② 환류

• 일련의 정보투입이 일어나는 의사소통 장치이다.
• 새로운 행위를 만들거나 기존의 행위를 수정하는 활동(자기조절 행위)을 한다.
• 체계의 평형을 유지하거나 변화를 촉진해 체계를 교란하는 작용을 하며 긍정적 및 부정적 환류로 구성된다.

(6) 체계의 구분

체계의 구분은 대상체계, 상위체계, 하위체계로 구분할 수 있다. 첫째, 대상체계는 분석대상이 되는 체계이다. 둘째, 상위체계는 대상체계의 외부에 존재하며 그 체계에 기능적으로 영향을 미치는 체계이다. 셋째, 하위체계는 2차적이고 종속적인 체계로 큰 체계 속에 있는 더 작은 체계의 구분을 의미한다.

(7) 일반체계이론에 대한 평가

일반체계이론의 사회복지실천에 대한 평가는 단순히 원인-결과의 식으로 인간과 환경을 분석하던 시각을 상황 속 인간의 관점으로 전환하여 모든 주변 변수들이 연관이 있다는 개념의 틀을 제공하였다.

또한, 한 가지의 문제 발생에는 다양한 요소들이 관여됨을 주장하면서 체계 내의 한 가지 요소가 다른 요소 및 체계 전체에 영향을 미친다는 사실을 분명히 하였다. 직선적인 인과관계 모델에서 벗어나 전체를 강조하는 체계적 사고로의 전환, 사회복지실천이 클라이언트와 체계 간의 상호작용을 증진하도록 하였다.

3) 생태체계적 관점

생태체계적 관점은 생태학과 일반체계이론을 기반으로 한다. 생태학적 관점은 일반체계이론의 주요 개념들을 포함하고 있어 인간과 환경의 상호작용 방법을 중요시하고 있다.

생태학은 생물학적 생태학(bio-ecology)으로부터 영향을 받았으며, 많은 개념을 동물과 생물의 생태체계로부터 가져왔다. 이는 유기체와 환경 간의 상호관계를 연구하는 생물과학이라 할 수 있다. 생태체계 관점은 생태학과 체계이론의 통합이라고 볼 수 있는데 다학제간에 구축, 환경 속에서 인간을 바라보는 관점의 중시, 인간과 환경 사이의 상호작용에 초점을 둔 이론이라 할 수 있겠다.

생태학적 이론은 인간과 환경 사이의 상호 보완성을 설명하는 데 관심을 두고 있으며, 환경과 인간을 하나의 총체로 간주한다. 개인-환경 간의 적합성, 개인과 환경 사이의 상호적 교환 그리고 교환을 지지 또는 방해하는 힘 등과 같은 폭넓고 통합적인 실천적 지식을 제시해 주고 있다(Germain, 1974).

(1) 생태체계이론의 주요 개념

① 환경 속의 개인

생활환경은 생물체가 사는 장소를 의미한다. 생활환경이 성장과 발전에 필요한 자원으로 풍부해질 때 인간은 쉽게 번성하게 된다. 한편 생활환경에 필수 자원이 부족하게 되면 물리적·사회적·감성적 발전이나 진행 중인 기능은 부정적 영향을 받을 수도 있다.

② 상호교류와 상호작용의 구별

상호교류는 개인과 환경이 한 단위, 관련 체계로 합쳐지며 개인과 환경 간의 영향을 미치는 상호관계를 의미한다. 이와 더불어 상호작용은 개인과 환경이라는 두 요소가 서로 영향을 미치나 분리된 정체성을 보유하는 것을 의미한다.

③ 적합성과 적응성

적합성은 개인의 적응적 욕구와 환경 속성 간의 조화를 이루는 정도를 의미하는 것으로 개인의 욕구나 집단의 욕구, 권리, 목표, 능력과 특정한 문화적, 역사적 맥락 속의 환경 간에 작용하는 실제적인 적합성을 말한다.

적응성은 환경의 변화를 위한 행동이나 인간이 자기 스스로 환경 변화에 적응하는 것을 포함한다. 즉 인간이 환경에 대한 적응 수준을 유지하고 증진하고자 사용하는 지속적이고 변화지향적이며, 인지적·감각적·지각적·행동적인 과정이라 할 수 있다.

④ 유능성

유능성은 환경과 성공적인 상호작용을 경험하는 데서 형성되는 것으로 일생에 걸쳐 확대될 수 있는 능력을 의미한다. 즉 개인이 환경과 효과적으로 상호작용할 수 있는 능력을 말한다.

⑤ **스트레스와 대처**

스트레스는 사회적으로 발달적인 변화, 충격적인 사건, 다양한 생활문제 등의 요구로 자신이 활용할 수 있는 인적자원이나 환경자원을 초과하는 상황에서 발생하기도 한다. 대처는 스트레스에 의해 발생하는 인간의 욕구를 해결해 나가기 위해 고안된 새롭고 특별한 행동을 의미한다.

(2) 생태적 체계의 구성

브로펜브레너(Bronfenbrenner)의 생태학적 체계의 구체적 내용은 다음과 같다(이종복, 전남련, 2011).

① **미시체계**

개인이 독특한 물리적·물질적·특징적 특성을 가진 환경 내에서 경험하는 활동, 역할 및 대인관계의 유형을 말한다. 가정, 가족, 놀이터 등과 같이 사람들이 쉽게 얼굴을 대하면서 상호작용에 참여할 수 있는 장소를 의미한다.

② **중간체계**

개인이 적극적으로 참여하는 둘 이상의 환경 간의 상호관계로 이루어진다. 가정과 학교, 학교와 이웃, 가족, 직장, 사회생활 사이의 관계 등이 있다.

③ **외적체계**

개인이 적극적 참여자로 관여하지 않지만, 개인이 속한 환경에서 일어나는 일에 영향을 주거나 받는 사건이 발생하는, 하나 또는 그 이상의 환경을 의미한다. 부모의 직장, 형제가 다니는 학교, 부모의 친구조직망, 교육청의 활동, 사회복지 기관의 활동 등이 있다.

④ **거시체계**

기본적 신념체계는 이념과 함께 하위체계의 형태와 내용에 나타나는 하위문화 수준이나 문화 전반의 수준에 존재할 수 있다. 민족이나 집단체계와 같이 특정 문화의 유형이나 보다 광범위한 사회적 맥락을 의미한다. 일반적 문화, 법, 종교, 정책 등이 있다.

(3) 생태체계적 관점의 특성

생태체계적 관점의 특성은 상황 속의 인간에 대한 관점을 제공한다. 생태체계적 관점의 특성은 다음과 같다.

첫째, 상황 속에서 인간의 다양한 변화 가능성을 제시하고 있다. 생태체계이론의 근본 원칙은 체계 일부의 변화가 그 체계의 다른 부분을 변화시키고 다음 체계 기능수행을 변화시킨다.

둘째, 클라이언트의 강점을 강조한다. 생태체계적 관점은 사회복지사가 사람과 환경이 부적응 교류패턴을 변화하려고 시도하는 동안 서로의 욕구에 적용된 균형과 과정을 존중하도록 하는 것이다(siparin 1980). 이것은 사회복지사에게 클라이언트가 이용할 수 있는 강점과 능력을 구축하도록 한다.

셋째, 생태체계적 관점은 현재 행동을 인간과 상황에 상호 이익을 주는 안정된 균형을 찾고 유지하는 것으로 본다. 인간은 어떻든지 간에 자신과 자신의 상황에 가장 적합한 방법들로 행동하려고 하는 적합성을 가지고 있다. 저메인(Germain)은 적합성을 환경과의 적응적 균형에 도달하려는 사람들의 적극적 노력이라 하였다. 적합성은 일반적으로 긍정적 인간 환경의 계속적 교류를 반영하며 고정되어 있지 않고 상호교류의 변화에 따라 변화하게 된다.

넷째, 역기능을 상황 속에서 적응적이거나 합리적인 것으로 개념화한다. 생태체계적 관점에서 개인의 역기능을 병리적이 아니라 또 다른 가능성으로 보는 것이다. 역기능은 인간과 생태체계 간에 작용하는 일련의 역동적이고 상호작용적인 힘에서 나오는 것으로서 사회적 기능 수행상의 문제로 보고 상호작용의 부적응적 패턴으로 고려하게 된다.

다섯째, 개인 및 개인의 사회집단 및 사회적·물리적 환경 안에서 변화를 위한 여러 가지 대안을 탐색한다.

4) 강점관점

(1) 강점관점의 개념

강점관점은 기본적으로 클라이언트의 강점을 중심으로 접근을 한다. 모든 인간은 성장하고 변화할 능력이 잠재되어 있고, 클라이언트는 자신이 가지고 있는 문제와 더불어 문제를 해결할 수 있는 능력과 지식을 함께 갖고 있다는 개념으로 출발하는 개념이다. 사회복지실천에서 원조하는 과정은 사람들의 문제와 병리보다는 그들의 자원, 강점 및 환경에 초점을 둔다.

권한 부여는 능력을 갖추고 향상하는 것이다. 사회사업 사전에 명시된 바에 의하면 권한 부여이론은 클라이언트 삶에 대한 집단적 통제력을 획득하는 방법에 관한 이론으로 사회복지사들이 클라이언트의 결여된 힘을 증대시키려는 방법으로 규정하고 있다. 권한 부여가 클라이언트에게 동기, 능력, 기회를 제공하여 사회적 기능수행을 가능하게 하는 데 힘을 도출하는 것에 초점을 둔다면 강점관점은 클라이언트가 지닌 잠재능력, 재능을 강화해 줌으로써 사회적 적용을 보다 가능하게 하는 데 초점을 둔다.

사회복지실천에서 강점관점은 래프(Rapp), 웨이크(Weik) 등에 의해 개발되었다. 이 이론은 총체적 건강 개념으로부터 발달하여 왔다. 이 관점은 중증의 정신질환자에 대한 실천 모델로서 가장 잘 개발됐는데, 병리보다는 강점, 자기 결정을 강조하며, 정신질환자도 학습하고 성장하고 변화할 수 있다고 생각한다(Saleeby, 1992). 사회복지사가 클라이언트의 내재된 힘을 지지할 때, 그들의 긍정적 성장 가능성을 고양할 수 있다.

(2) 강점관점의 특성

강점관점의 중요한 특성은 사회복지사가 클라이언트의 결점보다 능력과 장점을 보는 것이라 할 수 있겠다. 세부적 특성은 다음과 같다(Saleeby, 1997).

① 모든 개인과 집단, 가족과 공동체들은 장점이 있다.
② 모든 환경은 자원으로 가득 차 있다는 것을 기본전제로 한다.
③ 사회사업의 철학적 기반과 조화를 이룬다.
④ 사회복지사는 클라이언트의 강점과 능력을 인정하고 도와주며 자신이 자원과 환경을 이용하여 욕구를 적절하게 충족하도록 원조하는 역할을 한다.

또한 김융일 등(1995)은 강점관점의 특성을 다음과 같이 정리했다.

① 문제가 아닌 도전을 강조한다. 문제는 사회복지실천 개입에서 클라이언트에게 수치감이나 비난, 죄책감이나 낙인을 수반하며 부정적 전제를 가져왔다. 그러나 강점을 지향하는 사회복지사는 클라이언트의 문제를 도전 전환점이나 성장의 기회로 바라볼 때, 클라이언트는 자신의 관점을 의미 있게 변화시킨다.

② 병리가 아닌 강점을 강조한다. 병리에 초점을 두는 것은 강점을 드러낼 클라이언트와 실천가의 능력을 덮어 버리게 되며 병리로 진단하는 것은 개인의 강점을 덮어 버리게 된다.

③ 과거가 아닌 미래를 지향한다. 의료 모델에 초점을 둔 개입 과정은 언제, 어떻게, 왜 클라이언트가 잘못되기 시작했는지 과거를 탐색하게 된다. 그러나 강점 지향적 사회복지실천은 미래의 성장을 위해 이용될 수 있는 자원을 발견하기 위해 현재를 탐색한다.

(3) 강점관점의 구성요소

샐리비(Saleeby)는 강점의 개인적 요소들을 영문자 C. P. R자로 시작되는 단어들로 제시하고 그것을 C-P-R로 표기하였다. 영문자 C로 시작되는 요소들은 경쟁력(Competence), 역량(Capacities), 용기(Courage) 등이다. 영문자 P로 시작되는 요소들은 희망(Promise), 가능성(Possibility), 긍정적 기대(Positive expectation), 잠재력(Potential) 등이다. 그리고 R로 시작되는 요소들은 복원력(Resilience), 비축된 힘(Reserves), 자원(Resources), 정보력(Resourcefulness) 등이다.

샐리그먼과 피터슨(Seligman & Peterson, 2003)은 강점을 형성하는 개인의 특성으로 용기, 대인관계 기술, 합리성, 통찰력, 낙관주의, 진실성, 인내심 또는 끈기, 현실주의, 즐거움을 추구할 수 있는 역량, 미래지향적 사고, 개인적 책임감과 목적지향성 등을 들었다. 사회관계적 측면에서 볼 때 강력한 사회적 연대를 형성하는 능력도 강점 중 하나이다(Blundo, 2009).

강점관점 사회복지실천 과정에서 클라이언트와 클라이언트의 지지체계 또는 환경이 중심적 역할을 한다. 빈곤 상태에서 살아가지만, 양질의 사회적 연대를 형성하고 살아가는 사람은 신체적·심리적·사회적 측면에서 큰 문제 없이 살아간다고 할 수 있다.

첫째, 사람들이 희망하는 삶의 산출물은 생활의 품질이라고 할 수 있다. 이는 인생에서 자신이 원하는 바에 대한 성취로 자신이 어느 정도 만족할 만한 힘을 가지고 있다고 자각하는 유능성과 자신의 삶에 대한 충족도인 삶의 만족도 그리고 권한 부여 등이 만족할 만한 삶의 질을 달성했을 때 얻게 되는 결과로 보고 있다.

둘째, 래프(Rapp)는 개인의 강점을 열정, 유능성, 자신감 등 세 가지로 설명하였다. 이는 인생의 한 시점에서 성공적인 삶을 산 사람들은 적어도 하나의 희망이 있으며, 희망이 이루어지기까지 끝까지 인내하며 기다려 왔고, 자신이 가지고 있는 유능성과 자신감을 조직적으로의 삶의 질을 높이는 삶을 살 수 있다고 보고 있다.

셋째, 래프(Rapp)는 환경의 강점을 사회적 관계, 자원, 기회 등 세 가지로 설명하였다. 환경은 다시 사람과의 관계와 일반적인 환경으로 나누어 볼 수 있는데 사회복지의 기본적인 전제는 환경 속의 인간이며, 사람은 결코 혼자서는 살 수 없는 존재이기 때문에 사회적 관계는 매우 중요하게 고려되는 요소이다. 또한, 기본적 의식주를 비롯하여 클라이언트를 둘러싼 자원과 그 자원을 적재적소에 사용할 수 있는 기회 또한 중요하다고 할 수 있다.

넷째, 강점관점의 주요 가정은 인간은 성장과 변화를 위한 능력을 갖추고 있고 회복할 수 있다. 사람들은 그들의 상황을 정의하는 데 중요한 지식을 가지고 있고 삶의 어려운 문제에도 불구하고 모든 사람과 환경은 클라이언트의 삶의 질을 향상시킬 수 있는 강점이 있다.

클라이언트의 동기는 클라이언트가 정의하는 강점을 지속해서 강조할 때 촉진될 수 있는데 강점의 발견은 클라이언트와 사회복지사 간의 협력적 탐색의 강점을 요구한다. 그러므로 사람들의 삶은 할 수 없는 것보다 할 수 있는 것에 초점을 맞출 때 더 나아진다.

3. 통합적 접근의 실천 모델

통합적 접근은 이제껏 많은 학자가 통합하고자 시도하였다. 여기서는 대표적 통합적 실천 모델은 4체계 모델, 단일화 모델, 문제해결 모델, 생활 모델에 대해 구체적으로 알아보고자 한다.

1) 4체계 모델

핀커스와 미나한(Pincus & Minahan)은 사회복지사가 여러 수준의 다양한 체계들과 연결되어 있다고 보면서 변화매개체계, 클라이언트체계, 표적체계, 행동체계 등 4체계 모델을 제시하였다. 4체계 모델은 복잡한 여러 수준의 체계들과 연결된 상태로서 사람들과 일한다는 점을 강조한다(김융일 외, 2005).

4체계 모델은 더욱 거시적인 관점에서 클라이언트를 사정할 수 있는 기초를 제공하며 사회복지사는 인간과 자원체계를 잘 연결할 수 있도록 하는데 초점을 맞춘다. 4체계 모델의 초점은 사람의 문제나 자원체계가 아닌 사람과 자원체계, 자원체계 간의 상호작용에 있다 할 수 있다.

또한 콤튼과 갤러웨이(Compton & Galaway)는 사회복지실천 체계를 구성하는 사회적 체계를 여섯 가지 세계 유형으로 분류하였다. 이는 핀커스와 미나한(Pincus와 Minahanumy)이 제시한 4체계에 2체계를 추가한 것이다. 핀커스와 미나한(Pincus& Minahan)의 4체계와 콤튼과 갤러웨이(Compton & Galaway)의 전문가 체계와 의뢰-응답체계에 관해 설명하고자 한다.

(1) 변화매개체계(change agent system)

변화매개체계란 사회복지사와 사회복지사를 고용하는 기간 및 조직을 의미한다. 사회복지사는 다양한 종류의 사람들과 일하면서 목적 및 관계에 관해 결정을 해야 한다. 또한, 사회복지사는 그의 변화 노력으로 인한 혜택 받는 사람, 일할 수 있는 권한 부여한 사람, 변화의 영향이 있어야 하는 사람이 누구이며, 변화 노력에서 여러 다른 목표들을 달성하기 위해 누구와 함께 일을 해야 하는가를 분명히 해야 한다. 이러한 결정 과정에서 사회복지사는 변화매개인이 되고 그가 속한 기관은 변화매개체계가 된다.

(2) 클라이언트체계(client system)

클라이언트체계란 클라이언트와 그 문제해결에 잠재적 영향을 주는 환경에 있는 사람들, 즉 서비스나 도움이 필요한 사람을 의미한다. 변화매개체계와 협력하는 개인, 집단, 가족과 지역사회를 포함한다.

(3) 표적체계(target system)

표적체계란 변화매개자들이 그들의 목표를 달성하기 위해 영향을 주거나 변화를 시키는 것이 필요한 사람들을 의미한다. 정해진 목표를 달성하기 위해 영향을 주고 변화의 필요성을 느끼는 사람들이 표적체계이다. 사회복지사의 중요한 진단과업은 표적체계를 결정하는 것이다. 즉, 목표달성을 위하여 클라이언트체계와 함께 변화 목표의 설정, 목표달성을 위해 변화되어야 할 사람들, 즉 표적체계의 결정이라 할 수 있다. 때로는 클라이언트체계와 중복되기도 한다.

(4) 행동체계(action system)

행동체계란 변화매개자들이 변화 노력을 달성하기 위해 상호 작용하는 사람을 말한다. 변화 매개체제가 목적을 위해 함께 일하는 개인 집단 및 조직, 이웃, 가족, 전문가들이 이에 해당한다. 사회복지사가 변화 노력에서 그의 과업을 완수하고 목표를 달성하기 위해서 상대하는 사람들을 행동체계라고 한다. 행동체계는 문제를 발견하고 연구하기 위해 변화의 목표를 설정하거나 주요표적에 영향을 미치기 위한 자원으로 활용할 수 있다.

(5) 전문가체계(professional system)

전문가체계는 사회복지사의 권익과 전문성을 높이기 위하여 조직된 사회복지사협회나 사회복지 기관이나 시설들의 연합으로 구성된 사회복지협의회 사회복지 기관과 사회복지시설협회 등이 포함된다. 전문가단체, 전문가를 육성하는 교육체계, 전문적 실천의 가치 등도 포함된다. 전문가체계의 가치와 문화는 변화매개체계인 사회복지사의 행동에 영향을 미치게 되고, 사회복지사는 기관변화, 사회변화의 대변가로서 전문체계를 이용한다.

(6) 의뢰-응답체계(referral-respondent system)

의뢰-응답체계는 잠재적 클라이언트를 사회복지사의 관심 영역으로 끌어들이기 위해 행동하는 체계를 말한다. 클라이언트가 다른 사람의 요청이나 법원, 경찰 등에 의해 강제로 오게 될 때 일반 클라이언트체계와 구별하기 위해 사용된다. 서비스를 요청한 사람을 의뢰체계, 타의에 의해 오게 된 사람을 응답자라 한다.

2) 단일화 모델(unitary motel)

골드슈타인(Goldstein)의 단일화 모델은 세 가지 모델을 결합한 모델로써 사회체계 모델, 사회학습 혹은 문제해결 모델, 과정 모델을 결합한 모델이라 할 수 있다. 이중 에서도 특히 과정 모델의 내용을 강조하였다. 단일화 모델은 과정 모델을 조사와 평가, 의뢰와 중재 및 평가적 전략이라 하여 사회복지실천 과정의 여러 가지 단계들과 연계시켰다. 즉, 사회복지실천 과정을 역할 유도 단계, 핵심 단계 및 종결단계를 통하여 반복적으로 일어나는 것으로 설명하고자 하였다. 그리고 전체 과정 모델을 개인, 가족, 집단, 조직, 지역사회로 구분하여 구체화한 단계와 연계시켰다.

4체계 모델이 클라이언트체계 및 자원체계와 사회복지사와의 상호기능을 중시하였다면, 단일화 모델은 사회학습에 관한 사회복지사의 기능을 더 많이 강조하였다 할 수 있다. 사회복지실천을 광범위한 일반적인 의미로 제시하여 중요한 변화 목표로서 개인이나 소집단체계에 한정시키지 않고 사회학습 과정을 통해 조직, 지역사회 등의 더 큰 체계들이 변화될 수 있다고 보았다. 또한, 사회복지사가 자원을 확보하고 활용하는 것을 통해서도 사회를 변화시킬 수 있다고 보았다(Goldstein, 1973)

3) 문제해결 모델

펄만(Perlman)의 문제해결 모델은 인간의 삶 자체가 끊임없는 문제해결과정이라는 가정에 따라 인간의 삶 자체를 지속적 문제해결과정으로 보고 최초로 '문제'를 사회복지실천의 변화 표적으로 제시하였다. 펄만(Perlman)은 문제해결과정을 4P로 정의하였다. 문제해결이란 '문제(Problem)'를 가지고 있는 '사람(People)'이 어떤 '장소(Place)'에 자신의 문제를 가지고 도움을 얻기 위해 찾아오게 되면, 문제해결에 필요한 자원을 보완해 주는 '과정(Process)'을 활용하는 것이다. 4P의 자세한 설명은 다음과 같다.

(1) 문제(Problem)

클라이언트의 문제는 욕구, 장애, 욕구불만 또는 부적응 등에서 때로는 이러한 모든 것들이 얽힌 것에서 일어난다. 문제는 개인의 사회적 기능에 의해 민감하게 영향을 주고받는다. 클라이언트의 문제는 다양성과 역동성을 가지고 있으므로 사회복지사와 클라이언트는 문제를 작업 단위로 선택하여야 한다. 문제는 내적이거나 외적인 의미가 공존하므로 그중 다른 하나가 다른 것의 원인이 되기도 한다.

(2) 사람(People)

인간의 행동에는 목적과 의미가 포함된다. 진단학파의 이론을 적용하여 클라이언트와 그 가족을 분석하였고, '상황 속의 인간'의 중요성을 강조한다. 개인에 관한 것뿐만 아니라 사회상황과 인간 상호교류에 대한 전반적인 것을 파악한다.

(3) 장소(Place)

사회복지서비스가 제공되는 물리적 공간을 의미한다. 클라이언트들이 도움을 받으러 찾아오는 시설 및 여러 종류의 복지관이다. 사회복지 기관은 사회 및 사회집단의 복지 증진 의지로 형성된 곳이다. 이러한 장소는 클라이언트의 욕구 충족을 위한 프로그램을 개발하고 책임과 역할을 조직화하여 서비스를 수행하기 위해 일정한 지침과 절차를 가지고 체계적으로 운영하는 곳이다.

(4) 과정(Process)

문제해결에 도움을 주는 과정으로써 사회복지사와 클라이언트의 전문적 관계를 통한 과정으로 인간관계 중에서 진행되는 일련의 문제해결이다. 사회복지실천 과정에서는 사람들의 일반적 문제해결 노력에서 일어나는 장애의 종류를 우선 검토해야 한다.

실천 과정은 클라이언트 스스로 문제에 관계하고 대처함으로써 현재뿐 아니라 장래 생활에도 안정성을 갖게 한다. 이 모델은 사회복지사가 질병을 치료하듯이 클라이언트의 문제를 해결 해주는 것이 아니라, 클라이언트체계의 성장 과정에 참여하여 클라이언트를 도우면서 삶을 보다 효과적으로 대처해 갈 수 있도록 클라이언트의 능력을 강화할 것을 강조한다(Compton & Galaway, 1986).

4) 생활 모델

저메인과 기터맨(Germain & Gitterman)의 생활 모델은 생태체계적 관점을 기반으로 도입된 모델이다. 생활 모델의 개입 목표는 인간의 욕구와 환경자원

간의 적응 수준을 향상하는 것이다. 클라이언트와 환경의 상호작용에 초점을 두고 개인, 집단, 지역사회 등 제반체계에 개입할 수 있는 실천 원칙과 기술을 통합시켰다. 클라이언트와 그 환경 간의 양면에 초점을 맞추기 위해 환경적 상관관계를 사용하는 사회복지실천 접근 방법이다.

클라이언트의 문제를 인격 장애로서 보지 않고 생활에서 문제를 파악하고 생활 과정 안에서 문제를 해결해 나가도록 하였다. 이 접근법을 사용하는 사회복지사는 생활 가운데 심각한 문제를 개인이나 환경의 상호작용 연속성으로서 간주한다. 생활 모델은 생태적 관점에서 출발한 모델이므로 사람과 환경을 통합적으로 보았다. 개인과 환경을 통합적 관점으로 보고 이 두 가지를 모두 변화시키는 데 필요한 이론이라 할 수 있다. 이와 관련된 생활 모델의 특징은 다음과 같다.

생활 모델은 클라이언트의 사회경제적 지위, 종교, 성, 나이 등의 다양성을 수용하고 존중한다. 클라이언트는 자신의 삶에 대하여 전문가라고 보기 때문에 클라이언트와 사회복지사의 동반자적 관계를 강조한다. 사회복지사는 인간과 환경의 상호작용에 초점을 두고 있으므로 개인 또는 집단, 지역사회 등 제반 체계에 개입할 수 있도록 통합된 양식과 방법 및 기술을 사용하게 된다.

생활주기 변화는 개개인의 발달상 변화, 사회적 지위와 역할의 변화, 그리고 시간 제한성이나 긴박감 또는 거대성과 같은 위기의 사건 등에서 나타나는 것을 의미한다. 또한, 환경의 압력은 기회의 불균등이나 융통성 없는 조직 등에서 나타나고, 대인관계 과정에서도 착취가 일어나거나 비일괄적이고 비합리적인 기대감이 있다면 스트레스가 증가하게 된다(임은희, 2005).

생활 속에서 발생하는 스트레스는 인간과 환경 사이에서 적응적 교류 불균형으로 인해 발생하게 된다. 스트레스는 크게 세 가지로 분류해 볼 수 있다. 첫째, 생활주기의 변화 및 외상적 사건, 둘째, 환경의 압박, 셋째, 대인관계 문제 등이 있다. 생활주기의 변화 및 외상적 사건은 성장 발달상의 다양한 변화라 할 수 있다. 지위와 역할의 변화하고, 생활공간이 재구성되거나 결혼과 출산으로 인한 삶의 변화, 자녀 독립으로 인한 변화, 중년기가 되거나 배우자가 사망하는 경우 등이 있다. 둘째, 환경의 압박이다. 기회가 균등하지 못하거나 융통성 없는 조직 내에 소속되어 있거나, 빈곤, 억압과 같은 사회적 환경과, 물리적 환경이 상호영향을 주고받는 통합적 체계의 문제라 할 수 있다. 셋째, 대인관계 문제이다. 가족이나 집단 내에서 역기능적 대인관계 과정과 의사소통 장애가 있을 경우이다.

이처럼 생활 모델은 개인의 문제로서만 파악하지 않고 생활환경 내에서 파악하며, 개인이 환경과의 교류에서 균형이 깨어지면 스트레스가 발생한다고 하였다. 따라서 생활 모델은 생활 그 자체를 모델로 하고 이것이 지닌 성장과 발달 및 문제해결의 힘을 동원하고, 촉진하기 위하여 넓은 범주의 접근을 모색하는 데 그 특징이 있다(양정남 외, 2008).

인간은 각자 다양한 환경에서 태어나고 사망 시까지 다양한 환경에서 생활경험을 하게 된다. 생활 모델은 개인과 집단이 소유하고 있는 잠재능력을 발휘하고 환경에서 오는 긴장 요인을 축소하여 성장의 교류를 회복할 수 있도록 한다.

이상 통합적 접근의 실천 모델을 정리하면 표 5-1과 같다.

표 5-1 통합적 접근의 실천 모델

구분	4체계 모델	단일화 모델	문제해결 모델	생활 모델
대표 학자	핀커스와 미나한(Pincus & Minahan	골드슈타인(Goldstein)	펄만(Perlman)에 의해 4P개발 콤튼과 갤러웨이(Compton & Galaway)에 의해 정교화	저메인과 기터맨(Germain & Gitterman)
목표	• 사람의 문제해결과 대처능력 강화 • 사람들과 자원체계와의 결합 • 체계의 효과적·인도적 활용의 촉진 • 사회정책의 발전과 개선의 공헌	• 사회학습의 촉진 및 강화 • 사회변화(자원의 확보 및 활용)	• 문제해결 • 사회복지사와 클라이언트의 공동관계 형성 • 합리적 과정의 수행	• 인간생활상의 문제해결 • 인간의 적응 능력 지지 및 강화 • 스트레스 경감 • 대처를 위한 사회자원의 동원
실천 과정	① 문제의 평가 ② 자료수집 ③ 진단	① 욕구의 공식화 ② 정보의 탐색 ③ 해결방법의 공식화	① 접촉단계: 문제의 명확화, 목표의 명확화, 예	① 초기단계: 준비, 참가 ② 진행단계: 생활

구분	4체계 모델	단일화 모델	문제해결 모델	생활 모델
	④ 개입 ⑤ 평가와 종결	④ 결과의 비교 ⑤ 해결방법의 검증	비계약, 탐색과 조사 ② 계약단계: 문제의 진단(평가)활동 계획의 공식화 후 예측 ③ 활동단계: 계획의 실시, 종결, 평가	의 변화(개선) 환경의 문제 대인 과정에 대한 개입 ③ 종료단계: 평가의 종결
사회복지사 기능	① 문제 평가 ② 자료 수집 ③ 최초 접촉 ④ 계약 ⑤ 행동체계 구성 ⑥ 행동체계 유지 및 조성 ⑦ 영향력 행사 ⑧ 변화 노력 종결	① 지식과 정보의 인식 ② 전략(조사, 개입 평가)	① 자료의 수집과 평가 ② 개입전략의 제공	① 생활과업에 대한 원조 ② 사회적 조직망과 물리적 장의 관여 ③ 시간적 배열 활용

출처: 김융일 외(1995: 75)에서 재구성

중심어

통합적 접근 방법, 환경 속의 인간, 체계이론의 개념, 4체계 모델, 생태체계적 관점

연습문제

1. 전통적 접근과 통합적 접근의 실천 모델의 장·단점을 설명해 보시오.

2. 통합적 방법의 모델을 설명해 보시오.

CHAPTER

06 사회복지실천에서의 사례관리

1. 사례관리의 개념

1) 사회복지의 전통적인 실천 방법과의 차이점

사례관리는 근대적 사회복지가 시작된 시점이라 할 수 있는 자선조직협회와 미국과 영국의 인보관 운동 등 초창기의 사회복지에서도 그 기원을 찾아볼 수 있다.

또한 사회복지학의 이론가이자 실천가인 리치몬드(Richmond), 해밀턴(Hamilton), 펄만(Perlman), 핀커스와 미나한(Pincus & Minahan) 등 여러 학자들의 저서와 활동뿐만 아니라 사회복지의 모든 영역에서 지역사회 자원의 중요성과 활용은 항상 강조되어 왔다. 이는 사례관리가 전통적인 사회복지의 제 방법에서 진화 되어 나왔다는 것을 의미한다. 결국 사례관리는 사회복지의 전통적인 실천 방법인 개별사회사업, 집단사회사업, 지역사회복지 등의 몇 가지 측면을 통합하여 적용한 핵심적인 사회복지실천 방법 중의 하나라고 할 수 있다.

사례관리는 사회복지의 전통적인 실천 방법, 특히 그 중에서도 개별사회사업과 유사한 점이 많으면서도 다음과 같이 상이한 특징을 갖고 있다(설진화, 2009).

(1) 사례관리는 기존의 서비스에 클라이언트를 맞추는 것이 아니라, 클라이언트의 욕구에 서비스를 맞춘다는 것이다. 이는 클라이언트의 욕구

에 맞춘 서비스를 제공하기 위하여 필요한 서비스를 개발하는 것까지 포함한다는 것을 의미한다.

(2) 개별사회사업은 전문적 관계를 통하여 구체적인 목표를 달성하기 위해 구체적이고 제한적인 개입 목표를 수립하고 개입을 시도하여 클라이언트 또는 주변 환경을 변화시키려는 서비스의 제공에 초점을 맞춘다. 하지만 사례관리는 클라이언트의 실제적인 문제 상황에 초점을 두고 체계적인 욕구사정을 거쳐서 클라이언트를 지지하거나 필요한 자원을 찾는 것을 강조하고, 서비스의 연속성 보장, 비용 효과성의 증대, 접근성과 책임성의 증진, 일차 집단의 보호능력 향상 및 사회적 기능의 향상에 초점을 맞추고 있다.

(3) 사회복지의 전통적인 실천 방법에서는 심리사회적인 문제 또는 스스로 해결하기 곤란한 문제를 가진 클라이언트들을 대상으로 하지만, 사례관리에서는 복합적인 욕구를 가진 클라이언트, 즉 사회기능상 복합적인 문제 또는 장기적인 보호가 필요한 클라이언트들을 대상으로 한다.

(4) 사회복지의 전통적인 실천 방법에서의 개입의 범위는 클라이언트 자신과 그 가족이고, 상담과 치료에 초점을 맞추어 왔다. 하지만 사례관리에서는 모든 클라이언트체계를 개입의 대상으로 보고, 상담과 치료는 물론 환경적 개입과 서비스 연계와 조정 등을 포함한다.

(5) 서비스의 목적이 개별사회사업에서는 문제해결을 통한 인격의 성장과 사회적 기능의 회복이지만, 사례관리에서는 클라이언트에 대한 적극적인 지역사회 보호를 강조한다.

(6) 사회복지의 전통적인 실천 방법인 개별사회사업, 집단사회사업에서의 경우 사회복지사가 근무하는 기관을 중심으로 서비스가 제공되었지만 사례관리에서는 사회복지사가 근무하는 기관 외의 다양한 지역사회 기관과 사회환경에서 서비스를 제공한다.

표 6-1 개별사회사업과 사례관리의 비교

구분	개별사회사업	사례관리
대상	적응 상의 문제를 가진 클라이언트	복합적인 욕구를 가진 클라이언트
목적	문제해결을 통한 인격 성장과 사회적 기능 회복	적극적 지역사회 보호 제공
개입 범위	클라이언트 및 그 가족	모든 클라이언트체계
기능	상담, 치료, 의뢰	서비스 연계, 옹호, 위기개입
서비스 제공 장소	사회복지 기관 및 시설	지역사회 내 다양한 현존 서비스 체계
실천 과정	접수 → 자료수집 및 사정 → 개입 계획 및 개입 → 종결 및 평가	초기과정 → 사정 → 개입 계획 → 개입 → 점검 → 평가와 종결
사회복지사 역할	지지자, 상담자, 치료자 등	임상가, 중개자, 중재자 등

2) 학자별 사례관리의 개념

(1) 로스만(Rothman)

사례관리를 지역사회 내에 거주하는 클라이언트를 대상으로 개별 상담, 치료, 조언, 옹호 등의 임상적 개입을 제공하는 미시적 실천 방법과 동시에 서비스와 지지를 필요로 하는 클라이언트들에게 다양하고 지속적인 보호를 제공하기 위하여 자원을 개발하고 지역사회 기관 및 비공식적 원조망과 연계시키는 두 가지 기능을 통합한 휴먼서비스의 실천 방법으로 정의하였다.

또한 사례관리를 장기보호를 필요로 하는 노인이나 장애인과 같은 클라이언트들에게 지속적이고 효과적인 서비스를 제공하기 위한 개입 방법으로서 정신보건, 노인복지, 아동복지, 건강보호, 발달장애 등과 같은 클라이언트들을 대상으로 하는 휴먼서비스 영역의 실천 방법이며, 지역사회 내에 거주하는 만성 또는 중증의 욕구를 가진 클라이언트들에게 다양하고 지속적인 보호를 제공하는 서비스 전달방식이라 하였다.

(2) 목슬레이(Moxley)

사례관리란 휴먼서비스 실천의 다양한 분야에서 복합적인 욕구를 가진 클라이언트를 대상으로 사례관리자(case manager)가 클라이언트들의 욕구 사정, 적절한 서비스 제공, 기회 또는 급여의 확인, 포괄적인 서비스 계획 수립서비스의 적절성과 효과성에 대한 모니터링·평가, 클라이언트의 서비스에 대한 접근과 이용을 위한 옹호 등으로 클라이언트의 욕구를 충족시킬 수 있도록 원조하는 것으로서 휴먼서비스의 기회 또는 급여의 조정을 증진시키는 클라이언트 수준의 전략으로, 서비스의 통합과 보호의 연속성을 위한 수단이라 하였다.

또한 사례관리를 단기적으로는 복잡한 조직적 분야에서 클라이언트의 다양하고 복합적인 욕구를 확인하고 충족시키는 수단이며, 장기적으로는 클라이언트가 성장, 발달 또는 새로운 경험에 대한 도전을 통하여 변화하고 새롭게 발생하는 그들의 욕구에 대응할 수 있는 역동적인 전략으로 보았다.

따라서 사례관리란 사례관리자나 사례관리팀이 주체가 되어서, 다양하고 복합적인 욕구를 지닌 클라이언트를 대상으로 공식적·비공식적 지지망과 클라이언트의 사회생활 기능 향상과 복지를 최대화하기 위해 활동을 조직·조정·유지하는 것으로 정의할 수 있다.

(3) 무어(Moore)

사례관리란 심리치료와 같은 임상적 기술과 지역사회 조직가의 옹호기술이 요구되는 새로운 사회복지실천 분야로서 단편적인 서비스 전달 체계를 통합하는 방법으로 클라이언트의 욕구를 충족시키기 위해 개별적으로 서비스를 기획하고 조정하는 것이다. 또한 사례관리는 심리사회적 개입을 통하여 클라이언트와 일차 집단이 그들의 잠재력을 최대한 발휘할 수 있도록 가능하게 하는 것과 임파워먼트를 통하여 그들이 더 큰 사회환경과 더욱 효과적으로 상호작용할 수 있도록 촉진하는 것에 초점을 두고, 클라이언트의 욕구에 기초하여 이러한 가능하게 하는 기능과 촉진 기능의 조화를 이루어 나가는 것이다. 따라서 사례관리란 클라이언트의 욕구를 충족시키기 위하여 비공식적 보호체계와 공식적 보호체계의 활동을 통합하는 것으로, 클라이언트와 일차 집단으로 하여금 그들의 잠재력을 최대한 발휘할 수 있도록 조장하고, 동시에 더 큰 사회환경 내에서 더욱 효과적인 상호작용을 촉진하는 것이라 정의할 수 있다.

(4) 정순둘

사례관리란 한 사람의 사례관리자가 복합적인 욕구를 가진 클라이언트에게 다양한 서비스 자원 또는 공급체계를 연계시켜 클라이언트가 사회생활상의 어려움을 극복할 수 있도록 돕는 사회복지실천의 한 방법으로 정의하고, 이를 위해 사례관리자는 일련의 과정을 통해 직접적인 서비스 제공 기능과 서비스 제공자들 간의 연계활동 기능을 수행하게 된다고 하였다.

(5) 권진숙·박지영

사례관리를 생태체계적 관점을 기반으로 만성적이고 복합적인 문제를 가진 개인 및 가족과 함께 일하면서 그들과 자원 제공자들의 기능을 향상 시키고자 하는 것이며, 이를 통해 환경 속에서 자신에게 필요한 서비스와 자원을 스스로 획득하고 사회적 기능을 원활히 수행할 수 있도록 돕는 통합적인 접근 방법으로 정의하였다.

(6) 설진화

사례관리란 다양하고 복합적인 욕구를 가진 클라이언트와 그 체계를 대상으로 그들의 욕구 충족과 사회적 기능을 향상시키기 위해서, 역량을 강화시키고 그들의 욕구 충족에 적합한 지역사회 서비스 및 자원을 찾아내거나 개발하여 연계·조정·관리·유지하는 서비스 전달 체계로서 정의하였으며, 지속적이고 적극적인 지역사회 보호가 궁극적인 목적이라고 하였다.

이상의 정의들을 정리해 보면 사례관리란 복합적이고 장기적인 욕구가 있는 클라이언트와 가족의 사회적 기능 회복을 위해 서비스 운영체계를 확립하고, 이를 기반으로 체계적 사정과 지역사회의 다양한 자원을 활용하여 지속적이고 효과적인 사회복지서비스를 제공하는 통합적 실천방법이다.

2. 사례관리의 등장 배경

사례관리의 등장 배경도 나라마다 약간씩 상이하겠으나, 목슬레이가 제시한 내용이 적절한 것으로 여러 문헌에서 나타나고 있다. 그는 사례관리의 등장 배경을 여섯 가지로 요약하여 상세하게 설명하고 있는데, 그것은 탈시설화의 영향, 서비스 전달의 지방분권화, 복합적인 욕구를 가지는 인구의 증가, 기존 서비스의 단편성, 사회적 지원체계와 지원방법의 중요성에 대한 인식 증가, 그리고 대인복지서비스의 비용효과에 대한 인식의 증가 등이다. 목슬레이가 주장한 사례관리의 등장 배경에 대한 내용은 다음과 같다.

1) 탈시설화의 영향

탈시설화란 사례관리가 등장하게 된 가장 중요한 배경으로 클라이언트가 대규모 수용시설이나 병원 입원시설을 이용하던 시설보호의 방식을 벗어나 다시 가족과 지역사회로 돌아오는 것을 말한다. 다시 말해 클라이언트가 생활상의 곤란을 해결하기 위해 이제까지 살아오던 가족과 지역사회와는 분리되어 수용시설 혹은 병원의 입원시설을 이용하던 방식에서 해방되어 다시 가족과 지역사회로 돌아오는 것을 의미한다(한국사례관리학회, 2012).

대규모 수용시설에서의 시설보호는 하나의 시설 내에서 필요한 모든 서비스들이 제공되도록 구조화되어 있다는 장점이 있는 반면 중앙집권적인 행정적 관료주의를 통해 서비스가 이루어지며, 클라이언트가 가족과 지역사회와 격려되어 지역사회환경과의 상호작용이 차단되는 결과를 초래하였고,

결과적으로 가족과 지역사회로의 복귀가 거의 불가능하게 되었으며, 국가가 막대한 비용부담을 떠안게 되는 문제를 야기하게 되었다.

이러한 이유에서 선진국에서는 노인이나 장애인에 대한 탈시설화 정책을 도입하여 지역사회에 기초하는 재가복지프로그램을 확대 실시하게 되었다. 이렇게 탈시설화로 인하여 시설보호에서 지역사회 보호로 전환되었지만, 다양한 클라이언트의 욕구에 대하여 각기 다른 여러 기관에서 원조가 이루어지기에 서비스가 단편화되고 분산된다는 점, 클라이언트의 욕구에 대응하는 다양한 사회자원의 이용체계가 확립되어 있지 않아 서비스를 받기가 어렵다는 점, 장기간의 시설보호로 인한 클라이언트들의 무기력과 동기부족, 클라이언트의 욕구에 대한 지역사회 기관들의 무심함, 가족의 보호 부담으로 인한 보호 기피와 그로 인하여 지역사회 보호기관의 부담이 증가 된다는 점 등의 단점이 나타났다(현외성 외, 2012).

이러한 문제를 극복할 수 있는 보다 지속적이고 포괄적인 서비스 제공의 필요성과 각 기관들의 자원이나 수급 자격요건이 달라서 이를 통합적으로 관리하는 전문적인 서비스의 필요성이 대두되었다. 따라서 탈시설화에 의해서 가족과 지역사회로 돌아온 클라이언트들을 지속적으로 보호관리할 수 있는 전문적인 실천 모델인 사례관리가 대두되었다.

2) 서비스 전달의 지방분권화

사회복지서비스가 중앙집권적인 서비스에서 지방분권적으로 전달되기 시작한 것은 비교적 최근의 일이다. 미국의 경우 1975년의 사회보장법 제20장의 성립으로 연방정부와 주정부, 지방자치단체 간의 책임분담이 새롭게 설정되고, 1980년대에는 사회서비스의 공급주체가 중앙중부에서 지방정부로 이동되었던 것이다. 그러나 지방을 중심으로 전개된 서비스들은 서비스들 사이의 통합을 위한 장치나 클라이언트와 관련된 서비스 기관들 사이의 조정을 위한 장치를 거의 가지지 못한 채 이루어졌다(현외성 외, 2012). 이로 인해 클라이언트와 가족의 입장에서 볼 때 분산되고 단편화된 지역사회 수준의 서비스를 이용한다는 것은 대단히 어려운 일이 아닐 수 없었다. 따라서 각 기관들의 서비스를 조직화하고 클라이언트들의 욕구를 통합적으로 충족시킴으로써 지방분권화에 따른 부정적인 측면을 보충하기 위해서 사례관리 방법이 등장하게 되었다.

3) 복합적인 욕구를 가지는 인구의 증가

사례관리가 등장하게 된 배경이 되는 또 다른 이유는 복합적인 욕구를 갖는 복지대상자는 증가하고 있는데 기존 복지서비스 전달 체계는 단편화·분절화 되어 있어 이에 대한 대응 방안이 절실히 요구되었다는 데 있다. 정신지체나 정신질환, 혹은 신체장애를 가지는 사람이나 노인 등이 증가하면서 소득, 주택, 사회화, 재활, 의료 중에서 두 개 이상의 서비스를 필요로 하는 클라이언트들이 증가하였다(한국사례관리학회, 2012). 이같이 복합적인 욕구를 가지는 클라이언트들은 자신들의 욕구를 지원해 줄 수 있는 체계가 확립되어 있지 않는 한 지역사회에서 생활을 영위할 수 없게 된다.

일반적으로 한 기관이나 하나의 단일 서비스 체계로는 복합적인 욕구를 가진 클라이언트의 문제에 대응하는 것이 불가능하다. 예를 들어, 경제적으로 곤란하기 때문에 적절한 치료를 받지 못하는 노인이나 정신지체로 인해 사회생활을 영위해 갈 수 없는 클라이언트의 욕구에 대응하기 위해서는 다원적인 서비스 프로그램이 요구된다. 뿐만 아니라 인간의 생활상의 곤란이란 단일한 욕구로 형성되는 경우보다는 특유하고도 다양한 문제가 상호관련 되어 있는 경우가 대부분이다. 따라서 이들이 지역사회에서 살아가도록 하기 위해서는 클라이언트가 필요로 하는 서비스를 조직화하고 통합하여 상호 연계되도록 하기 위한 사례관리방법이 요구되었다(현외성 외, 2012).

4) 기존 서비스의 단편성

미국의 경우 60~70년대 시기에는 수많은 서비스 프로그램들의 개발로 고도의 전문화된 서비스를 제공하거나, 소수의 특정 표적 집단에게 서비스를 제공하도록 고안되어졌다. 하지만 그 서비스가 제공되는 과정에서 요보호 클라이언트들은 필요한 서비스로부터 배제되었고 노인과 같은 복합적인 욕구를 가진 클라이언트들이 포괄적인 서비스를 한 곳에서 제공받기는 더욱 힘들어졌다. 결국 급속도로 증가한 사회복지서비스의 확장과 증대는 오히려 그 전달에 있어 더 복잡하고 단편화되었으며, 서로 조정되지 않아 중복되기도 하였다.

대부분의 나라에서 사회복지서비스는 범주별로 분류되고 자격요건의 측면에서 서비스 공급주체가 다원화되어 있다. 즉, 서비스 공급주체는 지방정부, 민간조직 등으로 나누어지고, 서비스는 연령집단별, 기능집단별, 혹은 문제영역별로 나누어진다. 이러한 각 체계 및 자원 간의 통합이 이루지지 못한 기존 서비스의 단편성은 자원과 자격요건 측면에서 서비스의 공급주체가 연계되고 조직화되어 있지 않음을 의미하고, 이는 클라이언트의 욕구가 충족되기 어렵고 문제해결은 형식화되거나 방치되기 쉬워진다. 뿐만 아니라 두 가지 이상의 욕구를 가진 클라이언트인 경우 서비스 공급기관 간의 상호 조정과 연계를 통한 통합적인 서비스 전달이 이루어지는 경우가 드물다. 따라서 서비스 공급자들이 서비스의 단편성과 범주적인 분류에서 벗어나 상호작용할 수 있는 서비스 전달 체계인 사례관리가 필요하게 되었다(현외성 외, 2012).

5) 사회적 지원체계와 지원망의 중요성에 대한 인식 증가

사회적 지원체계와 지원망에 대한 관심은 복지국가 위기론과 함께 혼합복지 혹은 복지다원주의론이 출현하면서 동시에 나타난다. 서구사회는 1950~60년대의 경제적 성장을 토대로 복지국가를 실현해왔고, 다양한 공적인 공급주체에 의한 사회복지서비스를 발전시켜왔다. 그러나 1970년대 초반 석유가격의 폭등으로 인해 지속적인 경제성장 기반이 무너지면서 복지국가로 일컬어지던 선진자본주의 국가의 문제와 위기에 대한 징후가 드러나기 시작했다. 이들 국가들은 1970년대 중반 이후 지난 30여 년간 지속해왔던 방식과는 다른 형태의 정치·경제적 대응과 사회정책의 변화를 모색하게 되었다. 그리고 그 대안으로 혼합복지사상 혹은 복지다원주의가 나타나면서 공식적 서비스를 비공식적 서비스로 대체하고자 하는 움직임이 일어나기 시작했다(현외성 외, 2012). 그로 인해 복합적이고 만성적인 욕구를 가진 클라이언트들은 지역사회 내의 서비스 자원의 이용에 어려움을 겪게 되었고 이러한 변화는 가족, 친족, 친구, 이웃 등의 비공식적인 지원체계와 사회적 지지망의 중요성과 관심이 증가하게 되었다. 하지만 사회적 지원체계와 지원망이 항상 기능적이기만 한 것은 아니기 때문에 공적인 서비스와의 통합이나 조정이 이루어지지 않을 경우에는 역기능적이 될 수도 있다는 것이다. 따라서 공식적이고 전문적인 서비스와 비공식적인 지원체계와 지원망을 조정하고 통합하려는 사례관리가 필요하게 되었다.

6) 비용억제의 필요성

1970년대 복지국가 위기논쟁을 불러일으킨 국가 재정 위기는 정부의 공공지출 규모에 대한 우려를 낳았으며 공공지출의 삭감을 통한 정부 역할의 축소를 가져왔다. 이에 각국은 국가의 지출 규모를 줄이기 위해 보건정책과 사회적 서비스정책의 방향을 전환해야 하는 시점에 놓이게 되었으며, 그 결과 지역사회 보호가 공식적인 정책과제로 대두되었다(현외성 외, 2012).

이처럼 사회복지서비스에 있어서 비용효과에 대한 인식의 증가는 결핍된 자원 내에서 서비스의 효과를 최대화하려는 측면과 서비스 전달에 소요되는 비용을 억제함을 의미하며, 자원의 부족과 그로 인한 서비스의 효과성과 효율성은 중요한 쟁점으로 부각되어 왔다. 따라서 사회복지서비스의 효과성, 책임성에 기초하여 서비스의 중복을 모니터링하고, 서비스 계획을 관리하며, 서비스 전달의 효과성을 최대화할 수 있는 서비스 전달 체계인 사례관리방법에 대한 관심이 증가하게 되었다(우국희, 2016).

3. 사례관리의 목적 및 기능

1) 사례관리의 목적

사례관리 목적은 입장에 따라 달라질 수 있다. 클라이언트는 자신의 욕구가 충족되도록 충분하고 시의적절한 서비스를 원할 것이고, 비용부담자의 입장에서는 사례관리의 효율성과 효과성이 중요하며, 서비스제공자의 입장에서는 클라이언트의 만족과 큰 성과를 기대할 수 있을 것이다. 구체적인 사례관리의 목적을 살펴보면 다음과 같다.

(1) 클라이언트의 역량 강화

사례관리의 궁극적인 목적은 클라이언트가 사례관리자의 도움 없이도 자신이 원하는 삶을 살 수 있도록 하는 것이다. 클라이언트의 역량 강화는 클라이언트가 자신이 원하는 자원을 얻을 수 있는 힘을 갖추는 것으로 강점과 역량을 키우고, 사회관계를 회복하며, 클라이언트가 스스로 자신의 생활을 관리할 수 있는 힘을 키우는 것을 의미한다.

(2) 보호의 연속성 보장

클라이언트의 욕구 충족을 위해 일정한 장소나 기간 동안 서비스를 지속적으로 제공하는 것이다. 보호의 연속성은 횡단적·종단적 차원으로 분류할 수 있다. 횡단적 차원의 연속성은 주어진 시점에서 이용자의 다양한 욕구를 충족시키기 위해 포괄적인 서비스를 제공하는 것이다. 여기에는 서비스 개입과 함께 환경에 대한 지지, 클라이언트와 가족과의 관계 유지, 위기개입, 서비스의 단순한 연계를 넘어선 사회적 네트워킹이 포함된다. 종단적 차원의 연속성은 시간의 경과에 따라 변화하는 개인의 욕구에 반응하는 서비스를 지속적으로 제공해 주는 것을 의미한다. 서비스의 시작인 전화통화부터 서비스가 종료될 때까지 중단 없이 서비스가 제공되는 것이다.

(3) 서비스 통합성의 증진

복합적이고 변화하는 이용자의 욕구를 해결하기 위해 많은 기관의 서비스와 자원들이 연계되고 조정될 수 있는 통합관리체계가 확보되어야 한다. 서비스 통합은 서비스의 파편화와 중복을 감소시키고 제공된 서비스들의 상호작용을 촉진시킨다.

(4) 서비스 접근성의 증진

정보의 부족, 서비스 제공의 복잡성 등으로 인해 클라이언트가 사례관리 서비스에 접근하는 데 장해를 갖게 되는 경우가 있다. 서비스 접근성을 증진시키는 것은 서비스 이용자의 적격성, 기준, 규정, 정책, 절차 등과 관련된 서비스의 접근에 대한 장애물을 극복하고 개인이 필요한 서비스에 쉽게 접근할 수 있도록 원조하는 것이다. 요구가 있는 클라이언트에게 인종, 종교, 성적 지향, 사회경제적 계급, 장애 여부 등과 상관없이 서비스에 접근할 수 있는 평등한 기회가 보장되어야 한다. 이를 위해 찾아가는 서비스, 정보 제공과 의뢰, 상담료 면제, 교통편의 제공 등과 같은 적극적인 방법을 통해 클라이언트의 접근성을 높여야 한다.

(5) 사회적 책임의 증진

사례관리는 이용자의 욕구에 적합한 효과적인 서비스와 한정된 자원으로 가장 많은 효과를 거둘 수 있는 효율적인 서비스를 제공해야 할 사회적 책임이 부여된다. 서비스가 클라이언트의 욕구에 적합하고, 적당한 시기에 적절한 방식으로 제공되며, 서비스가 중복되지 않도록 관리하는 것도 중요하다. 사례관리서비스의 효율성과 효과성을 담보하기 위해서 높은 전문성, 높은 수준의 보호, 지속적인 개선 등이 요구된다.

(6) 성과관리

서비스의 효과성과 효율성을 중시하는 사례관리는 성과관리를 중시한다.

성과는 사례관리의 목적과 관련된 결과로 주로 대상의 변화 목적의 구현 정도로 파악된다. 그러나 사례관리의 성과는 결과뿐만 아니라 과정에 대한 평가와 과정의 질에 대한 평가도 중시되어야 한다. 사례관리가 클라이언트에게 적절하게 제공되고 있는지의 여부, 클라이언트의 변화와 만족 서비스의 통합 서비스와 성과의 질 등이 평가되어야 한다.

2) 사례관리의 기능

사례관리의 기능은 일반적으로 사례 발견, 사례 등록, 사정, 목표 설정과 서비스 개입 계획의 수립 및 개입 실행, 개입 결과의 측정과 평가 등이 있다. 그 외에도 아웃리치 서비스, 사전적격심사, 인테이크, 자원 확인, 서비스의 실행, 재사정, 종결, 옹호, 상담, 치료, 분쟁조정, 능력조정, 보호와 연속성, 관계유지 등이 사례관리의 기능으로 제시되고 있다. 여기서는 엄명용 등(2000)이 제시한 사례관리의 기능에 대해 살펴보았다.

(1) 클라이언트와 필요한 서비스의 연계 기능

클라이언트의 욕구를 충족시키기 위해서 필요한 유용한 서비스와 권리를 클라이언트에게 위임하고 양도하는 것이다. 이러한 기능을 수행하기 위하여 사례관리자는 클라이언트에게 유용한 자원이 무엇인가를 인식시키고, 클라이언트와 서비스의 효과적인 연계를 위해서 클라이언트를 옹호해야 한다.

또한 사례관리자는 공식적 체계와 비공식적 체계를 동시에 활용해야 한다. 공식적 체계는 각 기관의 역할과 책임을 명시한 기관 상호 간의 협정, 가입기준 클라이언트에 대한 기관의 협력을 명시한 다른 규정들이 있다. 비공식적 체계는 다른 프로그램을 진행하는 직원과의 업무협약 또는 이해가 있다.

(2) 비공식 보호체계와 클라이언트 간의 상호작용의 촉진 기능

비공식 지원체계를 통하여 클라이언트는 경제적·사회적 안정, 신체적·정신적 건강, 정서적 지지, 안내, 지역사회 생활의 향상 등에서 결정적인 도움을 받고 있으며, 다른 지원체계보다도 클라이언트에게 훨씬 더 실질적인 지원을 제공할 수 있다. 클라이언트를 돕는 비공식 지원체계는 가족, 친척, 친구, 이웃, 자원봉사자, 종교단체, 자조집단 등이 있다.

(3) 사례관리 기관 상호 간의 조정 기능

기관 상호 간의 조정은 공식적인 정책이나 비공식적인 기관 상호 간의 협정을 통하여 기관들 사이의 연계를 촉진함으로써 사례관리의 효과성을 높이는 기능이다. 기관 상호 간의 조정에서 공식적인 정책은 국가의 정책적인 차원에서 이루어지며, 비공식적인 협정은 기관의 행정적인 차원에서 이루어지거나 사례관리자에 의해서 프로그램 차원에서 이루어지기도 한다. 기관 상호 간의 협정은 서비스의 유형, 클라이언트의 수, 재정적인 여건 등과 밀접하게 관련되어 있으며, 프로그램이 진행되기 전이나 진행 중에도 언제나 이루어질 수 있다.

(4) 상담 기능

상담은 사례관리 과정에서 클라이언트에게 필요한 서비스에 접근할 수 있도록 유용한 정보를 제공하며, 클라이언트 자신의 욕구와 문제에 대한 이해를 증진시키고, 가족에게 클라이언트들에 대한 이해를 촉구하며, 서비스 제공기관의 접촉을 향상시키는 기능을 한다. 또한 상담은 클라이언트에게 정서적 지지를 제공하며, 고립감과 문제에 대한 압박감을 감소시키고, 클라이언트로 하여금 문제를 스스로 해결할 수 있도록 동기를 부여하는 기능을 한다.

(5) 문제해결 기능

문제해결은 사례관리과정에서 클라이언트에게 발생할 수 있는 성격상의 문제, 위기상황 또는 실직, 부부갈등과 같은 일상생활상의 문제 등을 잘 극복할 수 있도록 도움을 제공한다. 사례관리자는 클라이언트의 문제해결을 위해서 클라이언트에게 격려, 지지, 안도감 등을 제공하여 자신의 문제를 스스로 해결하려는 동기를 부여하며, 문제해결에 필요한 기회와 자원에 접근할 수 있도록 돕는다. 뿐만 아니라 사례관리는 클라이언트의 문제에 대한 지각능력 및 대처능력을 극대화할 수 있도록 돕는다.

(6) 옹호 기능

옹호는 자원의 이용이나 획득에 있어서 불리한 조건에 있는 클라이언트가 서비스 또는 자원을 이용 또는 획득할 수 있도록 하고, 클라이언트에게 불리하게 작용하는 현재의 정책, 절차 또는 관례를 수정하고, 또는 필요한 자원 또는 서비스를 제공할 수 있도록 하는 새로운 입법 또는 정책을 조장하기 위해서 클라이언트와 함께 일하는 과정이다.

옹호는 클라이언트와 클라이언트 집단의 사회적 기능을 향상시키기 위해서 그들의 무기력과 무능력을 제거하는 것이며, 명확한 욕구를 가지고 있는 또는 집단에게 힘과 자원을 적절하게 분배하려는 목적을 둔 활동을 포함한다. 때로는 클라이언트 개인이나 집단에게 서비스의 공정성을 보장하기 위해서 중재, 교섭, 논쟁, 협상, 환경 조성 등의 역할수행도 하게 된다.

4. 사례관리의 개입 원칙

사례관리자는 클라이언트와 복잡한 서비스 공급 및 전달 체계에 대한 연계활동을 통해 클라이언트가 적절한 서비스를 받을 수 있도록 보장하고, 이를 책임지는 것이 사례관리 개입의 기본 원칙이라고 할 수 있다(서혜석, 2008). 좀 더 구체적인 내용들을 살펴보면 다음과 같다.

1) 서비스의 개별화

사례관리는 클라이언트의 개별적인 욕구와 상황에 맞는 맞춤형 서비스를 제공한다. 즉, 클라이언트 개개인과 그가 갖고 있는 욕구를 적절하게 계발하여 서비스를 제공한다. 따라서 클라이언트마다 서로 다른 욕구와 강점이 있으므로 서비스 계획도 그에 맞게 수립해야 한다.

2) 서비스 제공의 포괄성

클라이언트의 다양한 욕구가 여러 분야에서 충족될 수 있도록 포괄적인 서비스를 제공해야 한다. 클라이언트의 다양한 욕구를 충족시키기 위해 사례관리자는 광범위한 자원을 연결하고 조정하며 서비스가 제대로 전달되고 있는지 점검한다.

3) 클라이언트의 자율성 극대화

사례관리에서는 클라이언트가 다양한 서비스를 받을 수 있도록 서비스와 자원을 연결하고 조정하지만 사례관리자가 클라이언트를 대신하여 모든 것을 선택하고 결정하는 것은 아니다. 사례관리에서는 다양한 자원과 서비스에 대해 클라이언트가 선택 할 자유를 최대화하고 클라이언트의 자기결정권을 보장한다. 클라이언트가 가능한 한 자립할 수 있도록 돕는데 초점을 두고 클라이언트가 자신의 서비스와 관련된 판단을 하는데 자기결정 능력을 최대화하도록 한다.

4) 보호의 연속성 혹은 서비스의 지속성

사례관리는 클라이언트의 욕구를 점검하여 지속적으로 서비스를 제공한다. 클라이언트가 어떤 일정한 장소나 기간 내에서 계속적으로 서비스를 받을 수 있도록 보호의 연속성을 보장하는 것이다. 따라서 시간의 경과에 따라 변화하는 클라이언트의 욕구를 지속적으로 사정하고 서비스를 제공해야 한다.

5) 서비스의 연계성

사례관리는 복잡하고 분리되어 있는 서비스 전달 체계를 연결한다. 지역사회에 분산되어 있는 서비스 정보를 제공하고 서비스들을 서로 연결하여 서비스의 효과성을 높인다. 복잡하고 분리된 서비스 전달 체계의 연계와 지역 내 환경 등 자원의 적극적인 이용을 위한 원조를 한다.

6) 서비스의 접근성

사례관리자는 클라이언트가 욕구에 맞는 서비스에 쉽게 접근하여 이용할 수 있도록 지원해야 한다. 클라이언트의 인종, 성별, 계층 등을 이유로 이용 자격 및 절차 등에서 어려움을 겪지 않고 서비스를 쉽게 이용할 수 있도록 서비스의 접근성을 향상시킨다. 예를 들어, 클라이언트가 서비스를 이용하는데 장애가 되는 심리적 조건이나 물리적 요소 혹은 사회문화적, 경제적 요소들이 존재하는지 점검한다. 이러한 과정에서 클라이언트에 대한 옹호활동을 하기도 한다.

7) 서비스의 체계성

유사한 서비스 간 중복을 줄이고 서비스 비용을 효율적으로 관리하기 위해 서비스와 자원들을 조정함으로써 서비스의 체계성을 증진시킨다. 사례관리자는 서비스를 제공하는 공식적 지원체계 간 조정뿐만 아니라 가족이나 친구, 혹은 친지 같은 비공식적 지원체계를 통합하고 기능적으로 연결하여 다양하고 체계적인 지지망을 구축한다.

5. 사례관리의 구성요소

사례관리를 위한 구성요소는 서비스의 대상이 되는 클라이언트, 서비스를 제공하는 사례관리자, 현존하는 서비스 체계로 사례관리 기관 또는 조직과 사회자원 및 사회관계망 세 가지로 볼 수 있다(설진화, 2009). 이에 대한 구체적인 내용들을 살펴보면 다음과 같다.

1) 클라이언트

사례관리에서 만나는 클라이언트란 복합적인 욕구를 가지고 있고, 한 가지 이상의 사회자원을 필요로 하지만 이를 스스로 확보할 수 없는 사람이다. 클라이언트를 부르는 호칭은 다양하다. 클라이언트는 고객, 대상자라는 용어와 함께 사회복지 분야에서 일반적으로 사용하고 있는 용어이다. 최근 들어 사회복지서비스 분야에서 이용자 혹은 사용자로 부르거나 각 서비스 분야에서는 수혜자, 수급권자 등으로 부르기도 한다. 이와 같이 다양한 호칭은 비판되기도 하고 수용되기도 하는데 여기서 중요한 것은 용어들이 주는 근본적인 의미에 있다. 즉 용어가 반영하는 실제 의미는 사회적 변화와 더불어 기존 대상자를 바라보는 시각 변화에 초점이 있다. 과거에 서비스 대상자는 보호에 입각한 수용과 격리의 수동적인 존재였으나, 이제는 지역사회의 보호를 기반으로 한 독립적인 주체로 보며, 나아가 서비스에 대한 헤게모니 주도권을 가진 존재로 이해한다는 것이다.

2) 사례관리자

사례관리의 두 번째 구성요소인 사례관리자는 대상자의 욕구를 파악하고 각종 서비스를 조정 확보하는 역할을 한다. 전문적 지식을 가지고 서비스를 제공하면서 클라이언트를 기능화하고 삶의 질 향상을 추구하는 전문가이다. 사례관리자의 핵심기능과 역할로는 직접적인 서비스의 경우에는 의사소통을 위한 관계 형성의 기술을 사용하고 욕구파악을 위한 정보수집 및 기록을 진행한다. 간접적으로 지역사회 자원과의 연계기술과, 지역사회 자원개발 및 활용기술을 사용하여 클라이언트 지원을 위한 서비스를 제공한다. 사례관리자는 실천 현장에서 클라이언트와 직·간접적으로 클라이언트를 대면하는 사람이므로 휴먼서비스를 실행하는 역할에 맞는 자질 및 자기관리의 요소가 확보되어야 한다. 즉, 사례관리자는 어떠한 클라이언트에 대해서도 편견이나 선입견 혹은 차별적 태도를 보여서는 안 되며, 그럼에도 불구하고 사례관리자는 클라이언트가 처음 기관을 방문할 때 느끼는 두려움과 첫인상과 같은 선입견을 가지고 있음을 숙지해야 한다. 따라서 사례관리자의 업무성격에 따른 자질과 자기관리는 지속적으로 점검되어야 한다. 이러한 측면은 사례관리자의 자격과 교육훈련 등에서도 보완된다.

3) 현존하는 서비스 체계

현존하는 서비스 체계란 사례관리 기관 또는 조직, 사회자원 및 사회관계망을 의미한다. 클라이언트를 둘러싸고 있는 환경 및 자원으로 다양한 차원의 공급주체라고 볼 수 있다.

(1) 사례관리 기관 또는 조직

사례관리 기관은 체계 및 조직의 수준에서 서비스 조정과 연계를 책임지는 역할을 담당하는 것으로, 서비스의 통합과 조정을 효과적으로 달성하기 위해 지역사회 내 사례관리 기관이 유기적으로 연계하는 것이 중요하다. 최근에는 지역사회복지관 같은 민간의 복지기관은 물론 보건복지부의 희망복지지원단과 같이 공공부문에서도 사례관리를 실천하는 중요한 체계로 참여하고 있다. 이처럼 공공과 민간, 대상별 사회복지실천 영역에 있어 사례관리 실천에 대한 조직체계의 역할과 기능이 강조되고 있다.

(2) 사회자원 및 사회관계망

① 사회자원

사회자원은 인간의 사회적 욕구를 충족시키기 위해 동원되는 시설, 설비, 자금이나 물자 또는 개인이나 집단의 지식과 기능 등을 의미한다. 일반적으로 비공식적 자원체계, 공식적 자원체계로 구분된다.

먼저 비공식적 자원체계는 가족, 친족, 친구, 이웃 등에 의해 제공되는 도움이나 보호를 말하며, 주로 정서적 지지와 충고, 정보 제공, 금전문제 해결, 보육, 행정업무 대행과 같은 서비스를 제공할 수 있다. 이러한 비공식적 자원의 이타적 행동, 협력, 상호부조 등은 사회복지에 있어 중요한 역할을 하고 있으며, 인간의 행복을 추구하기 위해 매우 필수적인 것이라고 할 수 있다.

공식적 자원체계는 공식적 조직을 통해 제공되는 자원으로 국가기관, 공공법인, 민간기관과 시설, 사회단체, 공식협의체 등이 있다. 대표적인 국가기관으로는 중앙정부, 지방자치단체, 사회복지전담공무원, 보건소, 정신건강복지센터 등이 있으며, 공공법인으로는 국가 및 지방자치단체가 운영하거나 민간사회복지법인이 운영하는 생활시설, 이용시설 등이 있다.

② 사회관계망

사회관계 속에 내재된 자원의 총합인 사회자본을 구성하는 하나의 요소가 사회관계망이다. 사회제도 속에서 제도적·비제도적으로 맺어진 관계망을 의미하며, 대인관계적 의미와 구성원 간의 상호작용에 기반을 둔 공유된 연계영역을 의미한다. 사례관리에서 클라이언트의 지지를 위해 관계망의 강점, 관계망에 의해 충족되지 못한 욕구, 관계망에 대한 장애 등을 파악해야 한다. 이를 바탕으로 사례관리자는 클라이언트의 관계망의 역동성을 제고하는 활동을 하게 되는데, 공식적인 관계망을 개발하거나 다른 클라이언트와의 상호작용 기회를 제공하는 등 관계망 연계와 활성화를 유도한다.

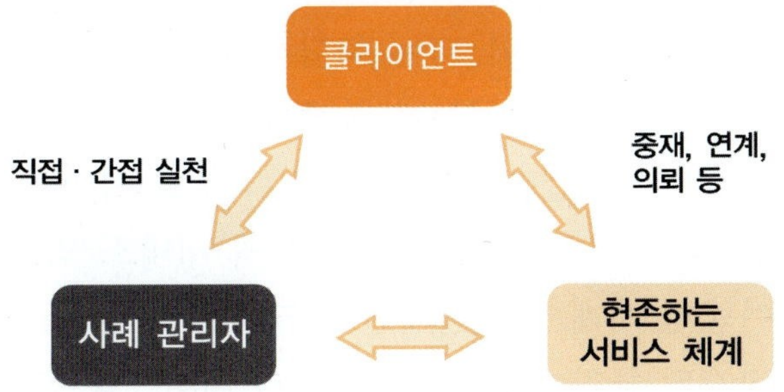

그림 6-1 사례관리 구성요소 간의 관계

6. 사례관리의 실천 과정

사례관리의 실천은 학자에 따라 그 과정이 다양하게 제시되고 있지만, 사례관리의 핵심적 요소에 대한 일반적인 합의는 존재하며 여러 학자들의 주장에서 나타나는 공통적인 요소들을 바탕으로 정리해 보면 다음과 같은 단계로 구분할 수 있다(한국사례관리학회, 2012).

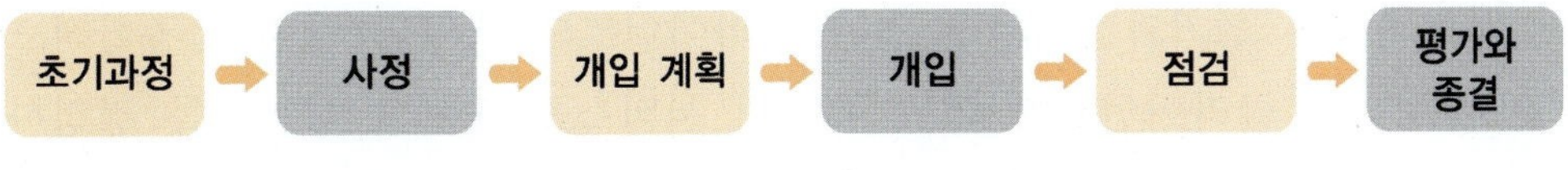

그림 6-2 사례관리의 과정

1) 초기과정

이 과정에서는 사례를 발견하고 스크리닝을 통해 사례관리 대상이 되는 클라이언트를 확인하고 사정을 위한 자료를 수집하는 실천이 이루어진다.

사례발견은 사례관리 대상이 되는 복합적인 욕구를 가진 잠재적인 클라이언트를 얼마나 조기에 발견하는가가 중요하기 때문에 다양한 방법이 활용되고 있다. 사례발견은 클라이언트가 자발적으로 서비스를 신청하거나 기관의 아웃리치를 통해 공공기관이나 타기관의 서비스 의뢰 등을 통해 이루어지고 있다. 이렇게 사례가 발견되면 스크리닝 과정이 필요하다.

스크리닝은 잠재된 클라이언트가 사례관리 서비스를 받을 자격이 있는지, 기관에서 제공하는 서비스를 이용할 수 있는 특성을 가지고 있는지를 파악하는 과정이다. 이 과정을 통해 서비스 제공기관의 사례관리 대상자로 결정되어 인테이크를 진행하게 된다.

인테이크란 복합적이고 다양한 욕구를 가진 클라이언트를 발견하고, 접수하는 과정을 통해 클라이언트의 상황과 욕구를 파악하여 서비스 제공 등의 적격성 여부를 판정하는 과정이다. 이 때 가장 중요한 것이 자료수집과 수집된 자료를 정리하는 것이다. 사례관리자는 스크리닝 과정을 통해 기관의 사례관리 대상자로 선정되면 다양한 자료수집 방법을 활용하여 클라이언트에 대한 기본적인 정보를 수집해야 한다.

2) 사정과정

사정과정은 초기과정에서 수집된 클라이언트의 욕구와 자원을 종합적으로 분석하여 클라이언트가 어떤 유형의 서비스를 필요로 하는가를 결정하는 것으로 이러한 결정은 서비스 계획과 개입에 연결되어야 한다. 즉, 클라이언트의 욕구와 문제를 해결하기 위한 장·단기 목표를 세우고 목표달성을 위한 원조방법을 결정하며, 언제 사례를 종결지을 것인가를 인식하게 하는 계획수립과 개입의 기반이 된다.

사례관리에서의 사정은 클라이언트를 총체적인 인간으로 보고, 다양한 문제 및 욕구 영역을 확인한다. 즉, 다차원적인 욕구의 사정과 충족을 강조하는 사례관리 체계에서는 사정의 비중이 더 높은 것이다.

3) 개입 계획

개입 계획은 클라이언트의 욕구 충족을 위한 목적을 발전시키는 과정이며, 목적을 성취하기 위해 서비스를 구체화하는 과정으로 서비스의 종류, 우선순위, 내용, 여러 가지 방법에 대하여 클라이언트의 의사가 존중되고 있는 실천을 의미한다.

개입 계획은 확인된 클라이언트의 문제, 성취된 결과, 목표달성을 위해 추구되는 서비스 등에 관해 클라이언트, 사회적 관계망, 다른 전문가, 사례관리자가 합의를 발달시켜나가는 일련의 과정이다. 욕구가 변할 수 있음을 감안하여 계획은 충분한 융통성을 갖고 마련되어야 한다. 또한 개입 계획은 클라이언트, 가족 성원, 다른 전문가, 사례관리자를 통합하는 팀워크 과정을 통해 발달된다. 따라서 사례관리자는 계획과정에 클라이언트가 적극적으로 참여하도록 격려하는 것이 무엇보다 중요하다. 사례관리자는 클라이언트의 욕구와 강점을 확인하고, 욕구의 우선순위를 정하고, 관련된 서비스와 지지를 개발하는 전 과정에 클라이언트를 동반자로서 관여시켜야 한다.

4) 개입

개입은 사회복지사와 클라이언트가 상호합의하여 결정한 문제해결을 위한 계획을 구체적인 행동으로 실천하는 단계로 이를 통해 의도하는 변화를 유발하는 단계이다. 즉, 클라이언트에게 필요하고 유용한 서비스를 연결하며, 개입을 통하여 서비스의 획득과 활용에서의 장애를 극복하고 적절하게 서비스를 배열하고 정리하는 과정이다. 또한 클라이언트의 욕구를 충족시키기 위한 필요자원을 연계하거나 서비스를 제공하는 단계이다.

개입 과정에서는 다양한 서비스 공급주체가 관련되어 있기 때문에 사례관리자는 우선 서비스가 원만히 제공될 수 있도록 조정할 필요가 있다. 공통의 목표나 각 서비스 제공자의 역할분담은 개입 계획 속에 명시되어 있지만 구체적으로는 사례관리자가 서비스 공급주체에 대해 전화 의뢰, 클라이언트와 함께 방문하여 의뢰클라이언트의 대리신청 등을 할 수 있다. 또한 클라이언트 자신이 직접 서비스를 신청하는 것을 지원하는 경우도 있다. 이러한 의뢰를 위한 활동을 쉽게 하기 위해서는 서비스를 제공할 관련 기관과의 네트워크가 중요하다. 더욱이 사례관리자는 서비스 공급이 실시된 중에도 항상 서비스 공급주체와 접촉을 하여 서비스 공급이 정확하게 이루어질 수 있도록 감독해야 한다.

5) 점검

사례관리 실행과정에서 잘 짜인 계획이라 하더라도 변화, 수정, 개선이 필요할 경우가 있다. 점검은 서비스 이용자에게 제공되는 서비스의 적시성, 적정성, 연속성 및 효율성을 보장하기 위해서 서비스 제공자를 포함한 클라이언트 지원체계의 서비스 전달과 실행과정을 추적해서 문제점이 있을 때, 이를 보완하기 위해서 재사정을 실시하는 과정이다.

점검은 사례계획이 적절하게 실행되고 있는지, 서비스 이용자가 기대하는 서비스를 제공받고 있는지, 서비스 이용자에게 제공되는 서비스가 필요하고 적절한지, 서비스 이용자의 지원체계가 서비스 제공과 지지역할을 제대로 수행하고 있는지, 실제로 서비스가 전달되는 동안 기존의 사례계획이 서비스 이용자에게 만족스러운지 또는 사례계획의 수정이 필요한지를 지속적으로 점검하는 과정으로서, 적극적이며 유동적인 활동이며, 서비스 진행과정을 조정하는 기능을 한다.

6) 평가와 종결

(1) 평가

사례관리과정에서 평가는 사례관리자와 클라이언트가 초기에 결정한 욕구와 문제해결을 위해 수립된 목표를 어느 정도 달성했는가를 확인, 종결 여부를 결정짓는 과정이며, 다른 한편으로는 사례관리자와 클라이언트가 좀 더 진보된 다음 단계로 진입하기 위한 점검의 의미를 갖는다. 따라서 평가는 사례관리의 질을 강화하는 과정이라 할 수 있다.

평가단계에서 주로 이루어지는 내용은 클라이언트에게 제공된 서비스, 클라이언트의 진척사항, 보호계획, 서비스 활동 및 서비스 체계의 효과성과 효율성을 종합적으로 판단하는 과정이며, 사례관리자의 전문적인 판단에 의해 클라이언트에게 서비스가 더 이상 필요하지 않을 때, 사례관리과정을 종결하는 단계이다.

(2) 종결

종결은 사례관리과정을 통해서 목표가 달성되었거나 서비스가 이미 클라이언트의 삶의 질 향상을 위해 필요하지 않거나 클라이언트의 중대한 변화로 인하여 사례관리과정을 계속 수행할 수 없을 경우에 서비스 제공을 종료하는 과정이다.

사례관리자가 종결을 결정할 때는 클라이언트와 관련된 객관적이고 정확한 내용을 근거로 판단하고 결정하게 된다. 그리고 사례관리의 시작이 클라이언트와 협의과정을 거쳐 시작된 것과 마찬가지로 종결단계에서도 클라이언트의 동의가 있어야 하지만 실제로 동의 과정을 갖기보다는 기관의 입장에서 클라이언트의 상황 변화에 대한 종결이 이루어지는 경우가 일반적인 현실이다. 그런데 실제로 사례관리 담당자인 사회복지사의 이직이나 업무변경, 기관의 정책변화 등으로 인해서 클라이언트에 대한 비연속적인 종결이 이루어지기도 한다.

7. 사례관리자의 역할

사례관리자는 실천 과정에서 다양한 활동과 역할을 하게 된다. 여기에서는 사례관리자가 공통적으로 수행하게 되는 활동과 사례관리 주요 기능에 따른 역할에 대해 제시하고 있는 한국사회복지학회(2012)의 사례관리자 역할에 대해 살펴보았다.

1) 사례관리자가 공통으로 수행하는 활동

(1) 정보 수집과 사정 활동

사례관리 대상 클라이언트는 대체로 고위험군이다. 이들에 대한 포괄적인 정보 수집은 사례관리자가 수행하는 업무 중에 중요한 역할을 차지한다. 클라이언트와 관련된 정보를 수집하고 클라이언트의 욕구와 관심을 확인한다.

(2) 서비스 계획

사례관리자는 서비스 계획 단계에서 무엇보다 클라이언트의 욕구와 관심사에 초점을 두어야 한다. 서비스 계획은 실행이 가능한가에 전문적 의견을 고려해야 한다.

(3) 프로그램 배치 및 서비스 제공·조정 활동

클라이언트에게 적절한 프로그램과 서비스제공자를 배치하고, 클라이언트에게 필요한 서비스 전달 체계를 수립한다. 서비스가 통합적으로 제공되기 위하여 각 기관과 서비스를 조정한다.

(4) 사례 계획의 수행 정도 점검

사례관리 수행에서 클라이언트 욕구를 충족시키는 데 사례관리 수행의 효과성을 점검한다. 클라이언트에게 나은 서비스를 제공하기 위해 필요한 경우 계획 조정이 이루어진다.

(5) 지속적이고 원활한 의사소통

사례관리 서비스 제공에 있어 책임 소재를 확인하고 의사소통 수준을 확인한다. 사례관리 서비스는 다양한 서비스 제공과 다수의 기관이 서비스제공자 역할을 담당하므로 이들 간 의사소통이 원활하게 이루어져야 한다. 사례관리자는 이 과정에서 중심 역할을 담당해야 한다. 클라이언트와 다양한 서비스제공자가 서비스 전달 과정 중 문제나 질문이 발생했을 때 그들을 원조할 수 있는 사람에게 신속히 접근할 수 있도록 한다.

(6) 옹호 활동

기존의 서비스 체계에서 접근성이 제한되거나 서비스제공자체계에 존재하는 장벽으로 인하여 서비스 이용이 어려운 클라이언트들이 발생한다. 이들을 위한 직·간접적인 옹호 활동을 수행한다.

(7) 지역사회 활동

지역사회에 존재하고 있으나 활용할 수는 없는 서비스를 클라이언트에게 지원해 주기 위한 활동으로서 지역사회 내의 타기관과 전문가 및 지역사회 구성원들을 대상으로 활동을 수행한다. 또한 클라이언트에게 필요한 서비스 프로그램을 개발하기 위해 지역사회 내의 다양한 구성원들에게 홍보 혹은 협력 활동을 수행한다.

2) 사례관리 주요 기능에 따른 사례관리자의 역할

(1) 임상가

사례관리자는 클라이언트와의 좋은 관계를 형성해야 한다. 사례관리 과정에서 사정과 클라이언트의 자원 활용 역량 향상이 주요 과업이 되는데 종종 만나게 되는 비자발적인 클라이언트의 경우 어려움을 경험하게 된다. 감정이입, 의사소통 기술 등을 통해 클라이언트와의 의사소통과 희망적인 태도를 형성하는 것이 중요하다.

(2) 위기개입자

위기상황은 사례관리자가 흔히 경험하게 되는 상황이다. 사례관리자는 위기 해결을 위한 중심적인 역할을 수행하게 된다. 사례관리자는 위기의 심각성을 사정할 수 있어야 하며 계획을 세울 수 있어야 하고 위기를 극복하기 위하여 동원할 수 있는 자원의 명단을 목록화해야 한다. 자원이 지원기간 등의 이유로 타기관으로 이전할 경우 클라이언트와 계속 연계하여 지원이 실행되고 있는지 확인하고 그렇지 못할 경우는 다른 자원을 찾아야 한다.

(3) 중개자 · 용이하게 하는 자

사례관리에서 자원 활용은 중요한 과업을 차지한다. 지역사회의 공공기관에서부터 민간기관 그리고 사회복지 기관 등 다양한 자원과 연결하여 클라이언트의 욕구에 부응하고자 활동하게 된다. 대부분의 자원 중개는 회의의 형태를 거쳐 연계된다. 사례관리자는 클라이언트를 둘러싼 가족 등의 다양한 환경체계 간에 연계되고 지원체계의 역할을 담당할 수 있도록 용이하게 하는 역할을 통해 지역사회 내의 다양한 체계를 동기화시키고 능력을 강화시키게 된다.

(4) 능력부여자 · 교사 · 중재자

사례관리는 클라이언트의 문제해결능력을 향상시키고 자원 활용의 역량을 향상시키고자 한다. 클라이언트의 능력을 향상시키고 책임감을 높이고 자신감독립성을 향상시킬 수 있도록 격려하는 능력부여자로서의 역할을 수행한다. 이 과정에서 클라이언트에게 학습 기회를 제공하는 교사의 역할을 수행하기도 한다. 사례관리자는 클라이언트의 문제해결 과정에서 지역사회 내에서 발생할 수 있는 의견이나 갈등을 중립을 지키면서 조정하는 역할을 수행하기도 한다.

(5) 옹호자

옹호는 사례관리자의 중요한 역할이다. 사례관리 대상이 되는 클라이언트의 다수가 취약계층인 경우가 많아 이들의 목소리를 대신하게 된다. 클라이언트가 직접 옹호 활동을 하는 경우에 사례관리자는 지역사회 자원 정보 제공이나 가족과의 협조나 필요한 지원 제공 등의 역할을 수행함으로써 클라이언트 옹호를 지원하는 활동을 수행할 수 있다.

(6) 조정자

사례관리자는 클라이언트가 이용 가능한 자원을 확보하고 관련 전문가와 연계하여 서비스를 조정하는 역할을 수행해야 한다. 클라이언트의 욕구가 얼마나 복잡하고 다양한가에 따라 서비스조정을 지역사회 내에서 공식적 혹은 비공식적 방법으로 다양하게 이루어지게 된다. 클라이언트에게 다양한 자원이 연계되는 과정에서 사례관리자는 지역사회 내 연계가 잘 확립되도록 지원하게 되며, 다양한 기관에서 지원되는 서비스 조정이 원활하게 이루어지는지를 확인해야 한다. 서비스조정이 잘 이루어지지 못하는 경우, 기관에 알리고 어떻게 대응해야 하는지에 대한 준비를 해야 한다.

(7) 사후점검 및 관리자

사례관리 대상은 만성적인 문제에 처한 클라이언트가 대부분이다. 서비스 지원과 종결이 반복적으로 이루어지기도 하지만 사례관리 대상자의 상당수가 지적으로 서비스를 지원 받는다. 이처럼 지속적인 지원이 제공되는 사례관리실천의 특성으로 인하여 사후관리의 개념 적용을 어느 수준으로 이해할 것인가에 대하여 명확하지 않을 수 있다. 추적과 사후관리 역할 수행에서 중점이 되어야 할 부분은 클라이언트의 문제가 잘 해결되었는가에 대한 점검일 것이다. 이러한 역할 수행으로 사례관리실천에 필요한 장기적인 지역사회 지원체계를 보다 향상시킬 수 있게 된다.

중심어

탈시설화, 복합적 욕구, 클라이언트의 역량강화, 연계, 조정

연습문제

1. 사회복지실천과 사례관리의 공통점과 차이점을 설명해 보시오.

2. 사회복지실천에서의 사례관리의 필요성과 의의를 설명해 보시오.

CHAPTER

07 사회복지실천의 대상

1. 개인대상 사회복지실천

1) 개인대상 사회복지의 정의

사회복지실천의 대상으로 개인은 원조를 필요로 하고 그에 따른 자신의 욕구를 해결하고자 하는 모든 개인으로서, 가장 포괄적이고 보편적인 대상체계로 볼 수 있다. 그러나 동시에 구체적이고 특수한 대상체계로서의 개인도 있다. 그러니까 모든 개인들에 비해 좀 더 특수한 상황과 그에 따른 특정한 욕구문제를 가진 개인들을 의미한다. 개인 수준에서의 사회복지실천과 그 방법론적 접근은 개별사회사업의 개념 정의를 통해서 이해할 수 있다. 대표적 학자들의 정의를 살펴보면, 리치몬드(Richmond, 1922)는 개별사회사업을 “개별적·의식적으로 개인과 그의 사회환경 간의 조정을 통하여 그 사람의 성격을 발달시키는 과정”으로 정의하였다. 펄만(Perlman, 1958)은 개별사회사업이란 “개인이 사회인으로서의 기능을 수행함에 수반되는 여러 가지 문제를 보다 효과적으로 해결하기 위해 복지기관에서 활용하는 과정”으로 정의하였다. 이러한 정의들을 볼 때 개인을 대상으로 하는 사회복지실천이란 개인에게 영향을 미치게 되는 역기능적 관계들 간의 조정과 적응을 통한 문제해결을 도모하는 원조활동이라고 할 수 있다.

2) 개인대상 사회복지실천의 목적

개별사회사업 고유의 본질적 목적은 개인과 환경의 보다 나은 조화로운 적응에 대한 개인의 능력이나 지역사회의 자원을 활용할 수 있게 하는 것이다. 1950년대 이후, '인간의 존엄성과 사회정의의 실현을 통해 개인의 최적의 삶의 질을 보장하려는 기본목적'을 중심으로 구성되고 있다. 개인의 문제를 사회적 환경 속에서 삶의 문제(problem-in-living)로 이해하고 다양한 수준에 체계적으로 개입할 것을 강조하는 통합적 접근이 등장하면서, 인간과 환경 간의 상호적인 변화를 가능하게 하는 개입 방법에 관심을 갖게 된다.

3) 개인대상 사회복지실천의 구성요소

펄만(Perlman)은 개별사회사업의 실제 내용과 특성을 명확히 하기 위하여 "개별사회사업은 문제(problem)를 가진 사람(person)이 일정 장소(place)에 오는데, 이곳에서는 전문적 대리인이 주어진 과정(process)을 통해 그를 돕는다."라고 하면서 기본적 구성요소로서 4P(person, problem, place, process)와 6P(전문가 professional, 제공물/자원 provisions)를 추가하여 개별사회사업을 고찰하였다.

(1) 사람(Person)

일상생활의 사회적 측면이나 정서적 측면에 있어서 도움을 요하는 개인을 가리키며, 이를 클라이언트라 부른다. 상황 속의 인간'의 중요성을 강조하여 개인뿐 아니라 사회상황과 인간의 상호교류 전체를 파악한다.

(2) 문제(Problem)

어떤 욕구, 장애, 욕구불만, 부적응 등 문제는 사회환경과의 사이에 있어서 조정을 필요로 하는 적응 이상의 상태이다. 여러 가지 욕구, 장애, 욕구불만, 부적응은 이러한 모든 것들이 얽혀서 일어난다고 볼 수 있다.

(3) 장소(Place)

장소는 문제를 가진 개인이 도움을 받기 위해 찾아오는 사회시설 또는 기타 여러 종류의 사회복지 기관을 말한다. 기관의 기본적인 성격은 물질적 원조, 환경의 조성, 상담, 법률지원 및 심리적인 도움을 주는 사회복지의 기능을 수행하는 장소이다.

(4) 과정(Process)

과정은 사회복지사와 클라이언트 간에 전문직업적 대인관계를 매개로 하여 도와주는 문제해결과정이다. 대인관계는 문제해결에 유익하도록 원조를 전문적으로 필요로 하는 사람인 클라이언트와 다양한 지식과 기술에 의해 전문적인 원조를 제공하는 사회복지사 간에 행해지는 일련의 문제해결을 말한다.

(5) 전문가(professional)

클라이언트의 문제를 해결하기 위해 사회복지사는 전문적 관계를 도구로 활용함과 개인의 적응 변화를 위한 전문적인 역할을 수행한다.

(6) 제공물/자원(provisions)

서비스를 제공함에 있어 필요한 자원연결이나 물품을 말한다.

4) 개인대상 사회복지실천의 특징

개인의 가치와 존엄성을 중시하는 이념으로 클라이언트체계의 특징으로서, 개인 대상의 사회복지실천은 일인의 클라이언트체계를 중심으로 개별 클라이언트가 갖는 문제에 초점으로 두고 개별화된 원조과정을 진행하는 특징이 있다.

곧 클라이언트의 문제를 해결하기 위해 클라이언트와 사회복지사와의 전문적 관계를 도구로 활용함과 개인의 적응 변화를 위한 다양한 모델과 개입방법을 활용하는 것이다. 개인의 성격발달 및 사회적 기능향상의 도모를 목적으로 하고 활동에 필요한 전문적 지식과 기술방법이 필요하다.

이러한 개인을 대상으로 하는 사회복지실천의 특징은 다음과 같다.

- 개별사회사업의 대상은 문제를 가진 개인과 가족까지 포함한다.
- 사회사업의 주체자는 문제에 대한 과학적 지식과 전문적 기술을 가진 전문가이다.
- 그 방법은 대상에 따라 달라지는 개별적(case by case)인 것이다.
- 개별사회사업은 성격의 성장, 발달과 환경에의 적응을 다루는 의식적인 노력이다.
- 개별사회사업은 워커와 클라이언트 간 인간관계를 중요시하는 협동적인 활동이다.
- 개별사회사업은 과정(process)이며 예술이다.
- 예방보다는 치료적 입장에서 문제해결 및 재조정을 중요시한다.
- 개인과 그의 환경과의 상호작용을 중요시 하는 개인의 내면강화와 환경조정을 한다.
- 클라이언트의 주체성을 인정한 측면에 도움이다.
- 기관의 기능을 중시한다.

(1) 의사소통기술

의사소통이란 둘 또는 그 이상의 사람들이 사실, 생각, 의견 또는 감정의 교환을 통해 공통적인 이해를 얻고 수용자(듣는 사람)의 의심이나 태도 또는 행동에 변화를 일으키는 언어행동을 뜻한다.

① 언어적 의사소통

언어적 의사소통은 구두에 의한 의사소통과 문서에 의한 의사소통으로 구분할 수 있다. 구두에 의한 의사소통이란 말을 수단으로 하는 의사소통으로 대부분의 사람들 간의 대면을 통해 이루어진다. 특히 문서에 의한 의사소통이란 편지, 게시판, 핸드폰 문자, 메모 등을 통한 의사소통으로 보존성과 정확성이 높고, 한 번에 많은 양을 전달할 수 있다는 장점이 있는 반면, 피드백이 어렵고 표현의 한계가 있으며 상대방이 전달 받았는지에 대한 확인이 어려우며, 비밀누설이 잘 될 수 있다는 단점이 있다.

② 비언어적 의사소통

언어적 의사소통을 제외한 나머지 수단으로서의 의사소통을 말한다. 사람 간 이루어지는 의사소통에서 비언어적 의사소통이 차지하는 비중이 매우 높다고 할 수 있다. 비언어적 의사소통은 상징적 언어, 물리적 언어, 신체적 언어, 신체접촉, 공간적 거리감 등으로 이루어져 있다.

2. 가족대상 사회복지실천

1) 가족에 대한 이해

가족을 연구하는 학자들마다 강조하는 점이 약간씩 다르지만, 가족에 대한 정의를 사전적 정의에서 보면, 가족은 대체로 혈연이나 결혼, 입양 등으로 관계되어 같이 생활하는 사람들의 집단(공동체) 또는 그 구성원을 말한다. 집단을 말할 때는 가정이라고도 하며, 그 구성원을 말할 때는 가구라고도 한다.

가족을 대상으로 한 실천이 다른 분야와 다른 점은 그 대상이 개인이 아닌 가족 전체라는 것으로 가족의 행복이나 안녕을 보장하기 위한 사회적 정책이나 행정, 서비스로 가족을 통합시키고 가족문제의 예방과 해결에 목적이 있다(이광재, 2019).

2) 가족의 주요 개념

가족은 인간의 성장과 발달에 필요한 것을 가르치고 양육하는 일차적인 집단이며 공동주거, 경제협력과 인정받는 성관계와 출산의 기능을 하며 최소한 성인 남녀와 그들의 자녀로 구성된 단위이다. 확대가족, 한부모가족, 혈연, 입양, 공동체가족, 등 결혼으로 제한되지 않은 다양한 가족형태가 있다. 가족은 여러 가지 기능을 하는 하나하나의 체계로서 균형을 유지하려는 자기조정 능력을 갖고 있고 물리적, 심리적 공간을 점유하는 개인들의 집합체 그 이상이다.

(1) 가족체계

가족체계란 가족을 하나의 체계로 볼 때 가족 안에는 다양한 하위체계가 존재하며 고유한 규칙과 기능 그리고 일정한 위계질서가 존재한다. 개인은 가족의 하위체계이며 부부하위체계, 부모하위체계, 부모자녀하위체계, 형제하위체계로 구성된다. 각 개인은 가족의 다양한 하위체계에 속하는데, 각 하위체계에서 권력과 역할을 가지며 고유 기능을 수행하게 된다.

(2) 가족구조

사회가 유기체처럼 상호의존하는 여러 부분으로 되어 있고, 각 부분은 사회 전체가 유지될 수 있도록 각기 기능을 수행한다는 것이다.

가족의 구조와 기능에 따른 문제들을 살펴보면 다음과 같다.

- 밀착된 가족: 가족구성원간의 독립과 자율이 결여되어 가족 간의 상호작용이 밀착되어 서로에 대한 간섭이 심하다.
- 유리된 가족: 가족구성원간의 경계가 경직되어 상호작용이 이루어지기 어려움을 서로에 대해 무관심하고 냉담하다.
- 패쇄된 가족: 가족경계가 침투력이 없어 외부와의 상호작용이 거의 없다.
- 방임된 가족: 가족외부와의 구분이 없으며 외부와의 교유에 제한이 없다.

• 대칭적 가족: 한가족구성원의 행동이 다른 가족구성원에게 영향을 주는데 서로 대칭적 관계로 힘겨루기를 하게 되면 상승작용으로 갈등이 더 심해진다.

3) 가족생활주기

(1) 가족주기의 정의

가족주기는 한 인간이 태어나서 성인까지 성장해 가듯이 결혼을 통해 형성된 가족도 시간에 따라 성숙하고 발전해 나간다, 이와 마찬가지로 한 개인이 결혼과 출산을 통해 가족을 이루고 그 가족 구성원이 성장해서 다시 또 다른 가족을 이루는 성숙과 발전의 과정에서 가족의 형성부터 해체까지의 변화를 가족주기라고 한다.

이런 경과에 따른 가족 내의 발달적 경향을 묘사하기 위하여 일반적으로 가족주기를 성장으로 보고 사티어(Satir)를 비롯한 많은 가족치료자들은 가족주기는 정체된 것이 아니라 계속해서 변화되고 있다고 정의할 수 있다.

(2) 가족생활주기의 개념 및 특징

가족생활주기란 시간의 경과에 따라 가족의 생활이 변화하는 것으로 결혼, 자녀출생, 자녀출가, 빈둥지시절, 배우자사망, 본인사망 등 일련의 가족생활사건을 단계적으로 경험하면서 가족생활을 유형화할 수 있다는 점에서 의미를 가진다.

결혼을 통하여 가족이 형성된 순간부터 자녀의 출산이나 성장, 독립, 은퇴, 배우자 사망 등에 이르기까지 가족구조와 관계상의 발달 및 변화를 가족생활주기라고 한다.

가족생활주기는 인간의 생애주기와 마찬가지로 가족생활에도 탄생에서 소멸까지의 단계가 있고 이들 단계마다 성취해야 할 과업이 있다는 것을 전제로 한다.

가족주기는 가족유행에 따라 달라진다. 한부모가족, 재혼가족 등 가족 유행에 따라 그 가족의 생활주기는 달라지며 그에 따라 발달 과업도 달라진다.

가족생활주기에서 각 단계의 기간이나 내용, 발달과업은 가족마다 서로 다르다. 부부의 연령, 자녀의 출산시기 및 자녀의 수, 자녀의 독립시기 부부의 은퇴나 사망 등에 따라서 달라진다.

사회적 변화에 따라 가족주기에도 변화가 발생하고 있다. 자녀수의 감소로 인해 첫 자녀부터 막내까지 독립시키는 기간은 과거에 비해 짧아지고 있으며 청년실업 등으로 자녀의 결혼연령이 높아지면서 자녀가 독립하는 시기는 늦어지고 있다.

(3) 가족생활주기의 단계

가족생활주기란 시간의 경과에 따라 가족의 생활이 변화하는 과정으로 가족생활주기는 일반적으로 결혼, 자녀출생, 자녀출가, 배우자 사망, 본인사망 등 일련의 가족생활사건을 단계적으로 경험하면서 가족이 형성-확대-축소-해체되어 가는 과정을 의미한다(길귀숙 외, 2018). 가족생활주기는 시간의 흐름에 따라 가족성장과 변화과정을 단계별로 고찰하여 각 단계별 문제점을 파악하고 가족생활의 흐름을 이해할 수 있도록 여러 학자에 의한 가족생활단계를 다양하게 구분하고 있지만 본서에서는 카트와 맥골드릭(Carter & McGoldrick)에 의한 가족생활주기 단계별로 제시하면 다음과 같다.

표 7-1 카트와 맥골드릭(Carter & McGoldrick)과 한국인구보건연구소

카트와 맥골드릭(Carter & McGoldrick: 3세대)			한국인구 보건연구소	
단계	주기	발달과업	단계	발달과업
1	결혼 전기	1) 원가족으로부터 분화 2) 이성과의 친밀한 관계 발달 3) 일과 재정적 독립 확립		
2	결혼	1) 부부체계를 형성	1	형성기: 결혼

<table>
<tr><th colspan="3">카트와 맥골드릭(Carter & McGoldrick: 3세대)</th><th colspan="2">한국인구 보건연구소</th></tr>
<tr><td></td><td>적응기</td><td>2) 배우자 및 확대가족
3) 친구와의 관계 재정비</td><td></td><td>첫 자녀 출생</td></tr>
<tr><td>3</td><td>자녀
아동기</td><td>1) 부부체계에서 자녀공간
2) 자녀 양육, 재정, 가사공동참여
3) 부모, 조부모, 확대가족 재정비</td><td>2</td><td>확대기: 첫 자녀
~ 막내출생</td></tr>
<tr><td>4</td><td>자녀
청소년
기</td><td>1) 청소년 부모-자녀관계 변화
2) 중년기 부부 결혼 및 진료문제
3) 노인 돌봄 준비 시작</td><td>3</td><td>확대 완료기: 막내출생
~자녀 결혼시작</td></tr>
<tr><td>5</td><td>자녀
독립기</td><td>1) 부부체계 관계 조정
2) 성인대 성인으로 발전(결혼)
3) 사위 며느리 손자 관계 형성
4) 부모, 조부모 무능력 죽음대처</td><td>4</td><td>축소기: 자녀결혼 시작
~ 자녀결혼 완료</td></tr>
<tr><td rowspan="2">6</td><td rowspan="2">노년기</td><td rowspan="2">1) 신체적 쇠퇴, 부부기능 관심사
2) 다음 세대 중추역할 기원
3) 자신의 지혜와 경험 활용
4) 죽음 대처와 자신의 죽음 준비
5) 삶을 되돌아보며 통합</td><td>5</td><td>축소 완료기: 자녀결혼완료
~ 남편사망</td></tr>
<tr><td>6</td><td>침체기</td></tr>
</table>

출처: 한국인구보건연구소(2021).

(4) 가족주기의 변화

• 가족주기에 진입하기 전까지의 기간이 길어지고 있다.

현대사회로 접어들면서 초혼 연령이 높아짐에 따라 가족주기에 진입하기 이전 기간이 길어지고 있다.

• 결혼부터 막내자녀 출산 전까지의 기간이 짧아지고 있다.

결혼 연령이 높아지고 출산자녀수는 많지 않기 때문에 결혼부터 막내자녀 출산 완료까지의 기간은 짧아지고 있다.

• 빈둥지 기간이 길어지고 있다.

평균수명이 연장됨에 따라 막녀 자녀 결혼 이후의 시기부터 배우자 사망까지의 기간이 길어지고 있어 노부부만 남는 빈 둥지 기간이 길어지고 있다.

한쪽배우자 사망에서 남은 배우자 사망에 이르는 기간이 길어지고 있다.

가족주기의 최종단계인 한쪽배우자 사망에서 남은 배우자 사망에 이르는 기간이 길어지고 있다. 남편에 비해 아내의 평균수명이 길어서 남편사망 후 아내사망에 이르는 기간이 길어진다.

(5) 가족대상의 실천의 이해

① 초기단계

- 초기 면담과 사정, 계획이 이루어진다.
- 가족대상 실천 초기단계의 과업, 가족과의 관계 형성, 가족의 문제 및 욕구 확인한다.
- 클라이언트와 라포를 형성하는 것처럼 가족과 신뢰관계를 수립해야 한다.
- 가족이 합류하는 것인데 가족에게 관심을 보이고 가족의 이야기를 경청하고 공감하여 사회복지사가 가족을 외부인으로 평가하고 자신의 가족을 문제가 있는 가족으로 보는 불안을 감소시킨다.
- 특정한 가족성원과 관계를 맺거나 관심을 쏟지 말고 가족성원 모두와 관계를 맺는다.
- 가족의 문제와 욕구를 확인할 때 특정성원이 문제 유발자 혹은 원이이라고 보지 않아야 하며 가족성원 모두의 이야기를 듣는 것이 중요하다.

② 중기단계

계획된 사항이 실행된다. 주로 가족치료 기법이 사용된다.

③ 종결단계

개입을 종결하고 가족대상 실천의 결과에 대해 평가한다. 일반적인 사회복지실천 및 평가과정을 통해 이루어진다.

4) 가족대상 사회복지실천 접근

가족치료는 가족체계관점에서 가족구성원의 역기능은 그 개인의 문제가 아니라 가족 전체의 역기능이며, 그 구성원은 단지 '가족의 문제를 지니고 있는 사람'으로 간주된다. 문제의 심각성 내지 개입의 수준 및 방법에 따라 가족치료를 구분할 수 있다.

(1) 미누친의 구조적 가족치료

가족구조(Family structure)는 가족 구성원이 상호 작용하는 방식을 조직화하는 하나의 보이지 않은 기능적 요구나 가족 간의 상호작용방식과 연속성, 반복, 예측되는 가족행동 등을 조직한다는 것을 의미하고 가족구조는 추상적 개념이므로 가족 간의 인간관계의 규칙은 가족의 행동에서 비롯되는 실제적인 상호작용을 관찰함으로서 유추할 수 있다.

① 구조적 가족치료의 특징

구조적 가족치료는 가족문제가 기인한 내적인 원인 때문이 아니라 가족구성원들 간의 상호작용 즉 가족구조 내의 문제나 생태적 환경과의 관계에 의한 것이기 때문에 가족구조의 재조직화를 통해 가족의 문제를 해결해야 하는 입장으로 가정에서 표출되는 문제의 이면에 숨어 있는 가족구조 또는 가족조직의 파악이 강조된다. 가족문제는 부적절한 가족구조에서 비롯된 것으로 하위가족 간의 경계가 너무 경직되어 있거나 지나치게 밀착되어 있는 것과 세대 간의 권위나 책임 위계질서의 불분명 가족 하위체계 간의 불건전한 동맹과 분절, 우회 등의 가족체계의 전체성, 가족 위계구조의 영향, 가족 하위체계의 상호의존성 등으로 나타난다.

② 주요 개념

하위체계란 가족을 하나의 체계로 볼 때 가족 안에는 다양한 하위체계가 존재하며 고유한 규칙과 기능 그리고 일정한 위계질서가 존재한다. 개인은 가족의 하위체계이며 부부하위체계, 부모하위체계, 부모자녀하위체계, 형제하위체계로 구성된다. 각 개인은 가족의 다양한 하위체계에 속하는데, 각 하위체계에서 권력과 역할을 가지며 고유 기능을 수행하게 된다. 경계선이란 가족과 가족 내 하위체계의 자율성과 구별성을 보호하는 역할로 명료한 경계선, 모호한 경계선, 경직된 경계선 등으로 구분된다. 가족 내의 권력 및 책임과 관련이 있으며 효율적인 위계구조를 가지며 외부환경과의 경계선으로 밀착된 가족과 유리된 가족과 경계 성격에 따른 개방형가족, 폐쇄된 가족, 방임형 가족 등으로 구분할 수 있다.

(2) 사티어의 경험적 가족치료

경험적 가족치료는 가족 내에서 가족구성원들이 자신들의 감정과 생각을 솔직하고 자유롭게 표현할 수 없을 때 가족문제가 발생한다고 보는 데서 출발한다.

① 경험적 가족치료의 특징

경험적 가족치료는 현재의 경험에 초점을 두어 가족과 전문가의 상호작용이나 경험의 변화를 통해 성장할 수 있는 경험을 갖게 하거나 충분한 감정표현의 기능적 의사소통과 역기능적 의사소통의 기회제공이 성장의 계기를 제공할 수 있다고 보는 입장이다.

② 주요 개념

경험적 가족치료는 지금-여기에서의 경험을 중시하는 인본주의 심리학에서 시작되었으며 가족 고유의 갈등과 행동 양식에 맞는 경험을 가족에게 제공하고자 한다. 경험적 가족치료사는 가족의 결속과 바람직한 의사소통을 강조함으로써 가족 구성원이 각자 자신의 감정과 욕구에 민감하게 가족과 공유하며, 다양한 감정인 비일치형 의사소통(역기능적) 유형을 일치형 의사소통(기능적)으로 전환하는 대화로 소통하는 개념이다.

- 일치형 의사소통: 기능적 의사소통으로 언어적 메시지와 비언어적 메시지가 일치하는 의사소통 유형으로 내용과 내적 감정이 일치한다.

- 비난형 의사소통: 역기능적 의사소통으로 비난형은 타인을 무시하고 자기주장이 강하고 독선적이며 지시적이지만 내면으로 외롭고 비성공적 감정이다.
- 회유형 의사소통: 역기능적 의사소통으로 자신의 내적 감정이나 생각을 무시하고 타인의 비위를 맞추려는 성향을 보인다.
- 초이성형 의사소통: 역기능적 의사소통으로 자신과 타인을 모두 무시하고 상황만을 중시하며 규칙과 옳은 것만을 절대시한다.
- 주의산만형 의사소통: 역기능적 의사소통으로 아무도 상관하지 않고 현재 있는 곳이 적절하지 않다고 생각하며 말과 행동이 일치하지 않는다.

(3) 보웬의 다세대 가족치료

① 다세대 가족치료의 특징

보웬의 다세대 가족을 3세대 이상으로 보아 다세대적 분석을 기반으로 한다. 현재 가족문제를 파악하고 과거와 세대를 거쳐 내려오는 가족과정과 세대의 가족구성, 형제순위, 가족형태를 통해 가족의 문제 및 가족관계의 개입을 하는 것이다.

② 주요 개념

보웬의 가족치료이론에 포함된 주요 개념은 자기분화, 삼각관계, 핵가족 정서체계, 가족투사과정, 정서적 단절, 다세대 전수과정, 형제자매 위치, 사회적 정서과정 등 구성된다. 주요 개념들을 좀 더 구체적으로 살펴보면 다음과 같다.

표 7-2 보웬의 다세대 가족치료의 주요 개념

개 념	내 용
자기분화	보웬이론의 핵심개념으로 가족을 감정적으로 얽혀 있는 감정의 덩어리로 보았으며 한 개인의 분화는 그 부모가 원가족으로부터 정서적으로 얼마나 분리, 독립했는가에 따라 영향을 받는다. 개인 내적인 측면에서의 자기분화란 사고와 감정을 얼마나 분리할 수 있는가를 의미하며 대인 관계적 측면에서의 자기분화는 자신과 타인을 분리시켜 기능할 수 있는 능력을 의미한다.

개 념	내 용
삼각관계	세 사람 사이의 관계가 역동적 균형을 가지고 있음을 의미하는 것으로 두 사람이 자신들의 정서적 문제에 또 다른 한 사람을 끌어들이는 형태를 기술하는 개념이다. 두 사람이 갈등이 생길 때 제3자가 들어오면 서로 화해를 시키거나 또는 두 사람의 갈등을 대신 짊어짐으로써 갈등이 줄어들게 된다.
핵가족 정서체계 (미분화)	한 세대의 가족 내에서 그들만이 공유하고 있는 공통적인 정서가 강하게 결속되어 가족 간의 분화가 잘 이루어지지 않은 정서적인 힘을 말하며 핵가족 내에서 한 가족원이 다른 가족원들에 비해 신체적이거나 정서적으로, 사회적으로 역기능의 증상을 나타낸다.
가족투사 과정	부모가 자신의 미분화를 자녀에게 전달함으로써 세대를 걸쳐서 미분화가 진행되며 분화수준이 낮을수록 부모가 가진 불안이 높고 불안의 일부를 자녀에게 투사할 확률이 크기 때문에 부모의 투사를 받는 자녀는 부모와 밀착된 공생관계를 갖게 된다.
형제순위	형제순위에 관한 연구를 가족체계이론으로 통합한 것이며. 개인의 성격은 그가 성장한 원가족 내에서 자녀들이 가지고 있는 출생순위는 부모들의 기대수준과 관련이 있다

(4) 해결중심 가족치료

해결중심 가족치료는 문제가 해결된 상황에 초점을 두고 해결책을 구축하는 접근법으로 이론에 기초한 것이 아니라 실용적인 해결방법에 중점을 두는 해결중심 가족치료의 기본철학은 문제해결을 위해 치료사가 해결책을 만들고 해결중심치료에서는 치료를 받으러 오는 사람은 이미 효과적으로 행동할 수 있는 능력을 갖춘 사람이다.

해결중심 단기치료는 내담자가 자신들의 문제에 대한 해결책을 가지고 있다는 것을 기본전제로 하여 문제의 원인보다는 내담자가 원하는 해결이 무엇인가에 초점을 두어 단기간 내에 해결할 수 있는 치료 모델이다. 구체적인 해결중심 가족치료의 특징과 주요 개념을 살펴보면 다음과 같다.

① 해결중심 가족치료의 특징

클라이언트는 문제를 해결할 수 있는 힘과 자원을 이미 가지고 있는 존재로 보고 문제의 원인 혹은 문제 내용의 규명이 아니라 해결책의 구축에 초점을 둔다.

클라이언트의 장점과 자원을 활용하여 작은 변화부터 시도하는 손쉬운 해결책과 성공적 경험을 중심으로 과거보다는 현재와 미래에 관심을 갖고 저항의 개념을 사용하지 않으며 진심으로 변화를 원하는 과정이다.

② 주요 개념

해결중심적 단기가족치료의 과정은 치료자의 질문에서 시작해 질문으로 끝난다고 해도 과언이 아닐 정도로 질문이 중요하기 때문에 어떻게 질문하느냐가 치료 효과의 성패를 좌우한다. 해결중심적 단기가족치료에서 중점적으로 사용하고 있는 대표적인 다섯 가지 질문기법으로는 치료면담 전 변화에 관한 질문, 예외를 찾기 위한 질문, 기적에 관한 질문, 척도를 통한 질문, 대처방안에 관한 질문 등이다.

3. 집단대상 사회복지실천

1) 집단대상 사회복지실천의 이해

(1) 집단대상 사회복지실천의 정의

개별사회사업 및 기타 방법들과 더불어 사회복지실천에서 사용되는 전문사회사업의 한 방법체계이고, 집단대상 사회복지실천의 모체는 집단이며 그 집단 내에서 상호관계를 가진 개인 성원들을 대상으로 한다. 사회구성원들의 사회적 기능을 촉진시키고 사회적으로 바람직한 목표를 달성하기 위해서 두 사람 이상의 집단 내에 있는 사람과 함께 행하는 전문적 실천방법을 수행하는 사회복지사의 계획된 목표지향적 활동이다.

(2) 집단대상 사회복지실천의 특성

사회사업기능의 수행을 위해 사용되는 전문사회사업의 한 방법론이다. 집단경험과 집단역할을 중시하여 목표는 개인의 사회적 기능을 향상시키는 것이며, 이를 위해 개인들의 문제를 집단을 매개로 해서 민주시민으로서의 성장·발달을 도모하고자 한다.

2) 집단의 유형

(1) 지지집단

지지집단은 성원들이 스트레스를 주는 생활상의 사건을 잘 대처하고 효과적으로 적응할 수 있도록 원조하는 데 목적을 둔다. 지지집단에서 사회복지사의 역할은 자조 및 상호원조를 통해 대처기술을 향상시키도록 동기화시키며 미래에 대한 희망을 촉진시키는 것이다.

지지집단의 성원은 대개 유사한 문제나 경험을 갖고 있어서 유대가 빨리 형성되며, 자기표출의 정도가 매우 높다. 경우에 따라서 사회복지사는 지지집단을 직접 지도하지 않으면서 비전문가가 이끄는 자조집단에 자문을 주는 형태의 간접적인 원조를 제공한다. 이혼한 부부의 자녀집단, 암환자나 그 가족으로 구성되어 질병의 영향과 대처방법을 논하는 집단, 아동양육의 어려움을 함께 나누는 한부모집단, 정신병원에서 퇴원하여 지역사회에서의 적응을 다루는 집단 등이 있다.

(2) 교육집단

교육집단의 주목적은 성원들의 지식, 정보, 기술의 향상에 있다. 집단성원은 학습에 대한 공통의 관심사를 가진 사람들로 구성되며, 사회복지사는 성원의 지식, 기술, 경험 등을 고려하여 모든 성원이 최상의 학습효과를 얻도록 해야 한다.

주로 강의를 중심으로 구조화되므로 성원들의 자기표출은 비교적 낮은 편으로 집단의 예로 성교육을 받는 청소년집단, 예비부모교육을 받는 미혼 성인집단, 위탁가정의 부모가 되려는 집단, 특정 약물이나 질환에 대해 정보를 획득하는 집단이 있다.

(3) 성장집단

성장집단의 목적은 성원들에게 자신과 타인에 대해서 그들의 생각, 감정, 행동을 인식, 확장, 변화시킬 수 있는 기회를 통하여 자신의 잠재력을 최대한 발휘할 수 있도록 하는 데 있다.

성장집단은 사회심리적 병리를 치료하기보다는 사회심리적 건강을 향상시키는 데 초점을 두며, 자신의 성장기회로 집단을 활용하려는 사람들에 의해 구성된다. 따라서 집단은 성원들이 통찰력을 얻을 수 있고 새로운 행동을 시험해 볼 수 있으며 피드백을 얻고 성장할 수 있는 지지적인 분위기여야 한다.

성장집단의 결속력은 성원들이 잠재력을 발전시키도록 서로 도와주려는 가운데 발달한다. 성장집단은 특성이 다양한 성원으로 구성되는 경우 이질성 그 자체로 성장을 강화할 수 있으며, 유사한 특성을 가진 성원으로 구성되는 경우 성원간의 감정이입과 지지를 증가시킬 수 있다. 성장집단에서 자기표출의 정도는 높은 편이다. 부부를 위한 참만남집단, 청소년을 위한 가치명료화 집단, 여성을 위한 의식고양집단, 은퇴 후의 삶에 대해 초점을 맞추는 노인집단이 대표적인 예이다.

(4) 치료집단

치료집단의 목적은 성원들의 행동변화, 개인적인 문제의 개선, 상실된 기능의 회복을 원조하는 것이다. 대개 집단성원은 전문가에 의해 치료집단이 적합한지 사정된 후 공통의 문제를 겪고 있는 클라이언트들로 구성된다. 치료집단에서 사회복지사는 전문가, 권위적인 인물 또는 변화 매개자로서의 역할을 수행하게 되며, 집단의 공동목적 내에서 개별성원의 목적을 구체적으로 수립하여 이를 달성하도록 원조한다.

금연을 원하는 사람들의 집단, 초범자로 보호관찰 처분을 받은 청소년집단, 약물중독으로 치료를 받는 집단이다.

(5) 사회화 집단

사회화 집단은 사회적 관계에 어려움을 가지고 있는 클라이언트를 중심으로 사회생활에 효과적으로 기능하기 위해 필요한 사회기술을 학습하거나 사회적으로 받아들여지는 행동 형태를 배우는 데 목적을 두고 있다. 사회화 집단은 게임, 역할연습, 레크리에이션 활동 등의 특정 프로그램 활동에 참가하여 결속력을 발전시키며 대인관계 기술을 향상시킨다.

사회화 집단은 자치집단과 여가집단으로 분류할 수 있는데, 가치집단은 정신병동이나 시설에서 생활하는 사람들이 치료적 공동체에서 자신들의 역할, 책임, 권리 등을 분명히 할 수 있도록 하는 집단이다. 여가집단은 스카우트활동, 캠핑, 스포츠 활동 등에서 근원을 찾을 수 있다. 여가는 그 자체가 목적에 이르는 수단이 되기도 한다.

3) 집단을 대상으로 한 사회복지실천의 장점

(1) 희망주기(희망증진)

집단성원들은 자기와 비슷한 문제를 겪었으며, 또한 문제가 경감되고 회복된 사람들을 만남으로써 회복에 대한 기대가 높아진다. 이렇게 집단성원들의 문제가 조금씩 해결되는 것을 보면서 클라이언트는 자신의 문제도 개선되고 해결될 수 있다는 희망을 갖게 된다. 이를 희망주기라고 하며 희망은 그 자체가 치료적 힘이 있다.

(2) 보편성

일반적으로 유사한 문제나 어려움을 가진 집단성원을 보면서 나 혼자만의 문제가 아니라 누구에게나 문제가 생길 수 있다는 생각을 갖게 된다. 즉, 자신의 문제와 자신의 상황은 누구에게나 일어날 수 있는 보편적인 것임을 알게 된다. 집단성원들은 서로 자신들이 비슷하다고 인식하고, 관심을 공유함으로써 이에 수반되는 감정의 정화, 다른 집단성원에 대한 절대적인 수용으로부터 도움을 받게 된다.

(3) 정보전달

집단지도자의 교육 내용이나 집단성원들이 제시하는 제안, 충고, 조언 등을 들으면서 집단성원들은 새로운 지식과 기술 등 정보를 습득할 수 있게 된다. 이러한 정보는 집단성원이 자신의 문제에 대해 명확하게 이해하는 데 도움을 준다.

(4) 이타주의

집단성원들이 서로 도움을 주고받는 과정에서 자신도 누군가에 도움을 줄 수 있음을 알면서 느끼는 감정을 이타주의라고 한다. 이를 통해 집단에 참여하는 성원들은 자기 중심적 사고에서 벗어나 타인에 대한 관심과 배려를 경험하고 그러한 삶의 태도를 배울 수 있다.

(5) 사회기술 발달

다양한 사람들과 모여서 대화를 하고 상호작용함으로써 다양한 사회기술이 개발된다. 집단은 성원들이 사회기술을 습득하고 이를 발달시킬 수 있는 안전한 장소이다. 집단성원끼리 혹은 성원과 집단지도자가 피드백을 주고받거나 역할극 등을 통해 학습된다.

(6) 모방행동

집단에 참여함으로써 타인의 행동을 통해 새로운 행동을 습득하게 되는 효과가 있는데 이러한 치료적 효과를 모방행동이라고 한다. 즉, 집단성원과 집단사회복지사의 행동을 통해 새로운 행동을 학습하게 된다. 다른 사람들의 행동을 관찰하는 과정에서도 치료적 효과를 얻을 수 있다.

(7) 대인관계 학습

집단은 성원들에게 새로운 대인관계 방식을 적용해 보거나 시험해 보는 경험을 제공한다. 이렇게 집단성원과의 상호작용을 통해 자신의 대인관계에 대해 통찰력을 갖게 된다.

(8) 집단응집력

집단응집력은 집단성원이 다른 성원에 대해 갖는 매력과 집단 전체에 갖는 매력이다. 집단응집력이 형성되면 집단성원들은 서로 친밀감을 느끼게 되어 집단에 더욱 적극적으로 참여하게 되고 자신의 문제해결에도 적극적인 태도를 취하게 된다.

(9) 감정의 정화

집단 내의 비교적 안전한 분위기 속에서 집단성원은 그동안 억압된 감정을 자유롭고 안전하게 표현할 수 있다. 이렇게 자신의 문제에 대한 불안, 걱정, 두려움 등의 감정을 표현하면서 그 표현에 대해 수용받고 수용하는 경험을 통해 감정이 정화되는 경험을 하게 된다. 그렇게 함으로써 집단성원은 자신의 문제를 보다 객관적으로 해결할 수 있는 힘을 얻게 된다.

(10) 실존적 요인

집단성원과의 경험 공유를 통해 각 성원은 비록 다른 사람들의 지지가 매우 도움이 될지라도 자기 삶에 대한 궁극적인 책임은 자기 자신에게 있음을 점차 깨닫게 되는 효과이다. 집단성원은 자신이 다른 사람으로부터 받을 수 있는 지도와 지지에는 한계가 있다는 것을 알게 되면서 자신의 인생에 대한 궁극적인 책임은 바로 자신에게 있다는 것을 인식하게 된다.

(11) 1차 가족집단의 교정적 재현

집단은 가족과 유사한 점이 많다. 집단성원 및 집단지도자와의 관계는 부모나 형제자매들과의 상호작용을 재현하게 되는데, 이 과정에서 가족에서 경험했던 문제를 해결할 수 있는 방법을 탐색하고 도전할 수 있게 된다. 이러한 집단에서의 상호작용은 1차 가족집단에서 해결되지 않은 자신의 가족 갈등에 대해 탐색하기도 하고 새롭게 교정할 수도 있다.

4) 집단대상 사회복지실천의 원칙

(1) 개별화 원칙

집단 전체가 지닌 욕구, 집단의식을 증진하고 성원 각자의 개성을 존중하고 집단성원 상호 간의 관계를 존중해야 한다.

(2) 수용의 원칙

집단성원 각자가 여러 태도, 행동, 감정을 표현하고 어떤 가치관을 가졌다 하더라도 그 사람을 있는 그대로 인정하고 받아들이는 것이다.

(3) 참가의 원칙

참가의 원칙은 매우 중요하다. 성원 각자에게 참가의욕을 갖게 하고 참가를 촉진하기 위해 집단성원의 흥미와 욕구를 반영할 필요가 있다.

(4) 체험의 원칙

성원은 인간관계를 형성하고 인내를 경험하면서 성취감, 자기발견 등 내적 실감을 하며 이를 통해 성장하는 것이다.

(5) 갈등해결의 원칙

집단 내 갈등이 생겼을 때 갈등으로부터 도피하지 않고, 직면하여 문제를 해결하기 위해 노력하는 과정을 중시하는 것이다.

(6) 규범의 원칙

개인적 욕구가 충족되지 않은 경우 많은 사람에게 상처를 주기도 하고 활동을 저해하기도 하므로 최소한의 규칙, 규범, 기본적 태도에 대한 규정은 필수적이다.

(7) 계속 평가의 원칙

계속적, 연속적으로 집단과정을 분석, 평가하고 그 평가에 기초하여 다음 단계로 이행하는 것이 중요하다.

5) 집단대상 사회복지실천의 접근 방법

(1) 집단대상 사회복지실천 모델

① 사회적 목표 모델

집단사회복지사는 집단 내의 사회의식을 개발하기 위해 영향력 있는 사람으로서의 역할에 중점을 두고 있으며, 사회적 책임의 가치를 심어주고 책임 있는 시민으로서 적합한 행동을 자극하고 강화하는 역할모델로서 기능한다. 또한 이 모델은 민주적 집단과정을 중시하므로 민주주의적 참여를 통한 학습이 가능하도록 집단 내의 민주적 절차를 개발하고 유지하는 사회복지사의 역할도 중시한다.

② 치료 모델

치료 모델은 사회적 기능 수행에 뚜렷한 문제가 있거나 문제 발생의 위험이 높은 개인에게 원조하는 것을 강조하는 임상 모델이다.

치료 모델의 초점은 집단을 통해 개인을 치료하는 것으로, 집단은 개인의 목적을 달성하기 위한 도구 또는 상황이며, 집단구조와 집단과정에서의 변화는 그 자체가 목적이기보다는 목적 달성을 위한 수단이다. 이 모델은 신체적으로나 정서적으로 장애를 가진 사람, 법률상의 범죄자, 격리되거나 소외된 사람을 위하여 교정시설, 병원, 그리고 가족서비스기관 등에서 활용된다.

③ 상호작용 모델

중간 모델 또는 인본주의 모델로도 불리는 상호작용 모델은 개별 성원과 집단 간의 상호관계에 초점을 둔다. 이 모델에서는 집단 활동 이전에 구체적인 목표를 정하지 않으며, 목표 설정은 사회복지사와 집단성원 간의 상호관계 속에서 이루어지는 집단작용의 본질적인 부분으로 인식된다.

표 7-3 집단대상 사회복지실천 모델

구분	사회적 목표 모델	치료 모델	상호작용 모델
목적	보다나은 민주사회 건설	개개인의 사회적응 향상	개인과 사회의 조화
목표	소속감 증대, 민주적 참여	집단상호작용 활용	적정 수준의 적응과 사회화 성취
개입 장소	인근 지역사회복지관	임상기관	임상기관, 사회복지관
회원	개방형, 누구나 친구	전문가의 통제	전문가, 회원 동의
초점	개인의 성숙과 민주시민 역량 개발	개인적인 역기능 변화	성원간의 자조상호 원조 체계

6) 집단대상 사회복지사의 역할과 기술

(1) 집단대상 사회복지사의 역할

① 조성자

조성자의 역할은 모든 개입 역할에서 가장 중요하다. 조성자로서의 사회복지사는 성원들이 목적 달성과 관련된 계획과 활동에 대한 자신의 감정과 관심사를 표현하도록 격려한다. 또한 성원들의 집단 활동에 대한 반작용을 탐색한다. 목적 달성을 위해서 성원들 자신들의 장점과 자원을 활성화시키도록 원조하는 역할도 포함된다.

② 중개자

중개자의 역할을 수행함에 있어서 사회복지사는 성원들이 목적을 달성하는 데 활용할 수 있는 지역사회의 자원을 파악하여 집단성원에게 알려주며, 서비스를 이용할 수 있는 자격이나 조건에 대해서도 정보를 제공한다. 집단성원이 필요한 서비스를 받도록 타기관에 의뢰하는 활동 역시 중개자의 역할에 해당된다.

③ 중재자

중재자로서의 사회복지사는 집단 내 성원 간 또는 조직 간에 일어나는 분쟁, 갈등, 그리고 상반되는 관점 등을 해결할 수 있도록 원조하는 역할을 한다. 사회복지사는 건설적이고 개방적인 의사소통을 통하여 쌍방이 받아들일 수 있는 합의나 타협점을 찾도록 한다.

④ 옹호자

옹호자의 역할에는 충족되지 못한 욕구를 지역사회나 기관이 알도록 하여 새로운 서비스나 자원을 개발하는 것을 원조하고, 현재의 상태나 규칙을 변화시키기 위하여 대항자의 역할을 하는 것 등을 포함한다.

⑤ 교육자

교육자로서의 사회복지사는 성원들에게 문제해결에 필요한 새로운 정보를 제공하고, 새로운 행동을 보여주거나 행동모델이 되며, 문제 상황에서 어떻게 해야 할지를 배울 수 있도록 역할 연습을 제시한다.

(2) 집단대상 사회복지사의 기술

집단대상 사회복지사의 기술은 개인을 대상으로 하는 사회복지 실천에서 사용하는 기술과는 다른 측면을 가지고 있다. 토스랜드와 리바스(Toseland & Rivas, 1995)는 집단사회복지사가 실무에서 활용할 수 있는 기술을 집단과정 촉진기술, 자료수집 및 사정기술, 그리고 행동기술로 구분하여 각 범주에 해당하는 기술들을 제시하고 있다.

① 집단과정 촉진기술

집단구성원의 모집 방법, 구성원 수, 집단의 목표설정, 사회복지사의 활동 등 물리적 환경을 고려하여 세부적으로 작성 기술이다.

② 자료수집 및 사정기술

- 확인 및 묘사기술
- 정보요청, 질문 및 탐색기술
- 요약 및 세분화 기술
- 통합기술
- 분석 및 사정기술-소시오그램

③ 행동기술

- 지지와 재구조화 및 재정의
- 성원 간 의사소통의 연계
- 지시와 조언, 제안, 교육
- 자원 제공
- 모델링, 역할 연습, 예행 연습 및 지도
- 직면기술과 갈등 해결

4. 지역사회대상 사회복지실천

1) 지역사회대상 사회복지실천의 정의와 목적

(1) 지역사회대상 사회복지실천의 정의

지역사회 및 가족기능의 변화에 따라 가족과 지역공동체가 지니고 있던 복지적 기능이 약화되고 이를 보완하는 서비스가 사회적으로 필요하게 되었다. 복지욕구가 경제적인 면에서 비경제적인 복지서비스로 옮겨지고 종래의 시설 위주의 복지에서 탈피하여 가정과 이웃과의 정상적 생활 속에서 클라이언트에게 서비스를 제공하는 재가복지서비스가 등장하게 되면서 지역사회의 중요성을 점차 인식하게 되었다.

(2) 지역사회대상 사회복지실천의 목적

지역사회를 하나의 클라이언트체계로 간주하고 클라이언트로서의 지역사회 문제를 해결하고 욕구를 충족시킬 수 있는 사회복지의 목적을 강조한다. 이러한 시각에서 지역사회복지는 지역사회의 문제 및 욕구에 대한 예방 및 해결을 목표로 가지고 지역사회 문제 확인 및 사정, 서비스 계획 및 실행과 평가 등 일련의 합리적 과정을 통해 지역사회에 개입하고자 하는 전문 및 비전문의 사회적 노력을 의미하며 지역사회복지의 예로는 지역사회조직화, 사회계획, 사회행동, 역량강화 등을 들 수 있다.

(3) 지역사회복지의 실천 원칙

지역사회의 원칙이란 지역사회복지 사업을 수행하는 데 있어 올바른 행동에 관한 규칙 즉 무엇이 건전하고 좋은 지역사회복지실천이냐에 관한 가치판단을 의미한다.

지역사회복지실천을 이론적으로 체계화하려는 많은 학자들이 지역사회복지실천을 수행하는 데 지침이 될 수 있는 원칙들을 정립하기 위해 노력하는 맥닐(McNeil)이 제시한 세시한 지역사회복지실천 원칙을 살펴보고자 한다.

▶ 맥닐(McNeil)의 지역사회복지의 실천 원칙

① 지역사회주민과 그들의 욕구에 우선적 관심을 둔다.
② 일차적 클라이언트는 지역사회이다.
③ 지역사회를 있는 그대로 이해하고 수용해야 한다.
④ 지역사회주민의 사회적 복리에 관심을 둔다.
⑤ 지역사회주민의 욕구 및 집단 간의 관계도 계속 변화함을 인식해야 한다.
⑥ 지역사회 내의 사회복지 기관과 단체는 서로 협력해야 한다.
⑦ 지역사회복지실천 과정이 사회복지실천의 한 분야임을 인식한다.

2) 지역사회대상 사회복지의 실천 과정

지역사회복지실천 과정은 지역사회 문제해결 과정이나 지역사회 조직의 단계로 해석, 지역사회가 갖고 있는 상황이나 가치관, 전문성 등을 전제로 하여 사회문제를 해결하는 데 있어서 접근 논리로 문제 발견, 해결 방안 강구, 해결을 위한 실천이라는 과정을 밟는 것이라 할 수 있다. 사회복지방법론이 발전되어오는 과정에서 통합방법론, 사회복지실천론, 사례관리이론 등이 등장하면서 지역사회복지실천 과정도 영향을 받게 된다. 다음에서는 여러 학자들의 일반적인 실천 과정 모형에 대해 제시하였다.

(1) 던햄(Dunham)의 실천 과정

던햄의 지역사회복지실천 과정은 문제해결의 과정(problem-solving process)이라 할 수 있다.

① 문제의 인식(recognition)
② 문제의 분석(진단 또는 사실 발견)
③ 계획(planning)

④ 조치(action)

⑤ 평가(evaluation)

⑥ 다음 단계의 과정(next steps)

(2) 펄만과 구린(Perlman & Gurin)의 실천 과정

① 문제에 대한 정의

② 문제를 개진한 구조와 커뮤니케이션 구축

③ 정책 대안의 분석과 정책의 채택

④ 프로그램 계획의 개발과 실시

⑤ 반응조사와 피드백

3) 지역사회대상 사회복지의 실천

(1) 지역사회대상 사회복지실천의 모델

표 7-4 지역사회대상 사회복지실천의 모델

실천 모델	지역사회개발 모형	사회계획 모형	사회행동 모형
목적	지역통합, 능력증진	사회정책과 프로그램 변화수정	힘의 역동성과 자원 변화
역할	안내자, 조력자, 전문가, 치료자	분석가, 계획가, 조직가, 행정가	조력자, 중개자, 옹호자, 행동가
지역 대상	시민, 참여자	서비스의 소비자	억압의 피해자, 힘의 구조
변화 전략	다양한 지역 조직의 동의, 협의 전략	자료수집 및 임무수행	대항. 행동 위한 주민, 조직자원 전략
모델 목적	주민의 자조강조	주민의 문제 해결 중시	힘의 관계나 자원 변화 중시

(2) 지역대상 실천 과정

지역사회복지실천이 전개되는 실천 과정은 현실적으로 기관의 성격과 목적에 따라 다르고 기관이 처해 있는 사회적 조건에 따라 다르다. 그러나 지역사회복지실천은 지역사회에 존재하는 문제를 발견하고 그것을 지역주민들의 복지를 위해서 해결되어야 할 과제로 이해하고 문제해결을 시도하지 않으면 안 되는 것이다. 여기서는 문제의 파악, 정책 및 프로그램의 개발, 프로그램의 전개, 활동의 평가 등 네 단계를 설명하고자 한다.

① 문제의 파악

지역사회사업의 첫 단계에서 우선 기존 자료의 점검에 의한 지역 진단, 욕구의 발견, 문제의 파악 등이 포함되며 이러한 문제 파악의 방법으로는 현장답사에 의한 관찰, 주민과의 좌담회 등을 통해서 지역사회의 문제와 그에 대한 주민들의 의식 상태, 문제의 심각성 등 다양한 사실을 파악하는 것이다.

② 정책 및 프로그램의 개발

문제를 파악 분석·정의하게 되면 다음 단계로 정책을 수립하고 실현하기 위한 프로그램을 개발해야 한다. 이런 의미에서 정책 수립은 문제 해결을 위해 취하는 조치와 프로그램의 방향을 결정하는 것이라고 할 수 있다. 프로그램의 개발이란 목표를 실천하기 위한 사업들을 구체화한 것으로 최소한 세 가지 요건을 고려할 필요가 있다.

③ 프로그램의 전개

프로그램의 전개라고 하는 것은 정책 목표를 달성하기 위해 행하는 일련의 활동을 말한다. 활동의 내용과 형태는 크게 두 가지 범주, 즉 과정중심적 활동과 과업중심적 활동으로 나눌 수 있다. 과정중심적 활동이란 클라이언트 집단이 문제를 스스로 해결할 수 있도록 능력을 향상시켜 주는 활동을 말하며, 과업중심적 활동이란 클라이언트 집단이 필요로 하는 서비스를 직접적으로 제공해 주는 활동을 말한다.

④ 활동의 평가

활동을 평가하고 효과를 측정하는 평가 과정에서는 이번의 사업이 투입된 자원에 비해서 결과가 어느 정도 효과적이었나를 점검하는 것뿐만 아니라 앞으로의 재조직화를 위해서 목표의 달성도와 좌절의 원인을 검토하고 전체 과정을 재점검하는 것이 요청된다.

(3) 지역대상 사회복지실천 사회복지사의 기술

① 옹호·대변기술

옹호·대변기술은 사회복지 대상이 억압받고 소외된 취약집단의 삶의 질 향상을 위해 새로운 사회정책 형성에 영향을 주거나 새로운 사회복지 프로그램 및 서비스개발에 직접 참여하는 옹호전략을 사용하고 옹호개입을 할 필요가 있다.

- 대신하여 말하거나 탄원하는 행위이다.
- 옹호는 다른 사람을 대표하여 행동하는 것이다.
- 옹호는 행동, 반응 등 조치를 취하는 것이다.
- 옹호는 수정, 변경, 개선 등 변화를 촉진하는 것이다.
- 옹호는 합법적인 서비스나 자격 및 혜택 권리에 사람들이 접근할 수 있도록 하는 것이다.
- 사회정의를 이룩하고 보존할 목적으로 행동 방침을 직접적 방어하는 행위이다.
- 클라이언트의 역량을 강화하는 것이다.
- 클라이언트의 문제와 동일시하는 것이다.

② 연계기술

연계기술(Network linkage)은 지역사회 내 구성원 간의 관계를 강화함으로써 연계망이라 일컫는 사회적 자산을 형성하는 것이다.

- 비공식적 관계: 지역간 서로 이해관계가 없다고 보아도 무방할 정도의 관계
- 조정(coordination): 가정, 학교, 지역사회와의 접촉활동을 통한 클라이언트를 위한 자원발굴과 의뢰하는 차원의 관계

- 협조(partnership): 지지적 서비스를 제공하기 위해 사회복지관, 자원봉사 조직과 자발적, 계약적 동의가 이어지는 차원의 관계
- 협력(collaboration): 사회복지서비스기관의 공통의 목적과 방향성을 함께 제시하고 동의하며 이를 위해 책임을 공유하는 관계
- 통합(integration): 사회복지서비스를 통합하여 새로운 체계를 형성하고 새롭고 나은 서비스를 제공하는 차원의 관계

③ 조직화기술

지역사회 전체 또는 일부 집단을 하나의 역동적인 실체로 만들어 나가는 과정으로 지역사회복지에서 조직화는 클라이언트의 문제를 해결하기 위해 필요한 인력이나 서비스를 규합하고 조직의 목표를 성취하도록 합당하게 운영해 나가는 과정이다

④ 교육기술

지역사회 주민들에게 정보를 제공하고 기술을 가르치는 것으로 효과적 수행을 위해서 지역사회에 대한 많은 정보와 명확한 전달과 이해시키기 위한 의사소통 능력이 요구된다. 지역사회 교육기술에는 지역사회복지사의 교육자 역할과 의식 향상, 정보제공, 훈련으로 세분화할 수 있다.

⑤ 자원개발 · 동원기술

자원동원기술은 지역사회 내의 문제를 해결하는 데 현존하는 자원만으로는 불충분하여 자원동원이 필요한 외부의 극적인 사건이 발생한 상황에서 활용하는 기술이다. 기존의 집단이나 조직체를 활용하는 방법, 개인으로 구성된 사회네트워크(인적자원, 물적자원)를 활용하는 방법 등이 있다.

⑥ 협상 · 갈등조정기술

협상은 지역사회복지운동을 전개하는 과정에서 경쟁하는 집단, 조직 간 갈등을 해결하고 쌍방이 의도하는 최선의 목적을 달성하려고 할 때 사용하는 기술이다. 경쟁이 되고 있는 상황을 해결하기 위해 사용할 수 있는 수단이 없거나 효과적인 방법도 없고 만족스러운 결과를 도출할 수 없을 때 토

의나, 합의 등 유용하게 사용할 수 있는 협상전술이다.

⑦ 임파워먼트기술

임파워먼트의 개념은 클라이언트가 주체적으로 능력을 가지고 향상하는 것을 말한다. 클라이언트의 잠재적인 역량 및 자원을 연결하고 그들의 내면에 회복력이 있음을 전제하여 클라이언트가 삶을 결정할 수 있도록 권한과 힘을 부여하는 의식제고, 자기주장, 공공의제의 틀 갖추기, 권력 키우기, 역량건설, 사회자본의 창출 등의 실천을 의미한다.

중심어

의사소통, 비언어적, 하위체계, 경계선, 삼각관계

연습문제

1. 사티어의 경험적 가족치료의 경험을 갖게 하거나 충분한 감정표현의 기능적 의사소통과 역기능적 의사소통에 대한 다양한 감정인 의사소통의 종류에 대해 설명해 보시오.

2. 펄만(Perlman)의 개별사회사업의 특성을 명확히 하기 위하여 기본적 구성요소 4P를 설명하고 추가하여 6P에 대해 설명해 보시오.

CHAPTER

08 사회복지실천을 위한 전문적 관계

1. 관계의 형성

1) 관계의 개념

관계는 두 사람이 상호작용을 통해 얻는 결과이다. 일반적으로 관계란 공통된 이해관계를 지닌 두 사람 사이에 정기적 또는 일시적으로 감정의 상호작용이 일어나는 조건이다. 사회복지사가 클라이언트를 돕기 위해서는 먼저 클라이언트와의 관계가 이루어져야 한다. 관계를 형성함으로 인해 문제를 긍정적으로 해결할 수가 있기 때문이다. 사회복지실천에서 사회복지사와 클라이언트의 상호작용이 원활하기 위해서는 좋은 관계가 형성되어야 한다.

사회복지사가 클라이언트와 좋은 관계를 발전시키는 것은 실천 노력에서 필수적 요소라 할 수 있다(Jutansen, 1995). 사회복지사와 클라이언트 두 사람 사이에 정서적 교감이 나타날 때 한 사람의 정서는 다른 사람에게 전달된다. 이때 두 사람의 정서는 같은 종류의 감정으로 표현되기도 하고, 서로 다른 감정으로 표현되기도 하며 전혀 다른 반대의 감정으로 표현되기도 한다. 하지만 어떤 경우든지 감정의 충만함과 감정의 흐름은 두 사람 모두 경험되어야 한다. 사회복지사와 클라이언트는 인간으로서 모두 평등하지만, 실천현장에서는 각자의 역할이 다르게 나타난다. 도움을 제공하는 사람은 사회복지사이고 도움을 받는 사람은 클라이언트이다. 사회복지사와 클라이언트의 관계를 사회복지실천의 관계라 한다(Brammer, 1979).

2) 관계의 특징

사회복지실천에서의 관계는 클라이언트는 도움을 받고 사회복지사는 도움을 제공하는 전문적 관계라는 것이다. 전문적인 관계는 클라이언트의 입장에서 고려돼야 하고 사회복지사는 관계에 있어서 전문적 책무성이 따르게 된다. 이에 따른 관계의 특징을 살펴보면 다음과 같다.

(1) 의도적인 목적

사회복지사와 클라이언트는 의도적 목적이 있는 관계이다. 여기서 목적이란 클라이언트의 보다 나은 문제해결을 하기 위한 사회복지사의 원조라 할 수 있다.

(2) 시간의 제한

사회복지사는 클라이언트와 제한된 시간을 갖고 관계를 맺는다. 목적이 달성되거나 해결되지 못할 때에는 관계가 종결되게 된다. 사회복지실천의 과정은 시작과 종결이 요구되는 과정이므로 관계에서도 시간적 제한을 필요로 한다. 목표가 달성되면 사회복지사와 클라이언트의 관계는 종결되며 관계의 활용이 원만해야 시간의 제한성도 명확해질 수 있다.

(3) 클라이언트의 이익을 위한 헌신

사회복지사는 클라이언트의 이익을 위해 자신을 헌신해야 한다. 따라서 사회복지사는 클라이언트의 욕구에 민감한 반응을 할 수 있도록 객관성과 자기인식에 기초하여 관계를 형상해야 한다.

(4) 권위성

사회복지사는 사회복지실천에서 특화된 지식과 기술, 전문윤리강령에 비롯하여 전문적 역할을 담당하고 클라이언트에게 도움을 주게 될 경우 권위를 가지게 된다.

(5) 통제적 관계

사회복지사는 클라이언트의 문제를 해결함에 있어 객관성을 유지하고 자기 감정 및 반응, 충동을 자각하고 책임을 진다는 의미에서 통제적 관계라 할 수 있다.

2. 관계 형성의 구성요소

사회복지사와 클라이언트의 관계는 분명한 목적을 가지고 관계가 이루어지는 특수한 관계이다. 사회복지사는 전문적 지식을 기반으로 클라이언트의 문제해결 및 적응을 도와야 하고, 클라이언트는 사회복지사의 도움을 받는 관계이므로 일반적 관계와는 달리 항상 클라이언트의 관점에서 출발되어야 한다. 이 요소들은 관계의 목적과 유형에 따라 다양하게 사용될 수 있다(Compton & Galaway 1994; 양옥경 외, 2005; 엄명용 외, 2006; 이종복, 전남련, 2011).

1) 전문적 관계의 기본요소

(1) 타인에 관한 관심과 열망

사회복지사는 클라이언트에게 일어난 일에 대해 진실한 관심과 열망을 가지며 감정과 교류할 수 있어야 한다. 사회복지사는 목적의식을 가지고 민감성과 책임성을 가지고 클라이언트와의 관계를 유지해 나가야 한다. 이러한 맥락에서 책임감, 배려, 존중, 타인에 대한 이해는 필수적인 요소라 할 수 있다.

하지만 정서적으로 유대가 가까워질수록 해결해야 할 문제에 대해 과도하게 관여하게 될 위험이 있다. 다른 사람을 도우려고 할 때 깊이 있는 관계를 맺어야 하는 것이 사실이지만 전문적 관계에서 타인에 대한 진정한 관심은 자신의 기술과 지식 그리고 자기 자신을 이용하여 목표를 달성하는 방향으로 나아가는 것을 의미한다. 따라서 항상 도움받는 사람을 주체로서 존중하고, 봉사하며, 클라이언트가 자유로울 수 있도록 도와야 한다. 헌신적인 자세는 자신을 스스로 알고자 하는 데 용기를 부여하게 되고 다른 사람을 위한 서비스에 자기 자신을 헌신함으로써 클라이언트에게 자신의 삶을 스스로 통제하고 능력을 향상하도록 돕는 사회복지사의 마음이라 할 수 있다.

(2) 공감과 감정이입

공감이란 모든 인간관계의 기본적 기술이며 상대방의 눈을 통해서 세상을 볼 수 있는 능력이다. 이러한 공감의 능력은 클라이언트와 관계하는 일의 상황에서 클라이언트의 감정, 포부, 가치, 신념, 지각을 정확하고 민감하게 감지하는 능력뿐만 아니라 클라이언트에게 충분히 의사소통을 통해 전달할 수 있는 사회복지사의 이해 능력의 표현을 의미한다.

감정이입은 클라이언트가 경험한 것을 이해하기 위해 사회복지사가 클라이언트의 생각을 자신에게 투사시키는 것을 의미한다. 감정이입은 동료들에게 갖는 감정과 다르며 동정심과 통찰과는 다른 개념이라 할 수 있다. 감정이입을 통하여 클라이언트는 사회복지사에게 이해받고 있다 느끼고 자기인식의 확장으로 인해 자신의 문제를 탐색하고, 정체성을 발견하며 자신에 대한 현실적 목표를 세워 이를 달성하기 위해 나아가게 되는 것을 의미한다(양정남·최선령, 2008)

(3) 존경심과 보살핌

사회복지사는 클라이언트에 대한 관심과 보살핌의 가치관을 가지고 있고, 클라이언트는 자신이 문제를 해결해 나갈 수 있는 능력이 있음을 사회복지사가 확신하며, 이러한 확신을 클라이언트에게 전달하는 능력의 표현을 존경과 보살핌이라 할 수 있다. 사회복지사가 클라이언트를 독립된 인간으로서 존엄성을 수용하며 전달할 때 클라이언트는 자기 결정권을 가지며 문제를 해결해 나갈 수 있다.

(4) 구체성

구체성이란 클라이언트에게 그의 행동, 사고, 감정을 자신만의 방법으로 정확하게 묘사하고 표현할 수 있도록 도와줄 수 있는 능력을 의미한다(조휘일·이윤로, 2003). 즉 사회복지사는 클라이언트가 자신만의 독자성을 나타낼 수 있도록 경험과 감정을 구체적이며 독특하게 표현할 수 있도록 도와주어야 한다. 이러한 상황을 통해 사회복지사는 초기에 클라이언트에게 공감할 수 있게 하고 다음에는 문제해결에 있어 구체적 계획을 구성할 수 있는 연결의 근거가 된다.

(5) 직면

직면이란 사회복지사가 클라이언트의 이야기를 듣고 모순점이나 다른 점이 발견되면 클라이언트에게 이야기 해주는 것을 말한다(Carkhuff, 1969). 사회복지사는 클라이언트의 문제와 욕구에 초점을 두고 직면할 수 있도록 도와주는 것을 의미한다. 예를 들면 클라이언트의 행동이 본인이 이야기하는 것과 차이가 나타날 때 사실을 객관적으로 이야기해 주면 클라이언트가 말하는 상황이 실제상황과 다를 경우 직면할 수 있도록 도와주는 것을 말한다. 자신의 행동과 사고, 말 등에서 왜곡된 점들을 극복할 수 있도록 도와주는 것이 사회복지사의 능력이다.

하지만 이러한 노력을 잘못 사용하게 되었을 때 클라이언트의 노력이 완전히 파괴되는 일들이 일어날 수도 있다.

(6) 자기 노출

자기 노출이란 클라이언트의 상황과 사회복지사의 경험을 적절히 함께 나눌 수 있는 능력을 의미한다. 이전의 사회복지실천에서는 사적인 대화가 역감정전이가 유발될 수 있는 여지가 있었으나, 자기 노출은 사회복지사와 클라이언트의 관계가 동등한 관계라고 느낄 때는 효과적인 기술로 활용될 수 있다.

(7) 따뜻함

따뜻함이란 인간을 돕는 사회복지사가 반드시 지녀야 할 자질로, 클라이언트의 복지를 위하여 언어적 소통 및 비언어적 소통을 통해 보살핌과 관심을 전달할 수 있는 능력을 말한다.

(8) 자아실현

자아실현은 인간의 욕구 중 가장 높은 위치에 속하는 욕구이다. 사회복지사는 클라이언트가 가지고 있는 모든 문제를 사회복지사의 성장을 위한 기회로도 볼 수 있으며 모든 인간의 문제와 어려움에도 유머 감각을 유지할 수 있는 능력을 말한다.

(9) 권위 및 권한

권위란 클라이언트와 기관에서 사회복지사에게 위임된 권한(power)이라 할 수 있다. 사회복지사는 전문적 지식과 경험을 보유하고 문제를 해결해야 하는 임무를 수행함으로써 클라이언트에게 영향력을 미칠 수 있는 권한을 가지게 된다.

사회복지사와 클라이언트의 전문적 관계에서 권위란 두 가지 측면이 있다. 하나는 사회복지 기관 내에서 사회복지사의 위치와 기능으로부터 나오는 제도적 측면이고, 다른 하나는 전문가인 사회복지사에게 정보와 조언을 구함으로써 클라이언트가 사회복지사에게 부여하는 심리적 측면이라 할 수 있다.

문제를 해결해 나감에 있어 사회복지사는 자신에 대한 정직한 태도, 즉 나는 누구이며 진실로 무엇인지에 대해 알아야 하고, 사회복지 기관의 과정 및 정책 그리고 자신의 역할에 대한 전문적 지식을 갖추어야 한다. 또한, 다른 사람에 관한 관심과 수용의 태도를 기반으로 클라이언트의 복지를 생각하고, 사회복지사의 위치와 역할 내에 존재하는 권위적 측면을 고민해야 한다(조휘일·이윤로, 2003). 도움을 구하는 사람 즉 클라이언트는 전문지식과 기술면에서 권위를 가진 사람이 필요하고, 사회복지사는 클라이언트에게 권위를 가진 사람으로 인정받음으로 인해 형성된 관계는 클라이언트에게 안전과 보호를 느낄 수 있다(양옥경 외, 2005).

(10) 헌신과 의무

헌신과 의무는 돕는 과정에서 일관성을 포함하는 책임감을 의미하는 개념이다. 사회복지사와 클라이언트는 관계의 목적을 이루기 위해 사회복지사뿐만 아니라 클라이언트도 헌신과 의무로 관계를 맺어야 한다. 사회복지사의 의무는 클라이언트와의 관계에서 절차상 필수 조건을 최대한 지키는 것이다. 사회복지사에게는 시간과 장소를 지키는 것, 클라이언트의 문제에 대해 집중하는 것, 관계를 통한 성장과 변화가 증진될 수 있도록 제공하는 것이 요구된다.

사회복지사와 클라이언트가 함께 관계의 목적과 조건을 위해, 상호의존적 교류 관계를 위해 헌신을 다할 때 클라이언트는 안전을 느끼게 되며 이러한 전문적 관계를 통한 헌신적 자세는 일정한 의무도 함께 요구된다.

2) 전문가의 자질

전문가의 자질은 전문적 관계에 있어 기본요소 이외에도 관계 수행을 위해 필요한 사회복지사의 자질을 의미한다. 구체적 내용은 다음과 같다(양옥경 외, 2005; 엄명용 외, 2006).

(1) 성숙

유능한 사회복지사는 성숙하는 과정을 통해 자신을 성장하고 발전하는 인간으로 나아가는 사람이다. 성숙한 사람은 변화와 성장을 의미 있는 것으로 받아들이고 이러한 자세를 본인의 직무에 의미를 부여한다.

(2) 창조

창조성이 있는 사회복지사는 클라이언트의 문제해결에 대해 개방성을 가진다. 기존에 수행된 문제해결 방법을 사용하기보다는 직면한 상황에서 최선의 방법으로 문제해결을 찾아가는 것을 의미한다. 이러한 창조성을 발휘하기 위해서는 자신을 개방하고 기존의 이론적 입장과 사고를 거부하지 않으면서 새로운 문제의 대한을 찾으려는 자세를 의미한다.

(3) 용기

사회복지사는 클라이언트의 문제를 해결해 나감에 있어 다양한 어려움을 경험하게 된다. 그 예로는 실패의 두려움, 위기상황으로 인한 감정의 소진, 신체적 위협 등이 있다. 사회복지사는 이러한 상황을 기꺼이 받아들일 수 있는 용기가 필요하다.

(4) 민감

민감성이란 창의성의 구성요소 중 하나라 볼 수 있다. 그러므로 창의적 사회복지사가 되기 위해서는 민감해야 한다. 사회복지사가 새로운 것에 대한 것과 개방적인 자질을 갖추고 변화에 민감한 자세를 갖추는 것은 바로 창의성과 직결된다고 할 수 있다. 사회복지사는 클라이언트에 대한 선입견 및 고정관념의 틀에서 벗어나 클라이언트의 감정과 사고에 자신을 투입하는 민감함이 필요하다.

사회복지사는 특정 단서가 없이도 클라이언트의 내면세계를 느끼고 감지할 수 있는 민감성의 능력이 필요하다.

(5) 자기 관찰

자기 관찰은 자신의 목표에 깊이 성찰하고 자기 자신을 믿고 존중하는 요소라고 한다. 사회복지사는 자기 관찰을 하지 않으면 자신을 보호할 수 없고 이러한 상황은 클라이언트에게 적절한 도움을 줄 수 없게 된다. 사회복지사는 자신이 무엇을 하고 있으며, 왜 이것을 하고 있는지, 제대로 하고 있는지에 대한 자기 관찰을 해 보아야 한다. 즉 사회복지사의 자기 관찰은 한 발 물러서서 자신을 복잡한 개입 활동의 한 부분으로 관찰할 수 있는 능력이라 할 수 있다.

(6) 인간적 자질

사회복지실천에서 사회복지사는 인간적 자질을 갖추어야 한다. 사회복지사의 인간적 자질은 클라이언트를 인격체로 존중하며 상황을 이해하는 마음을 가져야 한다. 이러한 마음에는 수용, 공감, 비판적 태도 및 클라이언트를 있는 그대로 인정하는 것 등이 필요하다.

이 외에도 자신과 다른 인생 경험이 있는 클라이언트의 행동 양식을 이해하려는 노력이 필요하다. 또한, 사회복지사로서 가지고 있는 자신의 가치관에 대한 포용성, 장기적 목표를 가지고 일할 수 있는 끈기도 인간적 자질에 해당한다. 클라이언트가 스스로 문제해결의 결정을 할 수 있도록 돕는 것 등이 사회복지사에게 필요한 인간적 자질이라 할 수 있다.

3. 관계 형성의 7대 원칙

관계의 사전적 의미는 둘 이상의 사람이나 현상이 서로 관련을 맺거나 관련이 있는 것을 의미한다. 즉 사회복지실천에서의 관계란 사회복지사와 클라이언트의 관계라 할 수 있다. 사회복지사가 클라이언트와 좋은 관계를 맺어가는 것이야말로 사회복지실천 현장에서는 필수적인 요소라고 할 수 있다(Johnson, 1995). 이러한 맥락에서 사회복지실천의 관계는 사회복지사와 클라이언트 간의 감정이나 태도의 역동적인 상호작용을 의미하고, 이러한 관계의 궁극적인 목적은 클라이언트가 자신과 사회환경 간에 있다기보다 효율적인 적응을 도와주기로 함에 있다.

이러한 관계는 사회복지사와 클라이언트 중 한쪽의 일방적인 노력으로 이루어지는 것이 아니라 서로에 대한 신뢰와 믿음을 바탕으로 이루어지는 서로 간의 노력으로 유지된다고 할 수 있다. 따라서 사회복지실천의 문제해결에 있어 어떤 부분이 잘못되어 관계가 원만하지 못할 때 이 모든 측면을 검토해 보아야 하며, 효과적인 사회복지실천을 위해서 사회복지사는 항상 자기 자신을 이러한 관계 형성의 중심에 두고 관계 형성의 원칙을 지각하고 깨닫고 있어야 한다(권오균 외, 2009). 이러한 이론적 바탕을 기반으로 사회복지사가 지켜야 할 7대 원칙을 비에스텍(Biestek)은 다음과 같이 제시하였다.

1) 개별화

개별화란 사회복지사가 클라이언트 개인적 특성을 이해하고 알아가는 일이다. 사회복지사가 만나는 클라이언트는 각기 다른 개인적 특성이 있으므로 개인적 특성이 있는 클라이언트를 원하는 방법은 모두 다를 것이다. 사회복지사는 클라이언트가 문제를 해결할 수 있도록 개별화 측면에서 도움을 줌으로 인해 클라이언트가 처한 문제 상황에 따라 사회복지사는 상이한 원리나 방법을 활용해야 한다.

사회복지실천에서 사회복지사가 만나는 모든 클라이언트는 개인적 특성이 있으며 개인 클라이언트의 감정과 사고, 행동, 독특한 생활양식에 대한 경험 등은 각각 사회복지사로부터 존중되어야 한다. 이러한 개별화의 개념은 인간으로서의 존엄함과 권리를 가진 인간으로 취급되어야 한다는 원리에 기초를 두고 있다.

개별화를 위한 사회복지사의 역할은 다음과 같다(도광조, 2008).

첫째, 사회복지사는 클라이언트에 대한 편견이나 선입견을 없애려는 노력이 필요하다. 사회복지사 개인의 경험에 의한 전문가적 판단은 클라이언트의 상황과 문제에 대해 중대한 오해를 가져오게 하여 정확한 판단이 어려워진다. 클라이언트의 문제를 돕기 위해서는 문제의 정확한 원인을 파악하고 객관성을 유지해야 한다.

둘째, 클라이언트의 개별적인 측면과 환경적인 측면에 대한 전문적 지식을 갖고 사회복지실천에 활용할 수 있어야 한다. 실천 과정에서 클라이언트의 개별화에 치중하다 보면, 클라이언트가 속해 있는 환경과 같은 전체적인 관점을 소홀히 하는 때도 있다. 이에 사회복지사는 인간행동과 사회환경에 관한 전문적 지식을 갖추고 이를 실천 현장에 활용할 수 있어야 한다.

셋째, 사회복지사는 만나는 클라이언트의 개별적 특성을 관찰해야 한다. 이러한 개별적 특성은 언어적·비언어적 표현에서도 나타나므로 클라이언트 표현에 대한 관찰이 요구된다. 관찰하기 위해 클라이언트와의 대화에서 경청은 필수적 요소이고, 진지한 관찰을 통해 비로소 클라이언트의 특성을 파악할 수 있게 된다.

넷째, 사회복지사는 클라이언트가 개별적으로 존중받고 있다는 사실을 인식할 수 있도록 해야 한다. 이를 위해 사회복지사는 클라이언트에 대한 개별적인 세심한 배려가 필요하다.

2) 의도적 감정표현

의도적 감정표현은 사회복지실천에서 클라이언트가 자신의 감정과 생각을 사회복지사에게 자유롭게 표현하는 것을 말한다. 클라이언트가 자신의 감정과 생각을 처음 만나는 사회복지사에게 표현한다는 것은 쉽지 않다. 자신의 사적인 부분을 다른 사람에게 표현한다는 것은 용기가 요구된다. 클라이언트에게 자신의 감정, 특히 비난받을지도 모르는 부정적 감정을 자유롭게 표현할 수 있도록 도와주는 것을 의도적인 감정표현이라 한다.

사회복지사는 문제해결을 위한 단계에서 클라이언트의 감정의 긴장 상태와 부정적인 감정이 표출될 수 있도록 적절한 촉진자 역할을 해야 한다.

사회복지사는 클라이언트가 자신의 감정을 표현할 때 의도적으로 귀를 기울이고 비난하거나 실망하지 않아야 하며 이를 위해 사회복지사와 클라이언트의 관계 형성은 매우 중요하다. 사회복지사는 의도적으로 적극적 태도와 감정표현을 통해 클라이언트가 솔직한 감정을 표현할 수 있도록 도와야 한다. 클라이언트는 사회복지사에게 자유롭게 자신의 감정을 표현함으로써 자신의 문제를 개방하게 되고, 자신의 문제에 직면하면서 변화를 위한 노력에 적극적으로 참여하게 된다.

하지만 사회복지사의 의도적 감정표현 때문에 오류도 발생하게 된다. 클라이언트의 감정표현을 촉진함으로 인해 사회복지사의 성급한 판단이나 과잉해석, 비현실적인 변화에 대한 보장 및 성급한 충고나 조언을 하게 될 수도 있다. 또한, 클라이언트의 감정표현에 대한 사회복지사의 비난은 오히려 클라이언트의 감정표현을 억제하게 할 수도 있다. 클라이언트가 자유로운 감정표현을 돕기 위한 사회복지사의 역할을 다음과 같다(김혜영 외, 2010).

(1) 안정된 환경의 조성

클라이언트가 불안을 느끼지 않고 안정감을 느낄 수 있도록 사회복지사는 침착하고 안정된 분위기를 조성해야 한다. 안정된 환경을 조성하기 위해서는 면접실의 분위기, 색상 및 의자, 실내 소품과 같은 물리적 환경도 고려한다.

(2) 허용적인 태도와 편안한 분위기 조성

클라이언트가 자신의 감정을 자유롭게 표현할 수 있도록 허용적 태도와 편안한 분위기를 조성한다. 사회복지사는 클라이언트가 표현한 내용을 성급하게 해석하거나 과잉해석을 하여 클라이언트의 심리가 혼란스럽지 않도록 하고 자유롭게 자신의 마음을 표현할 수 있도록 허용적이고 편안한 분위기를 조성한다.

(3) 클라이언트의 정서적 지지

정서적 지지는 클라이언트에게 심리적 격려와 용기를 주게 되고, 자신감을 심어 줄 수 있다. 정서적 지지는 클라이언트의 초기 저항을 낮춰 줄 수 있고 클라이언트와 사회복지사 관계를 보다 편안하게 만들어 줄 수 있다.

(4) 감정표현의 격려

사회복지사는 클라이언트의 자유로운 감정표현을 격려해야 한다. 클라이언트가 가질 수 있는 양가감정에 관해 설명해 주고 문제해결을 위해서는 감정을 표현하는 것이 권장된다는 점을 알려주어 격려한다.

3) 통제된 정서적 관여

통제된 정서적 관여(controlled emotional involvement)란 사회복지사가 클라이언트의 감정에 대해 민감하게 대처하고 그 감정의 의미를 이해하며 클라이언트의 감정에 의도적 목적을 가지고 적절히 반응하는 것을 말한다. 클라이언트는 자신의 감정을 표현했음에도 불구하고 상대방이 감정을 몰라주거나 반응을 보이지 않으면, 클라이언트는 사회복지사에게 감정표현한 것을 후회하거나 큰 상처를 받게 된다.

사회복지사는 클라이언트의 감정표현에 민감해야 하며, 그 감정이 클라이언트에게 어떤 의미가 있는지를 이해하고 수용하며 적절한 반응을 해야 한다. 사회복지사는 클라이언트의 감정에 반응을 보임으로 인해 문제해결에 정서적 관여가 가능하다. 사회복지사와 클라이언트와의 면접은 주로 정서적인 면과 연결되어 있으므로 사회복지사는 클라이언트에게 자기감정을 말로써 표명하도록 권고해야 한다. 사회복지사는 자기훈련을 통해 자신의 욕구와 감정을 스스로 판단하고 이를 관리하여 클라이언트의 감정이 사회복지사에게 왜곡되게 판단되지 않도록 주의한다. 클라이언트의 통제된 정서에 관여하기 위한 사회복지사의 역할은 다음과 같다.

(1) 민감성(Sensitivity)

사회복지사의 민감성은 클라이언트의 감정을 주의 깊게 보고 듣는 것을 의미한다.

클라이언트는 감정을 언어로 표현하지 못하고 비언어적으로 표현할 때가 있으므로 사회복지사는 이것을 민감하게 관찰해야 한다. 민감성은 클라이언트의 삶 속에 있는 감정의 중요성에 관한 사회복지사의 확신으로부터 시작하게 되고 이러한 민감성은 반복되는 경험과 훈련을 통하여 발전하게 된다.

(2) 반응(Response)

반응이란 사회복지사가 클라이언트의 행동과 표현에 대하여 사회복지사의 자기 노출을 의미한다. 클라이언트의 감정표현에 대한 사회복지사의 반응은 사회복지실천 기술에서 어려운 일이며 관계에서도 가장 중요한 심리·사회적인 요소이다.

반응은 먼저 내적으로 나타나므로 반드시 말로 이루어질 필요 없이 느낌을 나누는 것이 중요하다. 사회복지사가 수용적인 마음을 가지고 세심한 감성으로 클라이언트와 문제해결을 위해 느낌을 나누면 된다. 내적인 반응이 잘 이루어지면 외적인 표현도 잘될 수 있다. 그러므로 사회복지사는 클라이언트의 내적 감정의 반응도 잘할 수 있도록 노력해야 한다.

(3) 이해(Understanding)

사회복지사는 클라이언트가 가진 문제에 대한 감정의 의미를 잘 이해해야 한다. 감정의 의미를 이해하기 위해서 인간행동에 대한 전문적 지식이 필수적이라 할 수 있다. 사회복지사는 클라이언트가 가지고 있는 감정의 의미를 이해하기 위해 전문적 노력이 필요하다. 또한, 클라이언트의 경험과 감정의 의미를 여러 측면에서 추측해 보는 것도 중요하다.

4) 수용

수용이란 사회복지사가 클라이언트의 있는 그대로 인정하고 존중해 주는 것을 말한다. 클라이언트의 강점과 약점, 바람직한 성격과 바람직하지 못한 성격, 긍정적 감정과 부정적 감정, 건설적이거나 파괴적인 태도 및 행동 등을 존중하고 받아들이는 행동이라 할 수 있다. 수용한다는 것은 클라이언트의 일탈적 태도나 행동을 허용한다는 의미는 아니며 또한 부도덕하고 반사회적인 행동을 받아들인다는 의미도 아니다. 수용이란 여러 가지 약점을 가진 클라이언트를 있는 그대로 사회복지사의 편견 없이 받아들이는 것을 뜻한다.

사회복지사는 클라이언트가 문제에 대해 바람직하고 긍정적인 상황으로 발전할 수 있도록 돕는 것이다. 즉, 사회복지사는 윤리와 법, 전문적 가치 등에 대해 바람직한 것과 수용할 수 있는 것에 대한 명확한 기준을 가지고 있어야 한다. 수용함에서도 클라이언트가 자신이 수용 받고 있다는 것을 경험할 수 있도록 해야 한다. 사회복지사는 클라이언트를 충분히 수용하고 있음을 알릴 필요가 있다.

수용에서의 사회복지사가 겪는 어려움은 다음과 같다(조미숙 외, 2021).

(1) 인간행동에 대한 부족한 지식

사회복지사는 인간의 행동에 대한 지식, 즉 심한 스트레스에 처해 있는 인간의 공통적인 정신적 반응이나 방어기제 및 행동 패턴에 대한 지식이 충분하지 못할 경우이다.

(2) 있는 그대로 수용하지 않음

사회복지사가 자기 자신 속에 해결되지 않은 문제(예: 부모와의 갈등, 부부갈등 등)가 클라이언트와 비슷한 경우 부정적이거나 바람직하지 않은 요소를 인지할 수 없게 된다. 이럴 때는 사회복지사가 있는 그대로 수용하기가 어렵다.

(3) 클라이언트에게 자신의 감정을 돌림

사회복지사는 정확한 자기 이해가 없으면 타고난 기질과 성향에 따라 자신의 감정을 클라이언트에게 돌리기 쉽다. 이러한 경우는 클라이언트를 있는 그대로 대하기 어렵게 된다.

(4) 편견과 선입견

사회복지사가 편견이나 선입견, 특히 클라이언트의 인종, 문화, 경제적 지위, 교육, 가치의 차이에서 오는 편견과 선입견을 없애야 한다.

(5) 클라이언트에 대한 존중 결여

사회복지사가 실패 및 약점을 드러내거나 일탈 행동을 한 클라이언트를 열등시하거나 경멸하는 경우이다. 따라서 사회복지사는 이러한 점에 주의를 기울여서 클라이언트를 바르게 수용하도록 노력해야 할 것이며, 이를 위해 자기의 개인적·전문가적 인식이 필요하다.

5) 비심판적 태도

비심판적 태도는 사회복지사가 사회복지실에서 클라이언트에게 지켜야 할 중요한 행동 원칙의 하나이다. 사회복지사는 클라이언트의 문제 원인에 대해 클라이언트에게 심판적인 태도를 보이지 않고 그들의 특성 및 가치관을 비난하지 않는다는 것이다. 사회복지실천에서 심판이란 클라이언트 문제의 원인이 환경에 의한 것이든, 인성에 의한 것이든 간에 클라이언트에게 책임이 있다는 것을 비판하려고 하는 태도를 말한다.

클라이언트는 자신을 표현함에 있어 부정적인 감정이 있으므로 자신의 문제에 대해 사회복지사의 심판적 태도가 나타난다면 클라이언트의 자기개방이 이루어질 수 없게 된다. 사회복지 초기에는 클라이언트를 도와줄 가치

유무를 판단하여 도움받을 가치가 없는 경우는 도움을 주지 않으려 했다. 하지만 사회복지의 초점이 가치가 있는 사람이 아닌 욕구를 가진 사람에게로 향해지면서 비심판적 태도가 관계의 중요한 원칙으로 자리 잡게 되었다.

사회복지사가 클라이언트에 대해 비심판적 태도를 보이는 데 저해되는 요인으로는 다음과 같다.

첫째, 편견이나 선입견이 있다. 이러한 요인은 클라이언트를 객관적으로 보기 어렵게 한다.

둘째, 클라이언트에 대한 사회복지사의 성급한 확신이다. 이는 클라이언트가 자신에게 심판적인 태도를 보인다고 느낄 수 있다.

셋째, 사회복지사가 클라이언트에 대해 다른 사람과 비교 또는 유형화하려는 태도이다. 사회복지사가 클라이언트 자신을 범주화한다고 느낄 수 있다.

넷째, 사회복지사에 대한 적개심과 같은 클라이언트의 부정적 감정표현 등이 있다.

6) 자기 결정

자기 결정은 클라이언트가 스스로 선택하고 결정을 내릴 수 있는 권리와 욕구가 있음을 인식하는 것이다. 사회복지실천의 전 과정에 걸쳐서 클라이언트가 모든 의사결정 과정에 참여하여 스스로 선택하고 결정하는 것을 자기 결정이라고 말한다. 모든 인간은 자기 삶에 관한 결정을 스스로 내릴 수 있고, 경제소득과 학력, 성별 등과 관계없이 누구나 자신의 삶에서 주체가 되고 싶어 한다. 이는 인간의 능력과 욕구의 원리에 바탕을 둔 것이다.

클라이언트의 자기 결정을 돕기 위한 사회복지사의 역할은 첫째, 클라이언트가 자신의 문제와 욕구를 전체적 관점에서 관찰하고 이해할 수 있도록 돕는다. 둘째, 클라이언트에게 지역사회 자원에 대한 정보를 제공해주고, 자신의 잠재적인 자원을 활성화할 수 있도록 자극을 주는 지지를 한다. 셋째, 클라이언트에게 자신의 문제를 해결하고 성장할 수 있는 관계의 환경을 만들어 주어야 한다.

이와 더불어 자기 결정 원칙을 적용함에 있어 사회복지사가 피해야 할 사항은 첫째, 사회복지사는 문제해결을 위한 중요한 책임을 지고 클라이언트는 종속적인 임무를 수행하도록 한다. 둘째, 클라이언트가 요구하는 서비스는 무시하고 클라이언트의 사회적·정서적 생활의 세세한 부분까지 관여하려는 태도를 지양해야 한다. 셋째, 직접적·간접적으로 클라이언트의 행동을 조종하거나 클라이언트를 통제하기 위해 설득하려는 태도를 보이지 않아야 한다.

클라이언트의 자기 결정 한계는 클라이언트의 신체적·정신적 능력을 넘어서는 자기 결정 능력을 기대할 수 없으며 도덕적 제한과 법률적 제한이 있으며 사회기관의 규정에 따라야 한다.

7) 비밀보장

사회복지실천 관계에서 비밀보장은 클라이언트의 기본 권리에 기초하는 것으로 전문적인 관계를 통해 밝혀지는 클라이언트에 관한 정보를 누출시키지 않는 것이다. 이는 사회복지사의 윤리적인 의무이고, 성공적인 사회복지실천 관계유지를 위해 반드시 필요한 것이다. 인간은 누구나 자기 개인적인 사실이나 치부에 해당하는 내용은 비밀을 보장받고 싶어 한다. 비밀보장은 클라이언트에게 원조 관계와 과정에 대한 신뢰감을 형성하게 하여 적극적 참여를 유도할 수 있을 뿐만 아니라 클라이언트에게 자신에 대한 왜곡 현상을 줄일 수 있다. 이러한 비밀보장이 지켜지지 않는다면 사회복지실천에서의 관계는 성립될 수 없다. 따라서 사회복지사는 클라이언트에게 초기 만남 시 비밀보장 원칙의 한계도 설명해 주는 것이 좋다(양옥경 외, 2005).

(1) 비밀보장의 한계

- 클라이언트 문제에 대한 서비스를 전달하기 위해 기관 내외의 다른 전문가와 필요한 정보를 공유해야 하는 경우
- 학생이나 초심자의 경우 지도 감독을 위해 감독에게 상세히 보고해야

하는 경우

- 기관에 보관하는 기록이나 동료들과의 사례회의의 경우
- 타인이나 클라이언트 자신의 생명을 위협하는 경우

(2) 비밀보장과 관련된 갈등

- 클라이언트 자신의 내적갈등을 들 수 있다. 이는 클라이언트의 비밀보장 권리와 다른 권리 및 의무와의 모순과 충돌이다.
- 타인의 권리와 충돌로 양쪽 권리를 비교하여 중요한 권리를 택한다.
- 사회복지사의 권리충돌로 클라이언트의 비밀 보호를 위해서는 사회복지사의 권리가 박탈되는 경우가 생긴다. 이러한 상황에서는 양쪽 권리를 비교하여 중요한 편을 선택한다.
- 사회기관의 권리충돌로 클라이언트의 비밀을 지키기 위해 기관의 사명과 권한을 넘는 조치를 강요 당하는 경우가 있다.
- 클라이언트의 비밀보장과 관련하여 클라이언트의 권리, 높은 의무, 타인 권리, 소속된 기관 권리, 사회의 권리에 의해 제한을 받기도 한다.

이상 비에스텍(Biestek)이 제시한 사회복지사가 지켜야 관계 형성 7대 원칙을 표로 정리하면 **표 8-1**과 같다.

표 8-1 클라이언트 욕구에 따른 관계 형성 원칙

클라이언트의 욕구	관계의 원칙
1. 개별적 한 인간으로 대우받고 싶은 욕구	개별화
2. 긍정적 혹은 부정적이든 자신의 감정을 표현하고 싶은 욕구	의도적 감정 표현
3. 표현된 감정에 대해 공감적 반응을 얻고 싶은 욕구	통제된 정서적 관여
4. 가치 있고 존엄성을 가진 인간으로서 인정받고 싶은 욕구	수용
5. 타인으로부터 심판이나 비난을 받고 싶지 않은 욕구	비심판적 태도
6. 스스로 선택하고 결정하고 싶은 욕구	자기 결정
7. 자신의 사적인 정보에 대한 비밀을 지켜 주기를 바라는 욕구	비밀보장

출처: 조상윤, 서대석, 오봉욱(2008), p177.

4. 관계 형성의 장애 요인

사회복지사와 클라이언트의 관계를 단절시키거나 사회복지개입을 중단시키는 관계 형성의 장애 요인의 구체적 내용은 다음과 같다(양옥경, 2005).

1) 불신

클라이언트의 불신은 대부분 이전의 다른 관계로부터 비롯된다고 할 수 있다.

즉, 삶의 과정에서 격려와 인정을 받지 못하고 살아온 사람은 사회복지사에 대한 신뢰와 의지가 쉽지 않다. 이에 클라이언트는 방어적 태도를 보이게 되는데 이는 비난, 거부, 상처를 먼저 예상하여 나타난 태도라 할 수 있다. 이런 불신의 감정이 드는 상황에서는 클라이언트의 자기 노출이 어려워지고 더 이상의 변화는 기대하기 어렵다.

사회복지사는 클라이언트가 본인을 신뢰하지 않는다고 느낄 때 어려움을 겪게 되는데 이는 곧 인내와 참음으로 연결된다. 신뢰와 긍정적 관계를 성립하기 전에 자기를 드러내게 하는 것은 클라이언트를 소원하게 하거나 사회복지사를 시험하는 기간을 더 길게 하고, 클라이언트가 관계 중단을 재촉하는 결과를 가져오게 된다(박귀영 외, 2015). 클라이언트 중 많은 이들은 절박한 도움이 필요하며, 문제를 해결하려는 동기가 부족하기보다 회피하는 경향임을 인식하는 것이 중요하다. 사회복지사가 클라이언트의 회피행동 뒤에 숨어 있는 두려움에 맞설 수 있도록 돕는다면 문제해결에 도움이 된다.

2) 비자발성

비자발적 클라이언트는 변화의 동기 없이 타인에 의해 전문적 도움을 받도록 강요받게 된다. 이러한 사람은 개입 과정에 있어서 불만과 적대적 감정을 표현하기 쉽다. 또한, 사회복지사가 가지고 있는 권한에 대한 두려움으로 인해 진정한 변화가 일어나지 않았음에도 불구하고 거짓말로 자신들의 변화 노력을 가장할 수 있다. 사회복지사는 이러한 비자발적 클라이언트와 관계에서 자신의 선입견으로 인해 클라이언트를 마치 죄인을 대하듯 다루지 않도록 조심해야 하며, 문제해결에 있어 다른 기관과의 협력으로 인해 비밀보장의 어려움이 있다는 것도 미리 명시해야 한다.

3) 저항

저항이란 사회복지사가 원하는 방향과 다르게 클라이언트의 행동으로 인한 관계의 변화를 방해하는 힘을 말한다. 이러한 저항은 인간의 양가감정에서 원인을 찾을 수 있다. 클라이언트는 문제해결을 위하여 사회복지사에게 도움을 요구하면서도 변화에 대한 두려움으로 인해 저항하게 된다. 사회복지실천 과정에서 흔하게 나타나는 저항의 유형은 다음과 같다.

(1) 침묵

초보 사회복지사의 관점에서 다루기 힘든 저항의 한 형태가 침묵이다. 클라이언트가 갑자기 말을 하지 않거나 할 말이 생각나지 않는다거나, 말하고 싶지 않다고 하며 침묵을 행사하는 경우이다.

(2) 핵심에서 벗어난 주제 말하기

문제해결과 관련이 없는 핵심에서 벗어난 이야기를 장황하게 하는 것을 의미한다. 관련 없는 이야기를 장황하게 하다가 막상 핵심적 주제는 그냥 뛰어넘는 클라이언트가 있다. 그리고 개입목적과 관련하여 중요한 이야기나 고통스러운 이야기를 꺼내면 못 들은 것처럼 행동하며 다른 주제의 이야기를 늘어놓는 행동도 저항의 한 형태이다.

(3) 비관적이고 무력한 태도

"난 해봤자 뻔하다", "항상 노력해도 소용없어"라는 식으로 계속 잘 안 될 거라는 무력함을 나타내는 것이다. 클라이언트의 이런 반응은 변화를 원하지 않는 것으로 느껴지게 되어 사회복지사를 무력하게 만들기도 한다.

(4) 문제의 축소 또는 마술적 해법을 기대

클라이언트가 문제에 대한 직면을 피하거나 변화에 대해 노력도 하지 않으려고 하는 것이다. 문제에 대한 인식 자체를 별일이 아닌 듯 축소하거나 현실과는 무관한 마술적 해법에 대한 기대감도 저항의 요인으로 나타난다.

(5) 저항의 심리를 행동으로 표출

클라이언트의 저항하는 심리가 행동으로 표출되는 것이다. 사회복지사와의 만남에서 약속 시각 준수를 하지 않거나 면담에 집중하지 못하고 하품을 하는 등의 행동 역시 저항의 한 형태로 변화를 거부하는 것이다.

저항으로 인해 문제해결을 위한 과정에 심각한 방해요소가 나타날 때 저항 다루기도 필요하다. 클라이언트가 익숙하지 못한 상황으로 인해 염려와 어려움이 나타난다면 두려움에 대한 탐색 및 시범과 역할극을 통해서 그 상황에 대해 익숙함을 돕는다. 서비스와 개입절차에 대한 사회복지사와 클라이언트의 이해가 불충분한 상황에서의 저항은 서비스 및 개입절차에 대한 설명을 명확히 해야 한다. 또한, 문제해결과정에서 서로의 역할을 분명히 하여 클라이언트의 자기 결정을 옹호해 주는 것이 필요한다. 또한, 저항은 변화의 자연스러운 과정으로 생각하고 부정적인 것으로만 받아들이지 않는 자세도 필요하다.

4) 전이와 역전이

(1) 전이

사회복지사에 대한 비현실적인 인식과 반응을 전이(transference)라고 한다. 클라이언트가 다른 사람과 과거의 경험에서 비롯된 소망, 두려움, 그리고 다른 감정을 사회복지사에게 보이는 것이다. 클라이언트는 대처기술이 제한되어 자신의 문제에 대해 도움을 받기 원하며 의존하려고 하는 한편, 두려움과 부정적 감정이 강해서 전문가와 관계 맺는 것이 어렵다. 전이는 장기적 개입에서 주로 잘 일어나고, 사회복지사가 적극적 임무를 수행하고 개입 시 과업과 역할이 뚜렷하여 투사를 일으키기 어려운 단기적 개입에서는 잘 일어나지 않는다.

클라이언트가 보이는 전이 반응에는 다음과 같은 것들이 있다(권구영 외, 2008).

- 약속 시각보다 지나치게 일찍 오는 경우나 빈번하게 약속을 변경하는 경우
- 외모에 신경을 쓰며 정해진 장소 외에서 만나기를 원하는 경우
- 사회복지사의 사회적 사항에 관한 관심을 가지며 개인적 취미나 실내장식에 대한 칭찬이나 비난을 하는 경우
- 칭찬과 보증을 지나치게 기대하거나 싸우려고 논쟁하는 경우
- 개인적으로 다른 클라이언트와 다른 특별한 대우 및 배려를 원하는 경우

(2) 역전이

역전이는 사회복지사가 클라이언트를 마치 자신이 과거에 접한 어떤 인물인 것처럼 느껴 무의식적으로 그렇게 반응하는 것이다. 사회복지사가 이전에 경험한 관계에서 느끼는 감정, 소망, 무의식적 방어유형과 관련이 있다. 이는 사회복지사의 객관적 인식에 방해요소가 될 뿐만 아니라 클라이언트와의 긍정적 상호작용도 차단이 된다. 역전이는 사회복지사에게 자신의

왜곡된 인식과 감추어진 부분, 문제를 해결하는 데 방해하는 감정과 행동의 표출로 인해 관계가 악화되기도 한다. 예를 들어 부모로부터 거부당한 감정을 해결하지 못한 사회복지사는 클라이언트와 따뜻한 관계를 맺기가 어려울 수 있다. 이에 사회복지사는 자신의 문제를 잘 파악하여 클라이언트와 현실적 관계를 맺도록 노력해야 한다. 역전이에 대한 반응에는 다음과 같은 것들이 있다(권구영 외, 2008).

- 클라이언트에게 지나친 관심을 두게 된다.
- 클라이언트에게 에로틱한 환상을 가지게 된다.
- 클라이언트와의 면접이 두렵거나 반대로 너무 즐겁다.
- 특정 클라이언트와의 약속에 계속 늦거나 약속을 잊어버린다.
- 클라이언트에게 항상 적대감이 느껴지거나 공감이 잘 안 된다.
- 클라이언트의 어려움에 대해 다른 사람을 배타적으로 비난한다.
- 클라이언트와의 관계가 지루하고 피곤함을 느끼거나 거부한다.
- 면담을 계속 일찍 마치거나 정한 시간을 넘긴다.
- 클라이언트에게 감동을 주거나 감동 받으려고 지나치게 노력한다.
- 클라이언트와의 관계가 종료되는 것에 대해 지나치게 염려한다.
- 클라이언트와 논쟁하고 방어적 태도를 보이거나 상처를 입는다.

5) 클라이언트의 양가감정

클라이언트의 양가감정은 변화를 원하는 것과 원하지 않는 마음이 동시에 공존하는 것이다. 이는 곧 저항과 밀접하게 관련이 있다. 사회의 모든 체계는 자신의 속성을 유지하고 싶은 욕구로 인해 변화에 대해 저항하며 양가감정을 느끼게 된다. 서비스 개입에 대한 오해와 선입견, 사회복지사에 대한 부정적 감정을 들 수 있다.

사회복지사는 이러한 상황에서 클라이언트에게 양가감정은 자연스러운 현상임을 알리고 이러한 감정을 있는 그대로 받아들이게 한다. 이에 사회복지사는 클라이언트의 양가감정을 수용하고 자유롭게 표현할 수 있도록 돕는다. 이때 사회복지사가 양가감정을 수용하고 표현하게 되면 저항도 줄어들게 된다. 이러한 저항을 예방하는 가장 나은 방법은 계약, 역할 명확화, 개입이유 설명, 질문유도 등 자기결정을 촉진하는 것을 철저히 하는 것이다 (박귀영 외, 2015).

중심어

전문적 관계, 관계형성의 구성요소, 관계 형성의 7대원칙, 관계 형성 장애요인

연습문제

1. 사회복지실천에서 사회복지사와 클라이언트의 관계 형성 중요성을 설명해 보시오.

2. 관계 형성의 7대원칙을 설명해 보시오.

CHAPTER

09 사회복지실천을 위한 면접과 기록

1. 면접의 기본 이해

사회의 다양한 분야에서 면접이 활용되고 있으며 사회복지실천 현장에서도 클라이언트의 면접이 가장 기본적인 수단이다. 면접은 인간의 행동과 반응에 대한 전문적인 지식과 인간관계의 기술을 갖춘 사회복지사가 클라이언트의 문제를 이해하고 원조한다는 목적을 가지고 의도적으로 이끌어 나가는 전문적인 대화이다. 그러므로 면접은 사회복지실천 현장에서 직접적인 실천의 중요한 도구이며 가장 많이 사용되는 기법으로서 매우 중요한 기능을 한다. 사회복지사의 면접기술은 의사소통기술과 함께 클라이언트에게 서비스를 제공할 때 이용될 뿐만 아니라 다양한 전문가, 가족성원, 일반 대중들과의 의사소통도 잘할 수 있게 한다.

1) 면접의 개념

면접(interview)이란 사람과 사람 간에 언어나 동작을 매개로 하여 이야기를 주고 받는 행동으로, 여기에는 반드시 커뮤니케이션이 일어난다(장인협, 1993). 즉, 면접이란 면접자와 클라이언트 간의 일대일 관계에서 서로 대등하게 대면하여 의사소통을 도모하는 것을 말한다.

면접은 사회복지사가 사회복지실천 현장에서 사용하는 기본적인 도구로서 사회복지사와 클라이언트의 전문적인 관계에서 일어나는 상호작용을 의미하며 이를 통해 정보수집, 과업 수행, 문제 해결 등과 같은 목적을 수행한다.

또한 면접은 목적이 있고 목표지향적 특성을 지닌 전문적 대화 혹은 의사소통과정이라고 정의할 수 있다. 면접은 전문적 기술이지만 사회복지사의 창의적 방법이 동원되는 것이며 모든 면접은 목적을 가지고 있는 분야에 따라 구체적 기술이 적용된다.

사회복지실천 면접의 목적은 사회복지의 기능에 따라 달라질 수 있는데, 사회복지의 일반적인 목적은 사회조사를 하기 위한 정보적인 것, 평가에 도달하기 위한 진단적인 것, 변화를 위한 치료적인 것으로 기술할 수 있다(Kadushin, 1983).

따라서 모든 사회복지사는 자신에게 적절한 스타일의 면접기술을 발달시켜야 한다. 다음 사항들은 효과적 면접에 영향을 미치는 것들이다(Brown et al., 1992).

① 사회복지사의 자기인식 정도
② 주고받는 심리에 대한 고유한 역동성을 이해하는 것
③ 원조관계를 발전시킬 수 있는 사회복지사의 능력
④ 클라이언트를 존중하며 클라이언트로 하여금 의사소통 과정에 적극적으로 관여하도록 하는 사회복지사의 능력
⑤ 클라이언트에게 기술적으로 말을 하고 질문하는 사회복지사의 능력
⑥ 면접의 목적
⑦ 면접이 행해지는 분위기와 장소
⑧ 비밀보장의 정도
⑨ 전이와 역전이 등 면접과정에서 유발되는 역동성에 대한 사회복지사의 인식

(1) 사회복지면접의 특성

사회복지실천 면접은 두 사람 이상이 어떤 목적을 가지고 대화로 이루어진다는 점에서는 면접과 큰 차이는 없지만, 특별한 주제를 가진 사회복지사

에 의해 의도적·전문적으로 이루어진다는 점이 특징이다. 즉, 사회복지실천 면접은 인간의 행동과 반응에 대한 전문적 지식과 정교한 인간관계 기술을 갖춘 사회복지사가 클라이언트와 그의 문제를 이해하고 원조한다는 목적을 가지고 의도적으로 이끌어 나가는 전문적인 대화라고 할 수 있다(엄명용 외, 2006).

사회복지실천 면접은 다음과 같은 특성을 가지고 있는 일련의 커뮤니케이션이라고 할 수 있다(Compton & Galaway, 1984)

첫째, 면접을 하기 위한 전후 관계(context)나 장(setting)이 있다. 즉, 서비스를 제공하는 기관이 있고 그 기관의 상황적 특성이 있다. 특정 클라이언트에게 규정된 서비스를 제공하는 특정한 기관의 상황이 세팅되어 있으며, 커뮤니케이션의 내용은 한정되고, 특정 상황과 관련되지 않은 요인들이 제거되는 기초가 된다.

둘째, 구체적 목적을 달성하기 위한 과정으로 일정한 목표와 방향이 있다. 면접은 클라이언트와 사회복지사가 목적 달성을 위한 일련의 과정을 밟기로 상호협의한 상태에서 진행함을 의미한다. 즉, 면접은 우연히 만나서 정보를 교환하는 비공식적인 대화가 아니라, 면접의 목적은 커뮤니케이션의 한계를 정하고 불필요한 자료를 배제시키는 근거로 구체적인 목표달성을 위해 수행되는 과정이라는 것을 말할 수 있다.

셋째, 계약에 의해 이루어지는 것이다. 면접이 한정적이고 계약적이라는 것은 사회복지사와 클라이언트가 규정된 목적을 달성하기 위해 특수한 상황에서 활동하는 의미이다. 즉, 면접은 클라이언트와 사회복지사가 목적을 달성하기 위해 일련의 과정을 면접하기로 상호합의한 상태에서 진행하는 것을 말한다.

넷째, 면접에서는 사회복지사와 클라이언트의 특수한 역할 관계가 규정된다. 즉, 사회복지사와 클라이언트에게 각각 정해진 역할이 있고 그 역할에 따라 상호작용이 제한된다는 점에서 한정적인 요소가 있다.

(2) 면접의 목적

면접은 서로의 전문적인 대화로서 상대에 관한 정보 수집과 상대를 돕는 것을 목적으로 관찰과 경청, 질문과 응답으로 이루어진다. 대체로 사회복지사는 면접을 주도하고 클라이언트는 면접에 응하는 형태를 취한다. 사회복지사는 면접을 통해 클라이언트와 교감하며 나아가 클라이언트의 욕구와 문제를 파악한다. 그러므로 사회복지실천은 면접에서 시작하여 면접으로 마무리된다.

면접은 결코 간단한 기술이 아니다. 앞서 정리한 바와 같이 면접을 통해 사회복지사는 클라이언트에 관한 기초 정보를 수집하고 나아가 클라이언트의 내적 변화를 꾀할 수 있기 때문에 면접기술의 수준은 매우 다양하다. 그러므로 면접기술을 익히는 일은 사회복지사에게 막중한 과제라 할 수 있고 이를 올바르게 익히기 위해 다음과 같은 사항에 유의해야 한다.

첫째, 인간 심리 및 인간 행동의 모든 이론에 관한 이해가 있어야 한다. 면접은 곧 신뢰하는 인간관계를 토대로 하는 상담이다. 아울러 전문 상담은 정신분석이론, 행동주의이론, 인본주의이론 등과 같은 인간 심리 및 행동이론을 바탕으로 이루어진다. 따라서, 고급 면접기술을 익히기 위해 사회복지사는 기초에 충실하여 이들 이론과 관련 및 개념을 충분히 이해해야 한다.

둘째, 인간 심리 및 행동이론을 이해하는 과정에서 사회복지사는 반드시 자신에 관한 이해가 있어야 한다. 사회복지사는 클라이언트를 이해하고 나아가 도움을 주기에 앞서 자신에 관한 이해가 있어야 한다.

셋째, 사회복지사는 인간 심리 및 행동이론을 섭렵하면서 자신의 성향에 맞는 특정 이론을 선택하여 이를 집중적으로 공부하는 것이 바람직하다. 인간 심리 및 행동이론은 인간에 관한 이해의 관점에 따라 서로 달라지기 때문에 사회복지사 자신이 인간을 이해하는 관점과 동일한 이론을 활용하는 것이 당연하다(길귀숙 외. 2021).

2) 면접의 요소

면접에서의 요소를 크게 내적인 요소와 외적인 요소로 나눌 수 있다. 내적인 요소에는 신뢰관계를 들 수 있고, 외적인 요소에는 장소, 시간 등이 있다. 이를 정리하면 다음과 같다(박차상 외, 2005).

(1) 내적인 요소

면접의 내적인 요소는 신뢰관계의 형성이다. 신뢰관계는 '라포(rapport)'라고 하며, 이는 클라이언트와 사회복지사 간의 상호이해와 관계를 수립하는 친근감, 신뢰감, 안정감, 조화, 공감·화합 등의 정서적 유대를 의미하는 것이다. 신뢰관계는 사회복지실천 현장에서 클라이언트의 존엄성, 자기결정 등을 실천할 수 있는 기초를 이루며, 실천의 성패를 결정하는 중요한 요인이 된다. 따라서 면접의 초기과정에서 신뢰관계가 잘 형성되어야 클라이언트가 자신의 감정을 개방적으로 드러내고 본인의 문제들을 잘 표현하게 된다.

신뢰관계를 높이기 위해서는 사회복지사의 케이스 개입에 대한 동기와 태도가 순수하고, 명료하며, 클라이언트의 욕구에 맞추어야 한다. 따라서 사회복지사는 클라이언트의 문화와 가치관이 다르다는 것을 이해하고 비판과 편견 없이 수용하고 존중해야 한다.

(2) 외적인 요소

면접의 외적인 요소로는 장소, 시간 등이 있다. 먼저 면접의 장소는 반드시 상담실(면접실)에서만 하는 것이 아니라, 사회복지 기관 및 시설, 가정, 클라이언트의 직장이나 학교, 카페, 공원 등 다양하기 때문에 클라이언트의 특성이나 원하는 장소를 선정하여 편하게 면접을 하는 것이 필요하다.

면접 장소는 소란을 방지하고 조용한 분위기와 자유로운 공간을 제공해 줄 수 있는 곳이 적합하다. 특히, 실내 면접 장소는 공간 넓이, 조명, 색채, 책상이나 의자의 배치, 기타 내부장치 등이 배려되어야 한다.

면접 시간은 클라이언트와 면접할 날짜, 시간 등을 사전에 약속하는 것을 말한다. 즉, 상호 간의 약속은 면접 시간을 유효하게 사용할 수 있다. 면접 시간을 사회복지사와 클라이언트가 서로 주어진 시간에 자신들이 목적하는 바를 이룰 수 있고, 보다 적극적인 공동참여와 노력을 집중시킬 수 있다. 대개 면접 시간은 목적에 따라 달라지지만 보통 한 클라이언트에 대해 일주일에 1회로 하며, 40~50분 정도가 적절하다. 물론 클라이언트의 주의집중력,

의사소통능력 등에 따라 조정할 수 있지만, 1시간이 넘어가면 지루해지고 집중력이 떨어져 효과가 낮아질 수 있기 때문이다.

3) 면접의 종류

면접의 종류는 목적에 따라 다양하지만 가장 많이 이루어지는 면접의 종류는 정보를 얻기 위한 면접, 사정을 위한 면접, 치료를 위한 면접 등으로 구분할 수 있다. 면접의 종류를 구체적으로 살펴보면 다음과 같다.

(1) 정보를 얻기 위한 면접

정보수집 면접은 클라이언트의 개인적, 사회적 문제와 관련된 사회적 배경이나 개인의 성장발달사에 관한 정보를 얻기 위한 것이다. 이 면접의 목적은 클라이언트의 배경을 파악함으로써 문제를 더 잘 이해하고, 클라이언트가 어떤 서비스를 받아야 하는지를 정확히 결정하기 위한 것이다. 따라서 클라이언트의 유형, 문제영역, 기관의 성격에 따라 정보수집 면접의 초점이 달라질 수 있다.

면접에서 사회복지사는 클라이언트에 관한 객관적 사실과 그의 주관적 감정 그리고 태도를 파악해야 한다. 또한 클라이언트 외에 부모, 친구, 친척, 고용인, 이전에 클라이언트가 접촉한 기관과의 접촉이나 면접이 필요하다(권구영 외, 2008).

정보를 수집할 때 파악해야 할 항목은 다음과 같다(Zastraw, 1995).

① 일반적 사항: 나이, 성별, 학력, 결혼상태, 주소 등
② 현재 문제: 현재 문제상황, 현재 문제와 관련된 과거력 등
③ 가족력: 클라이언트와 원가족과의 관계, 부모·형제관계, 부부관계, 자녀관계 등
④ 개인력: 아동기 성장과정, 발달단계상의 문제, 학교생활, 교우관계, 직장생활, 결혼생활

⑤ 사회적·직업적 기능: 클라이언트의 사회적, 직업적 기능 정도 등

(2) 사정을 위한 면접

사정(Assessment)은 문제가 무엇인지, 어떤 원인 때문인지 그리고 그 문제를 해결하거나 줄이기 위해 무엇이 변화되어야 하는지에 대해 답하는 사회복지실천 과정의 핵심적 단계이다. 사정 혹은 의사결정 면접은 어떤 서비스를 제공할지 의사를 결정하는 면접으로써, 정보수집 면접보다는 목적지향적인 특성이 있다. 즉, 사정면접은 어떤 치료를 할 것인가를 결정하기 위한 것이다.

예를 들어, 정신장애인의 경우 사정면담을 통해 어떤 치료방법을 사용할 것인지를 결정하게 된다. 이러한 결정을 위해서는 장애가 어느 정도 심각한지, 정신장애의 유형과 진단은 무엇인지, 약물치료의 효과와 재활치료의 효과는 어느 정도로 예측되는지를 판단하고, 정신장애인과 가족 그리고 지역사회 기존의 자원과 능력 등을 평가한다(양옥경 외, 2006). 따라서 클라이언트가 처해 있는 문제상황, 문제해결 목표, 목표를 달성하기 위해 어떤 개입 방법을 선택해야 할지 결정하게 된다.

(3) 치료를 위한 면접

치료를 위한 면접은 클라이언트를 도와서 그 자신이 변하게 하거나 클라이언트의 기능을 향상시키기 위해서 사회적 환경을 변화시키는 것이다. 즉, 클라이언트에게 자신감, 자기효율성을 강화하고, 필요한 기술을 훈련하며, 문제를 해결할 수 있는 능력을 키우는 것 등이 목적이다. 환경을 바꿀 목적으로 면접하는 경우도 있다.

예를 들어, 부부관계가 원만하지 못한 경우 관계 개선을 위한 면접으로 부부치료를 받도록 유도하고, 자녀의 양육문제로 고민하는 부모라면 부모역할 훈련과정에 참여하도록 한다. 또한 사회적 환경을 바꾸는 경우로 음주문제를 가지고 있는 클라이언트의 배우자는 어떻게 자신의 배우자가 금주를 하고 술과 분리되어 의미 있는 삶을 살아가도록 하기 위해서 면접을 한다.

이렇듯 치료적 변화가 필요한 사람이 도움을 요청할 경우 사회복지사는 클라이언트의 삶에 있어서 중요한 사람들과 면접을 한다. 치료를 위한 면접은 클라이언트가 선호하는 사회적 환경에 중심을 두고 변화시키는 것이다. 이를 위해 클라이언트와 관련이 있는 중요한 사람들 혹은 클라이언트의 이익과 권리를 옹호하고 대변할 수 있는 사회복지 기관, 지역사회, 공공기관, 관련 공무원 등과 면접한다.

4) 면접의 과정

모든 면접은 시작단계, 중간단계, 종결단계가 있다. 그리고 면접의 단계는 각각 다른 목적과 목표를 가지고 있다. 새로운 클라이언트를 처음 면접하는 경우 라포형성과 평가에 초점을 맞추어야 하고, 평가면접의 경우 유용한 정보를 얻는 것이 일차적인 목표이며 치료의 마지막 면접은 종결에 초점을 맞추어야 한다. 그러나 모든 면접은 클라이언트의 문제해결능력 향상과 감정의 표현을 통한 행동의 변화를 가져올 수 있도록 해야 한다(양정남 외, 2007).

(1) 시작단계

면접의 시작은 사회복지사가 클라이언트의 이름을 호명하면서 시작되며, 가능한 한 클라이언트가 편안하도록 배려한다. 사회복지사는 클라이언트가 면접에 적극적으로 참여할 수 있도록 원조하고 긴장과 적개심이 감소되도록 노력한다. 이러한 과정은 사회복지사가 지난 회기 면접 이후 중요한 변화에 대해 질문을 함으로써 시작하며 이를 통해 클라이언트의 상태와 관심사를 이해할 수 있다. 면접의 초기에 사회복지사는 면접의 목적을 상기시키고 클라이언트가 가지고 있는 욕구나 문제에 대해 표현하도록 격려한다. 그리고 클라이언트에 대한 관심과 공감을 보여줌으로써 신뢰관계를 형성하고 현재 상황을 평가한다. 만약 초기면접이라면 치료적 관계를 형성하는 것과 평가를 위해 시간을 할애한다.

모든 면접 시 사회복지사는 클라이언트에 대한 존중과 문제의 다양성, 그리고 개인의 독특성을 인정한다. 면접 시 사회복지사가 클라이언트의 행동의 변화를 위해 다음 면접의 목적과 계획에 대해 질문을 하는 것도 좋은 방법이다. 사회복지사는 클라이언트가 중간단계로 나갈 준비가 되었다고 평가되면 면접의 초점을 바꾼다.

(2) 중간단계

중간단계의 면접은 주어진 과업에 따라 달라질 수 있으며, 치료계획의 수정, 활동계획, 장애물 제거 등이 될 수 있다. 사회복지사는 클라이언트의 말을 경청하고, 반응을 관찰하며, 면접의 목적을 달성하기 위해 다양한 기술을 활용한다. 사회복지사는 전문적 가치와 기술을 중심으로 클라이언트의 문제 해결과정을 돕고 점검한다.

면접의 속도를 조정하고 적절한 시간 조절, 과업에 대한 초점 정리 등을 유지한다. 또한 의사소통의 효율성 정도를 매회 점검한다.

(3) 종결단계

면접의 마지막 단계는 종결이다. 종결인 마무리 단계에서는 종결 시간에 대해 시작부터 클라이언트와 서로 인지하면서 미리 준비하고 계획하여 면접이 갑작스럽게 끝나지 않도록 해야 한다. 종결에서는 내용뿐만 아니라 정서적인 측면도 종결에 대한 준비가 이루어져야 한다. 유능한 사회복지사는 클라이언트가 종결 시간에 대해 잘 알 수 있게 하고 정해진 시간에 맞추어 면접을 진행해 나간다. 만약 클라이언트가 면접의 종결 시간에 대해 인지하지 못할 경우, 사회복지사는 친절하게 종결 시간을 알려주어야 한다. 예를 들면, 사회복지사가 일어날 준비를 하는 행동을 보이거나 면접에 사용된 서류나 종이를 정리하며 시계를 보는 등의 행동을 보여주며 종결 시간을 알려줄 수 있다.

종결단계에서 사회복지사는 그동안 사회복지사와 클라이언트가 수행해온 일과 성공적인 경험에 대해 요약하고 클라이언트의 동기에 따라 특정 경험에 대해 의미를 부여할 수 있다. 종결단계에서는 사후관리 서비스를 계획하고, 그동안 사회복지사로서 동의할 만한 클라이언트의 기능적인 행동을 언급하며 재검토한다.

이와 같이 면접의 초기·중기·종결단계 전 과정에서 관심의 중심은 클라이언트이다. 전문적인 사회복지실천의 가치, 지식, 기술 등을 통해 사회복지사는 클라이언트의 문제 상황을 이해하고 문제가 존재하는 이유를 규명하며, 클라이언트와 함께 목표 달성에 필요한 행동을 수행하는 등의 원조를 제공하게 되는 것이다(정원철 외, 2022).

2. 사회복지면접의 기술

면접의 기술이란 상담과정에서 클라이언트의 의도를 올바르게 파악하고 상담을 성공적으로 이끌어줄 수 있는 방법, 즉 상담자가 클라이언트의 관계 속에서 지니고 있어야 할 의사소통 기술이라 할 수 있다. 면접의 기술을 구체적으로 살펴보면 다음과 같다.

1) 관찰기술

관찰기술은 클라이언트가 말하고 행동하는 것에 주의를 기울여 그를 이해하는 것이다. 관찰은 초기면접 이전에 클라이언트가 대기실에서 기다리고 있는 상황에서부터 시작된다. 클라이언트의 대기실에서의 태도는 개입에 대한 태도와 평소 불안함과 두려움을 어떻게 다루어왔는지를 알 수 있는 자료가 된다. 관찰기술은 면접 중 클라이언트의 언어적·비언어적 표현에 민감해야 한다. 특히 클라이언트의 비언어적 측면, 말하는 방식, 모순된 내용, 신체적 표현인 얼굴 표정, 목소리 톤 등도 유심히 관찰해야 한다. 이러한 부분이 클라이언트를 이해하는 데 매우 중요한 정보를 제공하기 때문이다. 사회복지실천 면접에서 관찰해야 할 의사소통기법은 언어적·비언어적 기법으로 나누어 볼 수 있다.

클라이언트의 면접에서 관찰해야 할 언어적 의사소통 기법은 다음과 같다(정원철 외, 2022).

▶ 시작하는 말과 종결하는 말

클라이언트가 처음에 자신의 문제를 설명하는 과정에서 문제를 바라보는 시각이나 원조에 대한 태도가 반영되고, 종결하는 말은 면접의 의미를 함축하거나 자신의 문제해결능력을 나타낸다고 볼 수 있다. 따라서 클라이언트가 처음 시작하는 말과 마무리하는 말을 잘 살펴보아야 한다. 이러한 과정이 클라이언트의 말을 듣는 것이지만 관찰하는 것에 포함된다.

▶ 대화 중에 주제 바꾸기

클라이언트는 대화 중에 말하기 곤란하거나 회피하고 싶은 주제가 나오면 갑자기 대화의 주제를 바꾸기도 한다. 더 이상의 자신의 노출을 꺼리는 것일 수 있으므로 사회복지사는 이 점에 유의하여 관찰하여야 한다.

▶ 반복적으로 언급하는 내용

클라이언트는 자신이 강조하고 싶은 내용을 반복적으로 이야기하게 되므로 그 내용을 주의 깊게 관찰하여 듣는 것이 필요하다.

▶ 침묵

클라이언트는 주제가 자신에게 위협적이라고 느끼거나 말하기 곤란한 것을 침묵으로 나타낼 수 있다. 또한 면접과정에서 자신의 생각을 좀 더 정리하는 과정에서 클라이언트는 정적할 수 있다. 면접과정에서 적절한 침묵은 클라이언트가 사회복지사와 자신의 생각을 공유할 수 있는 용기와 기회를 제공하며, 생각을 정리하여 공유할 내용을 분류할 수 있는 여유를 가지는 것이다. 때로는 사회복지사와의 관계 형성에 두려움을 느끼거나 적대감을 가질 때 클라이언트가 침묵할 수도 있다. 이러한 경우에 사회복지사는 클라이언트의 침묵에 섣불리 개입해서는 안 된다. 면접을 효과적으로 지속하기 위해서는 침묵을 깨기보다는 인내심을 가지고 어느 정도는 침묵을 유지하도록 한다. 하지만 침묵이 너무 길어지거나 자주 발생하는 경우에는 직접적인 개입을 하는 것이 필요하다. 침묵이 발생하는 시기와 어느 때 침묵이 길어지는지 등 클라이언트의 침묵 자체에 대해 탐색해야 한다.

▶ 일관적이지 않은 내용

클라이언트의 말이 서로 모순되거나 그 의미가 불분명할 수 있는데, 이때 클라이언트가 다루는 주제에 대한 양가감정이나 혼란, 죄책감 등의 감정 상태를 표현하는 것일 수 있다.

클라이언트의 면접에서 관찰해야 할 비언어적 의사소통의 기법은 다음과 같다(최선화, 2019).

▶ 눈 맞춤

자신을 바라보는 상대방과 눈을 맞추는 행위는 사회적 상호작용의 가장 기초적인 단계이다. 사람의 눈은 말로 하지 않는 많은 정보를 전달하기 때문이다. 문화에 따른 차이는 있으나 대체로 관심이 있거나 열의가 있으면 사람들은 서로 대화하는 상대를 바라보며 눈을 맞추고 지루하거나 관심이 없으면 눈을 잘 맞추지 않는다. 특히 면접과정에서 클라이언트가 두려움과 불안 등 부정적인 감정을 느낄 경우나 솔직하지 못한 의사소통을 할 때 눈 맞춤을 회피하게 된다. 눈 맞춤은 면접과정에서 클라이언트의 감정상황을 잘 반영하고 전달해주는 것이다.

▶ 용모 및 외모

우리는 상대의 옷차림을 통해 그 사람의 직업, 연령, 성격 등 다양한 것을 짐작할 수 있다. 클라이언트의 청결 상태, 계절에 알맞은 옷차림, 용모 등은 클라이언트의 현재 상황을 전달해주는 암묵적인 신호라고 할 수 있다. 맨발로 찾아온 클라이언트를 만난다면 위기상황인지, 인지상의 문제가 있는지 등 다양한 가설을 설정해 볼 수 있을 것이다. 따라서 클라이언트의 외양이나 옷차림은 클라이언트의 현재 상황을 잘 표현하고 있기에 이를 관찰함으로써 중요한 정보를 얻을 수 있게 된다.

▶ 자세와 몸동작

면접과정에서 클라이언트의 몸가짐, 손, 팔, 다리 등의 동작은 많은 의미로 클라이언트 감정 상태를 전달한다. 클라이언트가 앉은 상태로 심하게 다리를 떨거나 자세 변화를 보이면서 면접에 임하는 것은 불안을 짐작할 수 있다. 팔짱을 끼고 있으면 방어적이라는 인상을 받게 된다. 면접과정에서 사회복지사는 클라이언트의 비언어적인 표현이 언어적인 표현과 일치하는지를 확인해야 한다.

▶ 표정

사람의 표정은 말로 전달하고자 하는 내용을 더욱 분명하고 명확하게 해준다. 눈을 크게 뜨거나 눈썹을 치켜 올리는 것은 놀랐다는 의미일 것이다. 면접과정에서 미소를 띠거나 얼굴을 찡그리는 표현은 상담에서 다루어지는 주제에 대한 클라이언트의 감정을 가감 없이 표현하여 전달하는 것이다.

2) 경청기술

경청기술은 면접에서 가장 중요한 기술이다. 경청이란 사회복지사가 클라이언트의 말에 선택적으로 주목하는 것을 말한다. 즉, 클라이언트가 무엇을 말하는지, 면접자의 질문에 어떻게 반응하는지를 듣는 것이다. 이때 경청은 클라이언트의 어려움에 공감하고 그에게 필요한 반응을 하면서 적극적으로 잘 듣는 것이다. 경험이 부족한 사회복지사의 공통된 실수는 자신이 이야기를 많이 하고 클라이언트가 말할 기회를 적게 주는 것이다. 이러한 태도는 전문적 관계 형성을 방해할 뿐 아니라 클라이언트로 하여금 사회복지사의 신뢰감을 떨어뜨리게 한다.

효과적인 의사소통을 위한 중요한 관건은 상대적으로 더 비중을 두어야 할 클라이언트의 말과 행동을 선택하여 주목하는 것이다. 경청을 잘하기 위한 방법은 다음과 같다.

① 클라이언트가 말을 할 때 적절한 반응을 보여 준다. 예를 들어, 고개를 끄덕거린다든지, 단순한 "아", "예" 등과 같은 음성적 반응 등을 보여 준다.

② 사회복지사가 궁금하거나 내용을 잘 이해하기 위하여 적절한 질문을 하면, 클라이언트는 자신의 말을 경청하고 있다는 느낌을 받게 된다.

③ 클라이언트가 한 말에 대하여 반복과 환언을 실시한다. 반복과 환언을 통해 클라이언트의 말을 충분히 경청하고 있음을 표현할 수 있다.

3) 질문기술

질문하기는 클라이언트로부터 중요한 정보를 얻기 위해 가장 많이 사용하는 면접기술이다. 일반적인 의사소통에서도 질문을 하지 않고는 대화가 이루어지지 않는다. 사회복지실천의 면접과정에서는 단순히 언어적 정보를 얻기 위한 것이 아니기 때문에 질문을 하는 태도가 더 중요하다. 질문하기 기법에는 여러 가지 기술이 있다. 각 기법에는 장단점이 있으므로 클라이언트의 상황에 따라 질문의 방법 및 분량, 적절한 시기 등을 고려해야 한다. 질문의 형태를 살펴보면 다음과 같다(백은령 외, 2009).

(1) 개방형 질문과 폐쇄형 질문

개방형 질문은 클라이언트가 답변의 내용을 선택하여 설명, 논의하여 대답하도록 하는 질문 방식이다. 즉 응답 내용에 대해 자유로운 답변이 나올 수 있는 질문 형태이다. 클라이언트 자신이 중요하다고 생각되는 문제에 초점을 맞출 수 있으며, 그의 생각과 감정에 대한 탐색이 가능하다. 개방형 질문이 사회복지실천에서는 더 효과적인 질문으로 사용되지만 상황에 따라서는 폐쇄형 질문이 더 적절한 경우도 있다.

폐쇄형 질문은 비교적 제한된 답변이 나올 수 있는 질문이다. 주로 구체적인 사실에 대한 정보를 얻기 위해 사용하는 질문 형태이다. 면접 초기 상황에서 많이 사용되고 면접 전반적인 과정에서 활용되기도 한다. 명백한 사실을 간단하게 확인하는 경우에는 폐쇄형 질문이 더 적절하다. 하지만 폐쇄형 질문은 클라이언트의 초점과 반응 범위를 제한하고 확실한 사실에 대한 확인 과정의 질문으로, 클라이언트의 대답은 "예" 또는 "아니오"로 제한된다. 클라이언트의 답변의 범주가 제한적이고 클라이언트에 대한 이해의 폭이 넓지 않다. 또한 면접과정에서 폐쇄형 질문을 많이 사용하면 클라이언트는 조사당한다는 느낌을 가질 수 있어 불쾌감을 느낄 수도 있다.

- 개방형 질문: "오늘 기분이 어떠니?", "시험 끝나니 기분이 어떠니?", "오늘은 어떤 이야기를 하고 싶으세요?"
- 폐쇄형 질문: "오늘은 기분이 좋니?", "밥은 먹었니?"

(2) '왜'라는 질문

'왜'라는 질문은 면접과정에서 클라이언트를 비난하거나 질책하는 의미를 내포할 수 있다. 이는 책임 추궁이나 비난, 비판의 의미로 전달될 수 있기에 사용에 주의를 기울여야 한다. 하지만 면접과정에서 클라이언트 행동의 이유나 배경, 원인 등에 대해 알아보고자 할 때는 사용할 수 있다. 이때 클라이언트가 질문을 받고 추궁 받는 느낌으로 방어적인 태도를 보이지 않도록 주의하여 사용해야 한다. 중요한 것은 클라이언트가 어떻게 받아들이느냐 하는 것이다. '왜'라는 말 대신 '이유'라는 말을 사용하는 것이다. 예를 들어, '왜 그런 행동을 했지요?' 보다는 '그러한 행동을 한 이유를 말해줄래요?'라는 말이 더 좋을 수 있다.

(3) 유도질문

유도하는 질문은 특정한 방향으로 클라이언트의 응답을 이끌어내는 질문이다. 유도하는 질문을 받게 되면 클라이언트는 자신의 의견을 솔직하게 말하기 보다는 질문자가 원하는 방향으로 거짓 답변을 할 수 있다.

(4) 이중질문

한꺼번에 2개 이상의 질문을 쏟아 붓는 것으로 이중질문을 하면 클라이언트는 어느 질문에 초점을 맞추어야 하는지 혼란스러울 수 있고, 정확한 답변보다는 피상적인 답변을 할 수 있다. 따라서 이중질문은 클라이언트를 당황하게 만들 수 있기 때문에 한 번에 하나의 질문을 하는 것이 좋다.

4) 명료화

명료화는 클라이언트가 말하는 것을 반영하는 것인데, 이해하기 쉽도록 보다 유사한 말로 바꾸어서 표현하는 것이다. 클라이언트가 자신의 처지에 대해 좀 더 분명하고 객관적인 인식을 갖도록 언급하는 기술이다. 클라이언트가 자신의 진술에 일관성이 없거나 모호한 경우에 좀 더 분명히 질문하여 대답을 요구하거나 클라이언트의 실제 반응에서 드러난 감정, 생각 속에 암시되었던 의미를 클라이언트에게 분명하게 말해줄 필요가 있을 때 사용한다. 이때 사회복지사는 클라이언트가 사용한 것과 동일한 단어를 사용하여 언급한다.

예 클라이언트: 시어머님은 쉽게 말씀하시지만 듣는 사람은 좀 그래요.
사회복지사: '좀 그래요'라고 하셨는데 구체적으로 어떻다는 것인가요?

5) 직면하기

클라이언트의 말과 행동 사이의 불일치, 모순됨을 클라이언트가 주목하도록 도움으로써 진실한 것이 어느 것인지를 밝히는 기술이다. 이 기술은 클라이언트가 모르고 있거나 인정하기를 거부하는 생각과 느낌에 주목하도록 하는 기법이다. 사회복지사는 클라이언트가 의식할 수 있고 자신을 살필 수 있음을 지적해주고 그것이 클라이언트 자신의 문제와 어떻게 관련이 되는지를 생각해 보도록 이끌어 준다. 이 기법은 클라이언트의 감정, 행동, 사고의 모순을 지적하는 것이므로 사회복지사와 충분한 친밀관계가 형성된 이후에 사용하여야 한다. 사회복지사의 직면기법은 클라이언트에게는 부담스럽고 거부감을 느낄 수 있다. 또한 클라이언트가 극심한 긴장 상태일 경우라면 사용하지 않는 것이 좋다. 즉 직면은 공격적 요소를 지니고 있으며 클라이언트에게 충격을 유발할 수 있고 상처로 다가갈 수 있기 때문에 충분한 신뢰관계가 이루어지지 않았을 경우에는 사용에 주의해야 한다.

예 ○○야, 네가 좋은 성적을 받기를 원한다고 하면서도 공부하는 데 시간을 거의 보내지 않는 것 같구나. 공부하는 데 시간을 보내지 않으면서, 좋은 성적을 받으려고 하는 네 행동을 이해하기 어렵구나.

6) 해석하기

해석하기는 클라이언트가 말한 것을 명확하게 설명하는 것이다. 이 해석하기는 사회복지사가 클라이언트에게 그의 어떤 행동이나 사고, 감정이나 생각 등을 지적해주는 것이기도 하지만, 거기에 대해서 그런 생각이나 감정이 본인에게 어떤 의미를 지니는지 그 의미에 관한 사회복지사 나름의 추리를 제시해주는 것을 말하기도 한다.

해석하기는 면접자가 클라이언트의 현존 사태에 대해 이해하도록 인식시키는 데 있다. 면접자는 클라이언트가 직면한 문제 상황에 대해 해석을 내리는 것이 중요하다. 해석을 사용하는 목적은 클라이언트의 통찰을 촉진시키고자 하는 것이다. 해석을 통하여 새로운 대안, 좀 더 기능적인 행동, 깊은책임감을 갖도록 하는 데 도움을 준다. 즉, 클라이언트의 표현과 행동 상황 저변의 단서를 발견하고 그 요인들을 이해하여 클라이언트 스스로 자신의 문제를 해석하고 직면할 수 있도록 해주는 방법이다(조미숙 외, 2021).

7) 요약하기

요약하기는 클라이언트가 말한 언어적 표현의 요점을 사회복지사가 요점을 간추려서 사회복지사의 말로 되돌려 주는 기법이다. 즉 클라이언트의 생각, 행동, 감정을 사회복지사의 언어로 정리하는 기술로서 클라이언트가 말하는 내용의 핵심을 짧고 명확하게 언급하는 것이다. 요약은 상담 회기를 시작할 때, 상담에서 분위기 전환이 필요할 때, 클라이언트가 집중하지 못하고 산만할 때, 상담의 회기를 마칠 때 사용한다. 또한 다루고 있는 주제가 바뀔 때, 회기를 마무리할 때 그동안 클라이언트가 이야기한 내용을 간략하게 정리하는 것이다. 이렇게 요약하기 기법을 사용하게 되면 클라이언트는 사회복지사가 자신의 말을 경청하고 있음을 알게 되고, 사회복지사는 클라이언트의 이야기를 정확하게 이해하고 있는지 확인하는 기회를 가지게 된다.

요약의 목적은 클라이언트 이야기에 담겨 있는 여러 요소를 한데 묶어 간결하게 정리해 주고 클라이언트 이야기의 공통된 주제나 패턴을 파악하는 데 있다. 또한 면접이 사실 중심으로 겉도는 것을 차단하고 치료적 의미가 있는 내용을 조명함으로써 상담의 효율성을 더 높일 수 있다. 요약하기 기법은 클라이언트의 호소 문제를 중심에 두고 사용하며, 클라이언트와 사회복지사에게 면접의 초점을 유지하고 방향 설정에 도움이 되는 기법이다(정원철 외, 2022).

8) 분위기 조성기술

분위기 조성기술은 면접을 위해 심리적으로 편안한 분위기를 만드는 기술이다. 이를 위해 서로에 대한 이해와 개방성을 촉진시킬 수 있는 방향으로 분위기를 조성해야 한다. 면접 분위기를 조성하기 위해서는 일단 자연스럽게 자신의 관심사에 대해 이야기할 수 있도록 가벼운 일상 대화로부터 시작하여 클라이언트의 관심사와 문제에 초점을 두어 진행하도록 한다.

분위기 조성의 중요한 요건은 공감, 진심, 온화함 등이 있다.

공감(Empathy)은 동정과는 달리 클라이언트를 이해하면서 클라이언트가 느끼는 정서도 함께 느끼는 것을 말한다. 이는 클라이언트의 눈과 귀 심정을 느낄 수 있어야 한다. 공감은 클라이언트가 말하는 말 속에서 주요한 감정·태도·신념·가치 기준을 포착하는 것과 내면적인 메시지도 이해하고 있다는 것을 클라이언트에게 전달해주는 의사소통의 과정도 포함한다. 이러한 공감적 이해를 하게 되면 클라이언트는 편안한 분위기 속에서 이해받고 있다고 생각할 수 있으며, 관계 형성에도 많은 도움을 얻을 수 있다.

진심(Genuineness)은 클라이언트에게 사회복지사가 믿을 만한 사람임을 전달하는 것이다. 이는 사회복지사의 언어적 표현과 비언어적 표현이 일치함으로써 전달된다.

온화함(Warmth)은 친밀하고자 하는 욕구를 전달하는 것으로 이러한 친밀감 속에서 클라이언트는 긍정적 또는 부정적 감정을 표현할 수 있고 가치 있는 존재로 느낄 수 있게 된다. 이러한 온화함은 클라이언트에게 긍정적 존경과 친절을 보여줌으로써 그리고 클라이언트의 성장과 발전을 진심으로 기뻐함으로써 표현된다(양옥경 외, 2006).

9) 초점 제공하기

상담 장면에서 이야기의 주제가 초점에서 벗어나는 주제로 흐를 경우 본래의 초점으로 되돌리는 기술이다. 클라이언트가 표현이 산만하고 어떤 주제에 대해 회피하려고 할 때 간단하게 질문하기를 통해 이야기의 초점을 맞추게 된다. 정해진 상담시간에 최대한의 효과를 올리기 위해 불필요한 이야기를 줄여 시간 낭비를 막아주는 효과가 있다.

10) 재보증(안심시키기)

클라이언트가 가진 능력에 대해 신뢰를 주어 클라이언트가 느끼는 불안이나 불확실성을 없애고 위안을 주며 안심시키는 기술이다. 클라이언트는 자신의 결정이나 생각에 대해 자신 없어 하거나 의구심에서 벗어날 수 있다. 사회복지사는 클라이언트가 가지는 합리적인 생각이나 결정을 지지할 때 사용한다.

11) 일반화하기

클라이언트의 생각이나 행동이 비슷한 상황에서 다른 사람과 같다고 말해줌으로써 클라이언트 자신이 특이하거나 독특한 사람이 아니라 타인과 같다고 느끼게 하여 타인과의 이질감이나 소외감을 해소할 수 있는 기법이다. 이로써 클라이언트는 자신에 대한 신뢰감과 자신감을 찾을 수 있다.

3. 면접기록

사회복지실천에서의 기록은 매우 중요한 활동이다. 클라이언트의 삶과 생명을 다루는 과정에서 기록이 이루어지지 않는다면 체계적인 실천과는 거리가 먼 이야기일 수 있다. 즉 사회복지사가 하는 일은 특정한 상황에 처한 사람의 삶에 결정적인 영향을 준다는 점을 항상 기억해야 한다. 이와 같이 사회복지실천이 체계적인 과정의 산물이기 때문에 그 과정을 돌아보고 평가해 보기 위해서는 기록이 남아 있어야 한다. 기록은 사회복지사가 추구하는 직업적 윤리와 가치를 기준으로 자신이 가지고 있는 지식과 기술을 윤리적이고도 효율적으로 사용하여 과업을 성취하기 위해 어떠한 선택을 하는가를 말해준다. 사회복지실천의 과정은 목적성·보편성·책임성이라는 특성을 가지고 있다. 따라서 이러한 선택은 기록이라는 형식을 통해 보존되고 검토되어야 한다(최경화 외 2010).

1) 기록의 목적 및 활용

(1) 기록의 목적

기록의 목적은 클라이언트의 욕구 확인, 사례의 지속성 유지, 기관이 실시하는 서비스의 정당성 입증, 전문가 사이의 의사소통 원활화, 클라이언트와 정보 공유, 사례의 지도감독 및 교육 자료, 행정적 정보 제공, 조사를 위한 자료 제공 등으로 활용하는 데 있다. 또한 사회복지사가 자신의 사례를 철저하게 기록함으로써 개입 과정에서 순간적으로 요구되는 생각의 발상과 사례발표를 위한 기초자료로 활용될 수 있다. 기록의 목적은 책임성(accountability)에 있다. 따라서 사회복지사는 자신이 제공한 서비스를 기록하고 설명하고 평가하는 과정을 통해 자신이 소속된 기관 및 사회에 대한 법적·윤리적 책임을 지게 된다(이영호, 2015; 최선화, 20019; Wilson, 1976; Kagle, 1991).

(2) 기록의 활용

사회복지실천에서의 기록은 그 쓰임새가 다양하고 실천 현장의 특성과 기관의 요구에 따라 다르게 나타난다. 기록의 다양한 활용도를 살펴보면 다음과 같다.

- 클라이언트의 욕구 확인: 기록은 관심과 초점을 명확히 하고 세부적인 사항과 욕구를 확인할 수 있게 해준다.
- 서비스 내용에 대한 보고: 사회복지실천의 개입 과정에서 진행된 상황 기록은 서비스가 클라이언트의 욕구에 적절한 것이었는지 검토 자료로 활용된다.
- 사례의 지속성 유지: 기관이 다르거나 담당하던 사회복지사가 변경될 경우 클라이언트의 욕구, 개입 목적, 진행 과정 등에 대해 연속된 검토가 가능하고 사례지속성을 유지해 준다.
- 전문가 간의 의사소통: 유관기관의 전문가나 사례회의에서 의사소통의 도구로 활용되고 사례 개입의 효과성 향상을 위한 통합적인 개입을 도울 수 있다.

- 클라이언트와의 기록 공유: 실천 개입의 방법에 따라 클라이언트와 기록을 공유하고 논의할 수 있다. 이는 사회복지사와 클라이언트 간의 정보공유를 통해 의사소통을 촉진시킬 수 있으나 전문적인 용어에 대해 잘못된 해석으로 오해를 일으킬 수도 있기에 주의해야 한다.
- 증명자료로 활용: 서비스의 개입 과정에 대해 지도, 감독, 자문 등을 받을 때 자료로 활용된다.
- 행정적 결정을 위한 자료 제공: 클라이언트의 욕구, 서비스, 유형 직무관리, 자원분배 등에 관한 행정적 결정을 위한 자료로 활용된다.

2) 사회복지실천 기록의 유형

사회복지에서의 기록은 단계나 목적에 따라 여러 가지 유형이 있다. 또한 사회복지 기관의 특성에 따라 서비스의 전달 체계가 다르기 때문에 기록의 유형도 다양하다. 기록 유형에는 과정기록, 요약기록, 문제중심기록, 목표중심기록, 시계열적 기록 등이 있다.

(1) 과정기록

과정기록(process recording)은 매우 구체적이고 세밀한 기록의 형태이다. 클라이언트와 사회복지사의 상호작용을 있는 그대로 기록하는 방법으로 면접 과정 중에 사회복지사가 듣고 관찰한 모든 것을 기록한다. 과정기록에 포함되어야 하는 내용으로는 면접 날짜, 클라이언트의 이름, 면담 횟수 등 사회복지사가 기억할 수 있는 가능한 모든 것이 포함된다.

과정기록의 장점으로는 사회복지사와 클라이언트 사이에 일어나는 활동을 개념화하고 조직화할 수 있다. 면접이나 개입의 목적을 명료화하고 개입 기술을 향상시킬 수 있으며 기록 내용을 통해 실습생의 기능수행능력 파악이 가능하고 구체적인 지도가 가능하여 실습교육 방법으로 유용하다. 또한 자신이 진행한 과정기록을 통해 자신에 대해 새로운 인식이 가능하며 사례 진행에 대한 점검과 잘못된 개입이 발견된 경우 사전에 문제 예방이 가능하다.

과정기록의 단점으로는 기록에 시간이 너무 많이 걸려 비효율적이고 사회복지사 능력에 따라 기록의 질이 영향을 받게 되며 면접과정에서 일어나는 일을 완벽하게 기억하고 재현하기 어려워 왜곡된 정보를 제공할 수 있다는 점이다. 또한 비밀보장이 철저히 이루어지지 않으면 클라이언트의 사적 관리를 침해하게 될 수 있다(정원철 외, 2022).

과정기록 방법은 면접내용을 클라이언트가 한 말을 그대로 옮겨 대화체로 기록하며, 옆 칸에는 사회복지사가 관찰한 클라이언트의 행동과 그때 사회복지사가 느낀 감정 등을 기록하는 것이다.

(2) 요약기록

요약기록(Summary recording)은 일반적으로 사회복지 기관에서 가장 많이 사용하는 기록형태로, 시간의 경과에 따라 변화된 상황, 개입활동, 중요한 정보 등을 요약하여 기록하는 것이다. 대부분 복지기관에서는 클라이언트에 대한 정보, 의뢰 등에 대해 간략한 사항만을 기재함으로써 기록의 구조를 단순화하고 있는 추세이다. 요약기록은 정보 수집을 통해 얻어진 자료를 선택하여 클라이언트의 상황을 정확하고 요점적으로 기록한다. 요약기록은 주로 초기면접이나 타기관의 의뢰, 사례종결에 사용되지만 정기적으로 중요한 정보를 요약하기 위해 주나 월 단위로 이루어지기도 한다(최혜지 외, 2013).

요약기록의 장점으로는 중요한 정보를 일목요연하게 요약함으로 장기간 클라이언트에게 접촉하거나 담당하는 사회복지사가 바뀔 경우에는 사례의 일관성과 지속성 유지가 가능하다는 점이다. 요약기록의 단점으로는 사회복지사와 클라이언트와의 상호작용의 질을 파악하기 어려우며 사회복지사의 능력에 따라 중요한 정보가 누락될 수 있다.

(3) 문제중심기록

문제중심기록(Problem-Oriented Record: POR)은 현재 제시된 문제를 중심으로 문제영역을 규명하고, 사정하고, 각 문제에 대해 무엇을 할 것인지를 계획 내용을 기록한다. 즉 문제를 평가하기 위한 자료수집의 데이터베이스 구축에 활용된다. 문제의 규정과 구체적인 목록을 작성하며 새로운 문제가 발견되면 추가한다. 문제에 대한 개입 계획과 문제 목록에 기재된 번호에 따라 SOAP 방식으로 기록하여 개입의 수행 및 점검이 가능하다. 의료 분야같이 다학문적으로 접근하는 실천 현장에서 활용한다. 문제중심기록은 면담이 이루어질 때마다 매번 기록되며 SOAP 유형을 따르는 경우가 많다.

SOAP 유형은 다음과 같다.

- S(Subjective information): 클라이언트나 가족들이 주관적으로 기술하는 문제와 정보
- O(Objective information): 사회복지사가 관찰한 객관적인 정보
- A(Assessment): 문제에 대한 견해, 해석, 사정
- P(Plan): 전문가가 특정한 문제를 제기하거나 해결하는 방법, 그 방법에 대한 계획

문제중심기록의 장점으로는 여러 전문직 간의 의사소통을 촉진하며 서로의 공조를 원활하게 하고 목록화된 문제에 초점을 맞추어 상황을 진행함으로써 책무성을 향상시킬 수 있다. 또한 간결한 기록과 통일된 형식으로 인해 질 높은 기록의 검토가 가능하다.

문제중심기록의 단점으로는 클라이언트의 욕구, 자원 강점보다는 문제를 강조함으로써 사회복지실천의 관심의 폭이 제한된다. 그리고 개인과 환경의 상호작용보다는 개인을 강조하여 관련 현상을 단순화 시킬 우려가 있다. 또한 부분화를 강조함으로써 통합적인 전달의 복잡성을 간과한다는 점이 있다.

표 9-1 SOAP 기록의 예

S	허구한 날 술만 먹고 남편 구실을 해야지요. 돈 한 번 제대로 벌어 온 적이 없어요. 매일 잔소리 해봐야 먹히지도 않고, 죽는다, 헤어지자…… 그래도 들은 척도 안 해요. 정말 애들 때문에 살지…….
O	문제성 음주, 사회적 역할수행 기능 약화, 가족대응 지지 결핍
A	알코올 의존, 가족대처 기술의 결핍, 질병에 대한 이해 부족
P	주 1회 알코올 교육집단 참여, 가족교육(질병의 이해, 대처기술)

출처: 손광훈(2009). 사회복지실천기술론. p.509.

(4) 목표중심기록

목표중심기록(Goal-Oriented Record: GOR)은 목표를 중심으로 기록하는 것이다. 목표중심기록은 과제 중심 모델이나 목표성취척도(goal attainment scaling)로부터 발전하게 되었다. 목표중심기록의 특징은 목표의 구체화와 클라이언트의 목표성취를 돕기 위한 과업이나 활동기록 등이 있다. 이 기록은 두 가지 강조점이 있는데, 문제에 대한 구체적 기록과 목적에 관해 구체적으로 기록하는 것이다(조휘일 외, 2005).

(5) 시계열적 기록

시계열적 기록(Time-Series Record)은 사회복지 개입의 표적이 되는 행동, 태도 관계에 대한 측정을 시간의 흐름에 따라 되풀이해 기록하는 것이다. 클라이언트와 상황에 대한 사정과 그 후에 서비스의 목적이나 목표성취 활동에 대한 평가에 사용되며, 서비스의 목적 또는 목표가 설정되자마자 측정도구가 결정되고, 측정과정이 시작되며 기록하는 작업이 시작된다.

시계열적 기록은 측정 목적, 과정, 누가 측정하는가에 따라 다양성을 나타내며, 측정을 기록하는 것은 항상 동일한 원칙을 따른다. 즉, 무엇이 기록되고, 언제 기록되며, 누가 기록하느냐 등이 명시되어야 하며, 서비스 과정을 통하여 일관성이 있어야 한다(손광훈, 2009).

(6) 이야기체 기록

기록하는 문제유형의 하나로 이야기하듯이 풀어서 서술하는 방식이다. 직접인용 방식과 과정기록이 대화체 서술이라면, 간접인용 방식의 과정기록이나 요약기록은 이야기체 서술이다(정원철 외, 2022).

(7) 녹화 및 녹음

클라이언트에게 녹음이나 녹화를 하는 용도와 목적에 대해 충분히 설명하여야 하고 반드시 사전에 동의를 얻어야 한다. 녹음이나 녹화를 하게 되면 클라이언트가 지나치게 의식하여 긴장하거나 부자연스러울 수 있다.

중심어

면접, 면접유형, 면접기술, 면접기록

연습문제

1. 사회복지실천에서 이루어지는 면접기록의 종류와 각각의 장·단점을 비교해 보시오.

2. 클라이언트의 욕구나 문제를 알아보기 위한 질문기술은 무엇인지 생각해 보시오.

PART 03

사회복지실천의 과정

10 접수 및 자료수집단계

11 사정 및 계획단계

12 개입단계

13 종결 및 평가단계

CHAPTER

10 접수 및 자료수집단계

사회복지실천은 클라이언트와 그를 둘러싼 주변 환경의 체계 변화를 위해 전문적 지식과 기술을 갖춘 사회복지사가 계획된 원조를 제공하는 과정이다. 이러한 사회복지실천 과정은 클라이언트를 처음 만나는 것을 시작으로, 클라이언트의 문제 혹은 서비스를 필요로 하는 내용을 파악 분류·사정하며, 문제의 해결 또는 구체적인 원조과정을 거쳐 서비스를 종결하게 되고 경우에 따라서는 사후관리의 과정을 거치게 된다.

사회복지실천 과정은 접수, 자료수집 및 사정단계, 목표설정 및 계약단계, 개입단계, 평가 및 종결의 단계로 이루어져 있다.

1. 접수

1) 접수의 개념 및 특성

접수(Intake)란 문제를 가진 클라이언트가 전문가의 도움을 받고자 사회복지 기관을 찾아왔을 때 사회복지사가 그의 문제와 욕구를 확인하여 그것이 기관의 정책과 서비스에 부합되는지 여부를 판단하는 과정으로, 서비스 제공 여부를 결정하고 앞으로 진행될 전문적 관계의 양상을 결정하는 중요한 만남이다.

접수 단계에서 가장 중요한 것은 클라이언트의 문제와 욕구를 분명하게 확인하고 사회복지사와 클라이언트가 상호협력적인 관계에서 원조과정에서 기대하는 목표가 무엇인지를 명확히 해야 하는 것이다. 이 단계에서 클라이언트의 문제와 욕구가 기관의 서비스 범위를 벗어나는 사례일 경우 적합한 기관으로 의뢰를 결정한다. 특히 접수 단계에서는 사회복지사가 처음 방문한 클라이언트가 가지는 두려움, 불안함, 긴장에 대한 감정을 완화할 수 있도록 도와야 한다.

2) 접수단계의 과제

접수단계에서 사회복지사가 실행해야 하는 주요 과제를 살펴보면 다음과 같다. 클라이언트와의 관계 형성, 클라이언트의 문제와 기대 확인, 클라이언트의 동기화, 기관의 서비스에 대한 정보제공, 서비스 수혜 여부 결정, 의뢰, 원조과정에 대한 안내, 관련 서식 작성 등의 활동이 포함된다.

(1) 관계 형성

접수를 시작하는 첫 단계에서 사회복지사는 클라이언트에게 지지적인 환경을 제공하여 편안하게 자신의 문제를 충분히 드러낼 수 있도록 해야 한다. 첫 대면 접촉에서의 인상과 감정은 서비스 전체 진행과정에 영향을 미친다. 사회복지사는 클라이언트에게 긍정적인 경험이 될 수 있도록 해야 한다. 클라이언트가 사회복지사를 자신을 진심으로 이해하고, 기꺼이 도울 준비가 되어 있다고 느낄 때 긍정적인 관계가 형성된다. 이러한 긍정적인 라포가 형성됨으로써 클라이언트와 사회복지사는 원조관계에 필요한 효과적인 의사소통을 할 수 있으며, 클라이언트는 좀 더 자신의 문제를 드러내고 앞으로의 개입 과정에 참여하고자 하는 동기를 가지게 된다(양옥경 외, 2006).

관계 형성을 위해 기본적으로 가져야 할 특성은 다음과 같다(김융일 외, 1995).

- 감정이입(Empathy): 다른 사람의 경험과 기분을 이해하는 능력이다.

- 진실성(Genuineness): 자신의 있는 모습 그대로의 거짓 없고, 방어적이지 않으며, 일관되고 솔직하게 드러내는 태도이다.
- 인정(Positive regard): 현재 처한 환경과 무관하게 모든 사람을 가치 있는 존엄한 존재로 믿는 것을 의미한다.
- 온정(Warmth): 클라이언트가 안정감을 느끼고 자신이 수용되고 이해되고 있음을 알 수 있도록 만드는 사회복지사의 태도를 말한다.

(2) 클라이언트의 문제 확인

클라이언트의 문제 확인은 주로 호소하는 문제나 관심사가 무엇인지 확인하는 것이다. 이때 사회복지사는 문제에 대한 분석보다는 현재 명백하게 드러나는 문제의 성격이 어떤 것인지, 그 문제가 클라이언트에게 얼마나 중요한 것인지, 어떤 원인으로 발생했는지에 대해 탐색해야 한다. 클라이언트가 이 문제를 어떻게 파악하고 있는지를 알아보는 것도 필요하다. 클라이언트가 드러내는 문제가 근본적인 문제가 아닐 수 있으므로 잠재된 문제를 정확하게 파악하는 것이 중요하다. 이후 기관에서 제공할 수 있는 서비스에 대한 설명도 필요하다. 이러한 문제를 확인하면 사회복지사의 역할, 기관이 제공 할 수 있는 서비스, 정책 방향을 통해 기관과 서비스를 진행할 수 있는 여부를 판단하여야 한다(정원철 외, 2022).

(3) 클라이언트의 동기화

비자발적인 클라이언트의 경우에는 변화하려는 동기가 약하거나 거의 없으므로 원조관계에 어려움이 있다. 협조도 하지 않고 상황에 대해 분노하며 사회복지사에게는 부정적인 감정을 가지고 있다. 이런 경우 사회복지사는 자발성을 보일 때까지 인내심을 가지고 기다려야 하며, 오기 싫으면서도 상황을 더 악화시키지 않기 위해 억지로 참여한 그들의 노력을 격려해야 한다. 동시에 그들이 가지고 있는 거부감과 두려움을 인정해주며 자유롭게 말할 수 있도록 자극하고, 사소한 변화에도 깊은 관심과 의미를 부여해 주어야 한다. 지나치게 낙심하고 지쳐 더 이상의 변화를 기대하지 않는 클라이언트의 경우 클라이언트의 고통을 이해하고 이제까지 견디어 왔던 의지를 격려해준다. 동시에 과거 비슷한 상황에서 보여 주었던 그의 능력을 회생시켜 스스로에게 능력이 있음을 인지시킨다. 원조활동의 성공은 변화에 대한 클라이언트의 동기에 달려 있으므로, 클라이언트를 변화과정에 적극적으로 참여시키기 위해 클라이언트를 동기화시키는 것이 초기 단계의 주요 과제이다(임은희, 2005).

(4) 기관의 서비스에 대한 정보 제공

사회복지사는 클라이언트에게 기관의 정책과 자원, 도움을 줄 수 있는 서비스의 내용과 절차에 대해 분명하게 설명함으로써 클라이언트에게 서비스를 선택할 수 있는 기회를 제공하여야 한다. 클라이언트는 기관 혹은 사회복지사에 대해서 비현실적인 기대를 하는 경우가 있다. 따라서 관계 형성단계에서 기관과 사회복지사가 제공할 수 있는 원조의 한계에 대해서 클라이언트가 현실적으로 이해할 수 있도록 도울 필요가 있다(백은령 외, 2009).

(5) 서비스 수혜 여부 결정

클라이언트에게 서비스에 대한 충분한 정보를 제공함으로써 클라이언트가 서비스 수혜 여부를 결정하도록 하여야 한다. 또한 기관의 입장에서 클라이언트가 서비스를 받을 자격요건이 갖추어져 있는지 여부를 검토하고 결정하여야 한다.

서비스 수혜 여부를 결정할 때 클라이언트의 자기결정권이 최대로 존중되어야 하며, 여건이 허용되는 범위 내에서 법적 강제규정 이외의 사항에 대해서는 다양한 선택권을 허용해야 한다(백은령 외, 2009).

(6) 의뢰

클라이언트의 문제와 욕구를 확인해 본 결과, 그 기관에서 문제를 해결할 수 없을 경우 혹은 문제 해결에 더 적합한 기관이 있을 경우 다른 기관으로 클라이언트를 보내는 것을 의뢰라고 한다. 의뢰 시에는 반드시 클라이언트의 동의가 필요함으로 다른 기관에서 제공되는 서비스와 기관에 대해 클라이언트와 충분히 토론해야 하고, 클라이언트가 거부감을 느끼지 않도록 정서적으로 지지해 주어야 하며 적절한 정보를 제공하여야 한다(이상호 외, 2010).

(7) 원조과정에 대한 안내

클라이언트에 대한 서비스 수혜 여부가 결정된 후에 사회복지사는 클라이언트에게 서비스 수혜에 대한 자격, 원조순서 그리고 원조과정에서 사회복지사와 클라이언트의 역할 등에 대해 설명해주어야 한다. 필요시 서비스와 관련된 법규와 정책 및 클라이언트의 권리에 대해 설명해주어야 하며, 비밀보장의 한계에 대해서도 알려주어야 한다. 그리고 서비스에 관련된 세부사항들, 즉 서비스의 기간·시간·장소·빈도·비용·평가방법 등이 포함되어야 한다(조미숙 외 2021).

3) 접수 시 확인할 내용과 유의사항

접수 내용을 기록하는 양식을 초기면접지(intake sheet)라고 하며 사회복지사가 본격적인 개입을 준비할 때 필요한 정보를 제공해 준다. 초기면접지 자료들을 정확하게 잘 파악하는 것은 사회복지사의 과업이며 초기면접지를 통해 클라이언트에 대한 이해와 일차적인 수준의 개입 계획을 그려볼 수 있다. 숙련된 사회복지사는 초기면접지의 자료만으로도 많은 정보를 유추해낼 수 있다.

초기면접지에는 클라이언트의 기본 정보, 가족사항, 도움 요청 사항, 면접자의 평가 등을 기록하게 된다. 초기면접지 작성하는 방법, 즉 접수시 확인할 내용과 접수 시 유의사항은 다음과 같다.

(1) 접수 시 확인 할 내용

① 클라이언트에 대한 기본 정보: 이름, 성별, 나이, 결혼관계, 주소, 전화

번호, 직업, 교육 정도 등

② 가족관계: 동거 중인 가족을 중심으로 가족원의 이름, 나이, 직업, 교육 정도, 종교, 관계(정서적) 등

③ 주요 문제: 클라이언트가 사회복지사의 도움을 청하게 된 문제, 현재 겪고 있는 어려움이 언제부터 어떤 과정으로 지속되었는지에 관한 내용 등

④ 기관에 오게 된 동기 및 경로: 누구의 권유 혹은 소개로 오게 되었는지 등

⑤ 의뢰 이유: 타기관 혹은 가족으로부터의 의뢰된 경우일 경우, 의뢰한 이유

⑥ 이전의 사회복지서비스 경험: 과거 어떤 사회복지 기관에서 어떤 서비스를 받은 경험이 있는지에 대한 내용

(2) 접수 시 유의사항

클라이언트에 관한 자료수집 및 사정과정에서 사회복지사가 명심해야 할 원칙은 다음과 같다(Kirst-Ashman & Hull, 1993; 김융일 외, 2000 재인용).

① 자료수집 및 사정과정에서 클라이언트의 참여가 절대적으로 필요하다. 성공적인 원조를 위해서는 클라이언트의 문제를 정의하는 것에서부터 우선순위를 결정하기까지 클라이언트의 참여가 중요하다.

② 클라이언트의 강점을 평가한다. 자칫하면 클라이언트의 문제에만 관심을 갖기 쉬우므로 클라이언트의 강점을 확인하여 문제 해결방안을 모색하는 것도 중요한 과제가 된다.

③ 한 가지 문제만 갖고 있는 클라이언트는 거의 없기 때문에 클라이언트의 문제를 다양하게 규정할 수 있어야 하며, 문제의 심각성에 따라 우선순위를 정해야 한다.

그 외에도 클라이언트에 관한 자료수집 및 사정과정에서 사회복지사가 명심해야 할 유의사항은 잠재적 클라이언트에게 기관의 목적과 사회복지사의 역할, 기관에서 제공 가능한 서비스의 종류와 내용에 대해 정확하게 설

명한다. 그 이유는 서비스를 기대했다가 막상 받지 못하면 실망하고 참여 동기가 약화될 수 있으며, 기관 및 사회복지사를 불신하기 때문이다. 또한 접수 시 클라이언트를 개별화하여야 한다. 특정 문제를 가진 사람으로 유형화해서는 안 된다.

⊃ 표 10-1 초기면접 상담기록지 양식

초기면접 상담기록지

•접수번호: •접수일시: 20 년 월 일

클라이언트		연령		성별	
연락처		주소			
가족구성원					
의뢰(참여)경위					
주 호소문제					
사회복지사 소견					
상담 결과	서비스계획 • 주 서비스 내용: • 담당 직원:				
	타기관 의뢰 • 의뢰 기관 • 의뢰 사유:				
사회복지사: (인) / 슈퍼바이저: (인)					

2. 자료수집

자료수집은 클라이언트의 문제에 개입하기 위해 개인과 주변 환경체계에 대한 객관적 자료를 확보하는 활동이다. 접수 단계에서 클라이언트가 자신의 문제를 이야기했더라도 좀 더 다양하고 자세한 정보를 통해 클라이언트를 이해하는 것이 필요하다. 따라서 사회복지사는 클라이언트의 문제 및 문제와 관련된 상황에 대해 심층적으로 이해하고, 개입에 도움이 될 수 있는 자료를 마련하기 위해 다양한 자료를 수집해야 한다.

자료수집은 사정 단계에 들어가기 전에 개입 과정에서 지속적·집중적으로 진행된다. 개인과 환경 사이의 상호작용에 영향을 미치는 요인에 대한 확인이 필요하므로, 효과적인 개입을 위해서 자료수집은 매우 중요하다(정원철 외 2022).

1) 자료수집 내용

자료수집 내용은 객관적이며 사실적인 자료나 정보, 클라이언트의 주관적인 사실에 관한 인식을 포함한다.

(1) 클라이언트에 대한 기본 정보

이미 접수 단계에서 사회복지사는 클라이언트의 기본적인 정보와 클라이언트의 주호소 문제, 클라이언트가 인식하고 있는 문제가 무엇인지 파악한다. 여기에서 클라이언트 개인에 대한 기본적인 정보 외에 사회환경 체계의 가족상황, 경제적 상태, 교육수준, 직업 등에 대한 정보, 클라이언트의 주요 호소문제 등은 클라이언트를 이해하는 자료가 된다.

(2) 개인력

개인력은 클라이언트의 개인 역사로, 영·유아기, 아동기, 청소년기, 청년기, 성인기, 노년기 등으로 구분하여 생활사건, 클라이언트의 주요 사건 및 감정, 인간관계 등에 대해 파악한다.

(3) 가족력

클라이언트 가족의 가족구성, 가족관계 등에 관한 정보를 수집한다.

(4) 클라이언트의 기능

클라이언트의 신체적·정서적·사회적·지적 기능 등을 포함하여 정보를 수집한다. 각 기능별로 능력을 파악할 수 있는 자료를 수집한다. 이때 객관적인 자료 필요시 클라이언트나 가족환경체계에 요청하는 것도 필요하다.

(5) 클라이언트의 자원

클라이언트가 생활하는 환경에서 활용 가능한 자원이 무엇이 있는지 알아볼 수 있는 자료를 수집한다.

(6) 클라이언트의 강점 및 한계

클라이언트가 문제해결에 있어 사용할 수 있는 강점 및 클라이언트와 클라이언트를 둘러싼 환경체계에서의 한계를 파악한다. 클라이언트가 문제를 해결하는 데 있어 사용할 수 있는 강점은 정보수집에 매우 중요하며 이는 개입 결과에도 영향을 미칠 수 있다. 최대한 강점과 능력에 대해서는 많이 파악해 두는 것이 필요하다.

(7) 클라이언트의 환경

클라이언트를 둘러싼 주변환경이 클라이언트의 문제와 관련되어 있는지에 대하여 자료를 수집한다. 클라이언트의 문제해결에 있어 주변환경이 어떤 도움을 줄 수 있는지, 어려움에 처했을 때 무엇이 도움이 되었는지 등 미시체계부터 거시체계까지 자료를 수집한다(정원철 외 2022).

2) 자료수집을 위한 정보원

사회복지실천에서 가장 보편적으로 활용되는 자료의 출처에는 클라이언트의 진술, 비언어적 행동의 직접적 관찰, 클라이언트의 자기 모니터링, 부수적인 정보, 심리검사, 클라이언트와의 직접적 상호작용을 통해 얻은 사회복지사의 개인적 경험 등으로 유형화할 수 있다(Zastrow, 1995).

(1) 클라이언트의 진술

일반적으로 자료의 일차적인 출처는 문제를 제시하거나 문제를 가지고 있는 클라이언트 자신이다. 따라서 클라이언트와의 개별면접을 통하여 정보를 수집할 수 있다.

클라이언트의 문제에 대한 서술적 묘사, 문제에 대한 느낌, 문제를 해결하기 위한 개인적 자원, 문제를 해결하기 위한 노력, 문제의 역사, 문제 원인에 대한 견해 등에 대한 의견이 포함된다.

그러나 클라이언트의 이야기는 편견과 잘못된 인식, 강한 정서적 감정 등에 의해 왜곡되는 경우가 있으며, 기관이나 정부에서 제공하는 이득을 얻기 위해 거짓을 말할 수도 있다. 따라서 사회복지사는 클라이언트 이야기의 객관성과 타당성을 정확히 인지할 수 있어야 한다(조미숙 외, 2021).

(2) 클라이언트의 비언어적 행동의 관찰

초기 단계에서 클라이언트는 직접적 구두보고와 더불어 사회복지사와 면접과정 자체에 대해 각 개인들 특유의 방식으로 행동하고 반응한다. 비언어적 행동에 대한 사회복지사의 직접적 관찰은 클라이언트의 정서적 상태와 반응에 대한 직접적 정보를 획득할 수 있는 출처이다. 클라이언트의 언어적 표현뿐만 아니라 비언어적 행동, 즉 클라이언트의 분노, 당혹, 두려움, 떨림, 몸짓, 자세, 얼굴표정, 옷차림과 외모, 손과 팔 등의 몸동작, 눈 맞춤, 목소리 톤 등은 경우에 따라 클라이언트의 사고와 감정을 더 정확하게 판단할 수 있기 때문에, 사회복지사는 세밀하게 관찰하고 클라이언트의 비언어적 행동까지도 읽을 수 있는 능력을 갖추어야 한다(이상호 외 2010).

(3) 클라이언트의 자기 모니터링

클라이언트의 문제양상에 대한 자기인식을 돕기 위해서 또는 클라이언트가 자신의 문제를 명확하게 인지를 못 하는 경우, 문제행동 빈도와 문제행동 발생 시 감정 등을 스스로 점검해 보도록 하는 것을 의미한다. 이러한 자기 모니터링은 자신의 문제해결에 적극적인 참여를 유도하는 효과를 가진다. 이는 클라이언트의 무력감을 감소시키고, 상황에 대한 통찰력을 증진시킬 수 있다(백은령 외, 2009).

(4) 주변 환경의 부수적인 정보

부수적인 정보는 가족, 이웃, 친구, 친척, 학교, 직장, 기타 전문가 등 주변 관련된 사람 등으로부터 수집한다. 부수적인 정보는 클라이언트로부터 얻지 못한 정보를 제공받게 되며 부수적인 정보를 얻을 때 사회복지사는 정확한 자료원의 출처를 파악해야 한다.

이러한 부수적 정보를 얻고자 할 때는 클라이언트에게 동의를 얻어야 한다. 부수적인 정보를 얻을 때 주의할 점은 클라이언트에 대한 다른 의견을 진술할 수 있으므로 주관적인 차이를 고려하고, 클라이언트와 주변환경 체계의 관계를 파악하여 자료에 신뢰를 확보해야 한다(정원철 외, 2022).

(5) 심리검사

심리검사는 객관적이고 표준화된 측정을 통해 인간의 내적 심리적 특성을 파악하는 과정으로, 클라이언트에 대한 과학적이고 객관적인 자료를 얻을 수 있다, 각종 검사도구는 클라이언트의 자기보고식 응답으로 진행되며, 검사에 임하는 태도, 자세, 반응하는 방식들은 사정하는 데 있어 중요한 자료가 될 수 있다.

사회복지실천 현장에서는 주로 자아존중감검사, MBTI, MMPI, 자아개념검사, 사회성숙도, 결혼만족도, 가족관계의 친밀도, 우울척도 등의 검사가 활용된다.

(6) 사회복지사의 개인적 경험

클라이언트와 상호작용과정에 있어 사회복지사가 얻는 개인적 경험은 클라이언트를 이해하는 데 중요하게 작용할 수 있다. 클라이언트 내면의 정서 상태, 어릴 적 경험·가족에 대한 생각, 중요한 타인과의 관계에 대한 정보 등을 수집할 수 있다. 사회복지사는 클라이언트와의 상호작용과정에서 자신이 느끼는 감정이 다른 사람에게도 비슷할 것이라는 생각을 하게 되고, 이러한 감정이 결국 문제행동에 대한 중요한 정보를 제공할 수 있다(정원철, 외 2022).

(7) 중요한 사람과의 상호작용 및 가정방문

클라이언트와 그의 삶의 중요한 사람과의 상호작용을 관찰한다. 가족구성원이나 가까운 친척, 동료, 친구, 이웃 등 클라이언트의 생활에 유의미한 영향을 미치는 사람으로부터 많은 정보를 수집할 수 있다. 특히 가정방문 시에는 면접실에서 보이는 태도와 달리 자연스러운 클라이언트의 행동과 상호작용을 볼 수 있고, 그의 문제에 미친 환경적 영향을 더 잘 파악할 수 있게 된다(조미숙 외 2021).

중심어

접수, 자료수집, 정보원.

연습문제

1. 효과적인 사회복지실천 개입을 위해 자료수집은 매우 중요한데, 구체적으로 어떤 내용이 포함되며, 자료수집정보원으로 사용할 수 있는 것에는 어떤 것들이 있는지 설명해 보시오.

2. 사회복지실천 과정 중 접수단계에서 이루어지는 사회복지사의 주된 과업에 대해 설명해 보시오.

CHAPTER

11 사정 및 계획단계

1. 사정

1) 사정의 개념 및 특징

(1) 사정의 개념

사정(Assessment)이란 아는 것, 이해하는 것, 평가하는 것, 개별화시키는 것, 캐내는 것 등을 의미하며, 사회환경 내의 클라이언트체계와 다른 체계들 간의 상호작용을 중심으로 상황을 분석하는(박차상 외, 2012) 사회복지사의 지적 활동으로 그의 실무 경험, 가치, 이론적 경향 등 전문적 지식에 근거하여 이루어진다. 즉, 사정이란 클라이언트의 문제와 상황을 이해하여 이로 인하여 개입을 위한 계획에 연결시키는 것으로, 클라이언트의 문제가 무엇인지 이해하고 문제의 원인을 규명하여 이것을 해결하거나 감소시킬 수 있는 방법에 대해 전문적으로 판단하는 것이다(Kirst-Ashman & Hull, 1933).

사정은 정보부터 수집된 자료를 토대로 클라이언트와 그가 직면하고 있는 현재 문제 상황을 확인, 이해, 분석하여 문제해결을 위한 사회복지사의 개입 영역과 수준을 결정하여 자료로 부터 문제를 추론하는 단계이다. 즉 수집된 자료와 정보를 분석·검토하여 문제 상황 및 원인을 이해하여 이것을 기반으로 개입을 위한 계획단계를 수립하기 위한 과정이다. 이 과정은 사회복지사의 제반 능력에 알맞은 수준의 클라이언트 문제해결을 위해 개입하여 문제나 요구를 찾는 것으로 중요하고 치밀하며 신중하게 이루어져야 하므로 다른 어떤 과정에서 보다 중요하다. 사정을 통해 목표를 설정하고 개입하게 되므로 개입의 효과는 사정의 정확도에 달려있다고 한다.

(2) 사정의 특징

사정은 자료를 수집하여 분석하고 종합하는 과정으로 사회복지실천 과정 전체의 가장 핵심적인 부분으로 주어진 자료들을 연결하여 무엇이 문제인지 판단하여 그에 대한 개입 계획을 세운다. 존슨(Johnson, 1989)은 사정의 특성을 다음과 같이 10가지로 정리했다(양옥경 외, 2010).

① 사정은 계속적 과정이다. 사정은 돕는 과정 내내 계속되는 활동이다.
② 사정은 이중초점을 가진다.
③ 사정은 클라이언트와 사회복지사의 상호 과정이다.
④ 사정에는 사고의 전개과정이 있다.
⑤ 수평적·수직적 탐색 모두가 중요하다.
⑥ 클라이언트를 이해하는 데는 지식적 근거가 필요하다.
⑦ 사정은 생활 상황 가운데 욕구를 발견하고 문제를 정의하면서 그 의미와 유형을 설명한다.
⑧ 사정은 개별적이다.
⑨ 판단이 중요하다. 사정에는 여러 가지 결정이 있어야 한다.
⑩ 클라이언트를 완전히 이해하는 데는 항상 한계가 있다.

2) 사정의 목적

사정의 목적은 클라이언트의 주요문제를 신체적, 심리적, 정신적, 문화적 요인과의 상호작용측면에서 다각적으로 파악하는 것이다. 사정의 목적은 사회복지사가 클라이언트를 문제를 해결하는 것 뿐 만아니라 효과적인 치료를 위하여 사례가 가진 중요한 의미를 발견하는 데 있다. 또한 클라이언트의 성장과 기능 및 잠재력을 향상시키고 새로운 자원개발에 의미를 두며 특수한 상황 속에 관련된 요인들을 확인하고 분석하는 데 도움을 받고자 하는 것이다.

사정의 목적을 계획하고 수행하는 데 필요하다고 생각되는 질문에는 다음과 같은 것들이 있다. 첫째, 문제가 무엇인가?, 둘째, 문제가 얼마나 심각한가?, 셋째, 문제의 역동성은 무엇인가?, 넷째, 치료에 관한 클라이언트의 기대는 무엇인가?, 다섯째, 무엇이 변화될 수 있는가?, 여섯째, 무엇이 변화되어야 할 것인가? 등이다(이재선 외, 2016).

3) 사정의 내용

(1) 사정의 과업

사정이란 자료를 수집하여 해석하고 의미를 부여함으로써 최종적으로 문제를 규정하여 실천의 방향을 결정하는 일이다. 자료수집이 클라이언트와 그의 문제를 이해하는 데 도움이 될 만한 많은 사정은 자료를 수집, 정리된 자료를 분석하고 심사숙고하여 문제를 규정해 내는 작업이다. 문제가 규정되면 문제가의 중요성과 변화의 시급성을 기준으로 표적문제(target problem)를 찾아내어 개입의 목표를 정한다(엄명용 외, 2006).

사정의 과업은 첫째, 문제를 발견하고, 둘째, 정보를 수집하고, 셋째, 문제를 형성해서 개입 계획 수립의 '무엇을 어떻게'에서 '무엇을'에 해당하는 질문에 대답하고자하는 것이다. 즉 충족되지 않은 욕구를 인지하고 욕구 충족의 장애물을 규명하여 욕구 충족의 장애를 제거하는 방식을 설정하는 과정이다(Johnson, 1989; 이종복 외, 2007).

① 욕구와 문제의 발견

사정의 첫 번째 작업은 문제를 발견하는(defining of problem) 것이다.

김융일 외(1995)는 문제를 발견하는 세 단계를 다음과 같이 제시하였다.

- 사회복지사는 해결되지 않은 클라이언트의 욕구가 무엇인지 확인한다.
- 욕구를 충족시키는 데 장애가 되는 요인을 파악해야 한다.

• 문제해결 계획이나 개입 방향이 드러나도록 문제를 규명하는 것이다.

② 정보의 발견

브라운과 레빗(Brown & Levitl, 1979)은 사정 시 정보를 수집하는 유용한 지침으로 다음과 같은 12가지의 질문을 제시하였다(박귀영 외, 2015 재인용).

• 문제체계에 관여된 사람은 누구인가에 대한 질문

문제체계에 관련된 사람이 누구인가?라는 질문의 답은 클라이언트가 제시한 문제에서 찾을 수 있다.

• 참여자들이 어떻게 관여하고 있는가에 대한 질문

참여자들의 관여에 대한 질문은 문제체계에 관련된 사람들이 어떻게 상호작용하며 문제가 발생했는가 하는 것에 관한 것이다.

• 클라이언트가 문제에 어떤 의미를 부여하고 있는가에 대한 질문

문제에 대한 클라이언트의 지각과 개념이 행동을 동기화한다.

• 문제행동이 어디서 일어나는가에 대한 질문

문제행동의 원인에 대한 질문을 문제행동을 야기한 상황적 요인을 발견하는 데 도움이 된다.

• 문제행동이 언제 일어나는가에 대한 질문

문제행동이 일어나는 시간에 따라서 문제행동을 촉발시키는 요인을 발견할 수 있다.

• 문제행동의 빈도는 어느 정도인가에 대한 질문

문제행동이 일어나는 빈도를 알아내는 것은 문제행동이 클라이언트의 생활에 얼마나 많은 영향을 미치는지에 관한 이해를 도와준다.

• 그 문제행동이 언제부터 시작되어 왔는가에 대한 질문

문제행동이 시작된 시점을 안다는 것은 그 문제행동의 역사를 알아보는

것이다.

• 문제와 관련하여 채워지지 않은 욕구는 무엇인가에 대한 질문

이에 대한 질문은 사회복지사의 공감과 직관력으로 발견해야 된다. 클라이언트 자신은 통찰의 결여로 피상적으로 이야기하게 된다.

• 문제에 대한 클라이언트의 정서적 반응에 관한 질문

클라이언트가 문제에 대하여 정서적으로 어떤 반응을 하고 있는가에 대한 질문은 클라이언트의 감정 정도에 따라 문제가 악화되기도 하고 이러한 감정이 문제행동을 일으키는 요인이 되어 문제행동 뒤에 가려지므로 중요하다.

• 클라이언트는 그동안 문제에 어떻게 대처해 왔으며, 문제를 해결하는 데 있어 어떤 기술이 필요한가에 관한 질문

이와 같은 질문은 지금까지 클라이언트가 스트레스에 대처했던 수준과 그의 문제 해결 및 대처기술 방법을 파악하는 데 도움이 된다. 그리고 과거에 이 유사한 어려움에는 어떻게 대처해 왔으며, 지금은 무엇 때문에 이전과 같이 대처하지 못했는가에 대한 실마리를 제공해 준다.

• 클라이언트의 어떤 장점과 기술에 관한 질문

이 질문은 클라이언트의 문제를 해결하는 데 활용 가능한 자원이 무엇인지를 알게 해 주고 클라이언트의 장점과 잠재력을 최대한 발휘하여 클라이언트가 문제해결하기 위한 에너지를 얻고, 자기 자신에 대한 부정적 평가로부터 벗어나도록 도와준다.

• 필요로 하는 외적 자원은 무엇인가에 대한 질문

사회복지사는 클라이언트에게 필요한 외적 자원을 알아내어, 클라이언트가 필요한 자원을 얻을 수 있는 자격과 과정에 대한 정보를 제공하며 이를 통해 자원과 클라이언트를 연결해 주는 중재자, 사례관리자, 조정자 또는 옹호자의 역할을 할 수 있다.

③ 문제형성

문제형성(Formulation of problem)이란 이제까지 얻은 정보를 분석하여 사회복지사가 전문적 시각에서 문제를 판단하는 것이다. 즉, 클라이언트가 호소하는 문제와 욕구, 그리고 욕구 충족을 방해하는 요인들이 무엇인가를 탐색하여 문제의 정의를 내리는 것이다. 이와 같은 과정을 통해 목표달성과 개입계획을 세우게 되는 것이다. 문제형성을 위해서는 무엇보다도 충족되지 못한 욕구가 무엇인지를 발견해야 하고, 어떤 요인들이 클라이언트의 욕구 충족을 방해하였는지를 고려해야 한다(박귀영 외, 2015).

충족되지 못한 욕구를 구체적으로 밝혀내는 것이 문제형성에서 가장 중요하다. 다시 말해서 클라이언트가 제시한 문제를 충족되지 않은 욕구와 결핍으로 바꾸어 재 진술해야 클라이언트를 도와주기가 쉽다(Hepworth & Larson, 1997).

이렇게 욕구를 바꿔서 재진술하게 되면 문제와 관련된 두 사람이 서로의 욕구를 어떻게 만족시킬 수 있을지 타협하도록 하는 개입의 목표가 설정될 수 있다(이종복 외, 2007).

사회복지사는 문제형성에서 클라이언트의 강점을 파악하여 반영할 수 있어야 한다. 강점사정(strengths assesment)은 클라이언트의 문제를 규정함에 있어 욕구와 잠재력을 발견하는 것이다. 클라이언트의 스트레스 대처능력, 판단력, 정서적 특성, 책임감, 대인관계능력을 사정하여 계획 수립에 반영할 수 있다. 코저(Cowger, 1994)는 개인의 강점사정 틀을 다음과 같이 제시하고 있다(이윤로, 2006).

- 인지: 세상을 보는 방식과 환경으로부터 정보를 받아들일 수인가?
- 정서: 생산적인 방식으로 감정을 인정하고 용납하고 표현할 수 있는가?
- 동기: 문제를 인정하고 해결하려는 동기가 있는가?
- 대처능력: 스트레스와 문제에 유연하고 계획성 있게 반응할 수 있는가?
- 대인관계 형성: 협력적이고 지지적이며 안정적인 관계를 형성할 능력이 있는가?

(2) 사정의 내용의 범주

클라이언트 사정 내용의 범주는 크게 자원에 대한 사정, 환경적 측면에 대한 사정, 정서·심리상태에 대한 사정, 역할수행 문제에 대한 사정, 자아방어기제에 대한 사정, 가족에 대한 사정 등으로 볼 수 있다(이종복 외, 2007; 이재선 외 2016 재인용).

① 자원에 대한 사정

클라이언트의 자원에 대한 사정은 사회복지사의 사정 중 중요한 작업은 체계 및 사회환경의 잠재적인 강점과 능력, 자원의 가능성을 규명하여 문제해결에 활용한 자원을 찾아내는 것을 의미하고 그의 문제해결능력, 필요한 자원과 한계, 성격 등의 측면에서 이루어지며 특히 강조되는 것은 클라이언트가 보유하고 있는 교육 정도와 취업경험, 문제해결능력과 의사결정 능력, 개인적 자질과 성격, 물리적·재정적 자원 소유, 문제해결에 대한 동기와 의지 등의 자원에 대한 사정이다.

② 환경적 측면에 대한 사정

일반적으로 사정에서 클라이언트의 다양한 생활상황과 문제에 영향을 미치는 환경에 대한 사정은 주요한 사정 과정 중의 하나이며, 개인에 대한 욕구와 환경의 적절함과 부적합, 긍정적 측면과 취약함 등이 사정의 내용이다. 사회복지실천에서 클라이언트의 문제를 해결하기 위해 지역사회 자원들을 개발하여 활용하며 이들과에 긴밀한 영향력을 주고받는 다양한 체계들을 확인해야한다. 이러한 환경에는 부부관계와 가족은 물론 친구, 친척, 이웃 등을 포함하는 사회자원체계들이 이에 속하고 그 외 보육, 건강서비스, 취업구조, 행정조직 등도 포함된다. 즉 클라이언트의 환경은 문제의 발생원인이기도 하지만 문제해결 방안이기도 하다.

③ 정서 · 심리상태에 대한 사정

클라이언트의 심리상태는 지능, 동기화, 대처행동의 유형, 자기개념, 불안이나 우울의 정도, 일반적 인성의 통합 등을 표준화된 심리검사를 통해 파악할 수 있다. 예를 들어, MMPI는 가장 많이 사용되는 성격검사이며, 지능검사, 인지적 지체검사, DSM-V 등이다. 그러나 이러한 검사를 사회복지사가 모두 완벽하게 이해하고 소화할 수는 없으므로 임상심리사 등에 의뢰할 수 있어야 한다. 사회복지사는 정신장애가 있는 클라이언트를 만나게 되면 신속하게 클라이언트를 정신과적 치료에 의뢰하는 것이 중요하다. 그러기 위해서는 사회복지사가 정신질환의 증상을 반드시 인식할 수 있어야만 한다.

④ 역할수행 문제에 대한 사정

역할수행과 관련되어 파생하는 문제는 자신이 수행하는 역할과 외부에서 기대하는 역할 간의 심각한 괴리로 인해 발생하며 역할상의 문제는 역할이론(role theory)을 적용하여 사정할 수 있다. 역할과 관련된 문제를 사정하는 개념은 역할갈등(role conflict), 역할모호성(role ambiguity), 역할과중(role overloud), 역할단절(role discontinuity) 등으로 설명할 수 있고, 역할과 관련된 여러 개념들은 클라이언트의 역할상의 문제를 사정하는 데 적절한 이론적 틀을 제공하게 된다.

⑤ 방어기제에 대한 사정

클라이언트에 대한 사정에서 그가 사용하는 방어기제를 분석해 보는 것은 원조과정에서의 갈등 상황과 개입 전략에 대해 클라이언트가 보이게 될 반응을 예견할 수 있다는 점에서 매우 유용하다. 클라이언트가 주로 사용하는 방어기제는 억압, 형성, 퇴행, 격리, 주소, 투사, 투입, 자기로의 전향, 역전, 합리화, 동일시, 전환, 보상, 내면화, 부정, 치환, 대치 등이다. 두려움과 불안이 크면 사람들은 더욱 강하게 방어기제에 의존하는 경향이 있다. 그러므로 클라이언트의 견고한 방어기제를 해결할 수 있는 유일한 방법은 사회복지사가 클라이언트와 감정이입, 온정적, 신뢰적 관계를 수립하여 안도감과 편안함을 느끼게 하는 것이 중요하다.

⑥ 가족에 대한 사정

클라이언트의 문제는 개인의 문제라기보다는 가족체계의 장애나 어려움으로 발생하는 체계의 문제이다. 가족은 개인의 심리·정서적 문제가 생기면 가족 전체에 큰 영향을 미치기 때문에 가족의 의사소통, 가족구조, 가족주기 전환에 따른 적응, 가족갈등 등 가족의 여러 측면을 사정해야 한다. 즉 가족구성원 사이에 이루어지는 감정과 생각의 상호 교환, 기족구성원 간의 경계나 하위체계의 기능과 역할, 출산·죽음-결혼 등의 가족주기에 따른 적응 상황, 가족불화·부모-자녀 간의 문제·개인문제 등을 포함한 가족갈등을 사정한다.

4) 사정도구와 기법

정확한 사정은 효과적인 개입을 위해 필요불가결한 조건이므로 전문적이고 체계적인 사정도구를 활용하여 사정하는 것이 요구된다. 사정도구를 사용하는 이유는 가족의 역동과 특성을 도식화함으로써 맥락을 이해하는 데 용이하기 때문이다. 또한 사정도구는 문제나 상호작용의 패턴을 파악함으로써 본질적인 해결의 실마리를 찾는 데 도움이 된다. 특히 클라이언트와 함께 도구를 사용하는 과정에서 클라이언트가 자신에 대한 통찰과 변화에 대한 의지를 불러일으킬 수 있다. 사정의 도구는 매우 다양한데 이것을 적재적소에 맞게 활용하는 것이 사회복지사의 기술이라고 할 수 있다.

사정에 유용한 도구로 가계도(genogram), 생태도(eco-map), 사회도(socko-gram), 사회적 관계망 지도(social network map), 생활력 도표(fife history grid) 등을 살펴본다.

(1) 가계도(Genogram)

가계도는 클라이언트 가족역사와 사건을 2~3세대에 걸친 가족관계를 생물학적, 법적 그리고 정서적으로 어떻게 관련되어 있는지를 간단한 도표로 묘사한 것으로 가족들 스스로가 세대 간 반복되는 관계 유형을 찾고 현재 제시된 문제의 근원을 찾고 이에 통찰력을 갖도록 유용한 도구로써, 항상 사회복지사와 클라이언트가 함께 작성해야 하는 것으로 가족을 사정하는 과정에서 가장 먼저 이루어지는 작업이다.

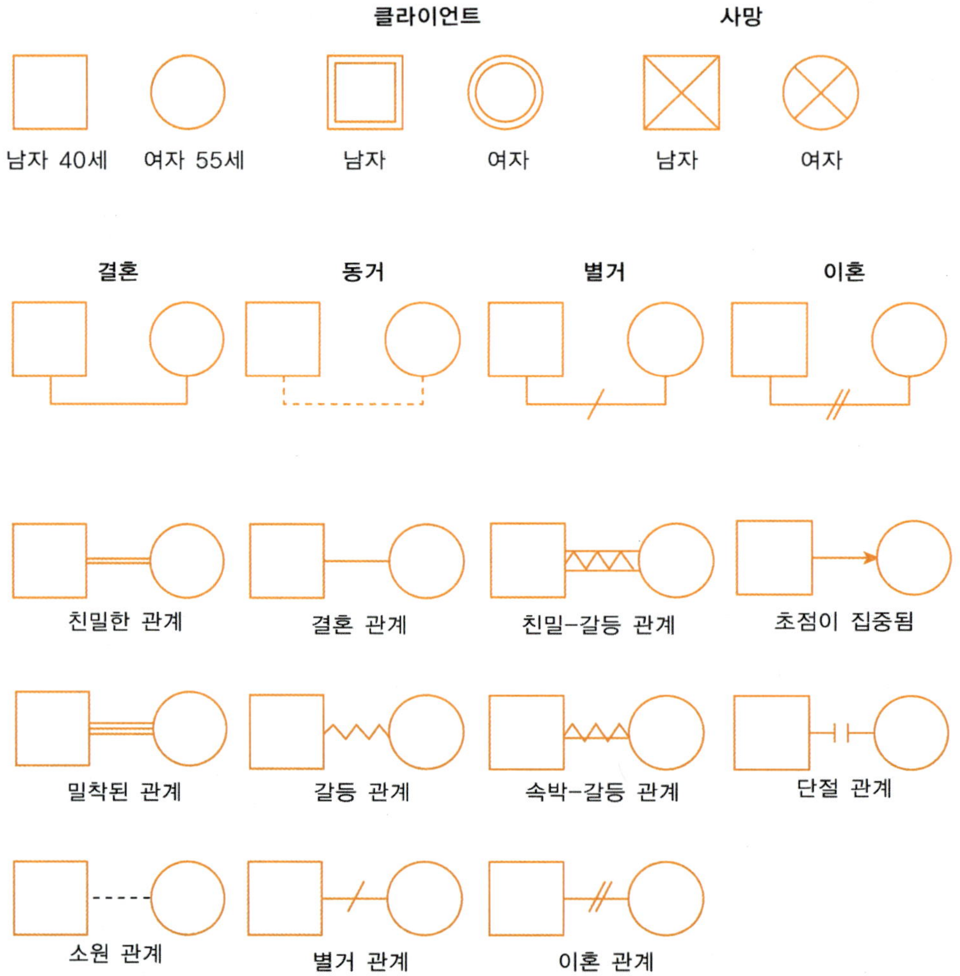

그림 11-1 가계도의 상징들

출처: 이경준 외(2014). 사회복지실천론. p284.

가계도는 사회복지실천에서 가장 널리 사용되는 사정도구로, 가계도를 통해 가족구조에 대한 체계적인 이해, 가족 내에서 클라이언트의 위치, 가족 사건에 대한 이해, 가족의 상호작용을 분석함으로써 문제를 사정하는 데 유용하다.

(2) 생태도(Eco-map)

생태도는 클라이언트 개인이나 가족이 외부 환경체계들과 어떻게 관련되어 있는지를 그림으로 나타낸 것으로, 사회복지사가 클라이언트와 환경과의 관계 또는 가족과 환경과의 관계에 대한 정보를 획득하도록 돕는 사정도구이다.

생태도는 클라이언트의 양육환경과 유지환경의 종류와 관계의 질 그리고 체계 사이의 에너지의 흐름을 보여 줌으로써 가족에 대한 현재 지역사회 자원이나 체계들의 영향과 상호작용의 변화를 보여 준다. 생태도는 가족이 지역사회에서 얼마나 많은 외부체계들과 관계를 맺고 있는지, 고립의 정도는 어떠한지, 관계의 질은 어떠한지를 보여 줌으로써 가족 내부에 대한 이해와 함께 외부와의 연결과 적응 정도를 파악할 수 있게 해준다(임명용, 2006).

그리는 방법은 **그림 11-2**처럼 우선 클라이언트와 상황의 초점이 되는 가족도표가 원안에 표시된다. 그리고 다른 의미 있는 체계들과 가족들과의 관계를 선으로 표시한다(양옥경 외, 2006). 생태도는 체계적이고 생태학적인 관점에서 가족을 보는 데 도움이 되며, 사회복지사들이 전통적인 케이스 기록 및 사회력을 보완하는 데 사용된다.

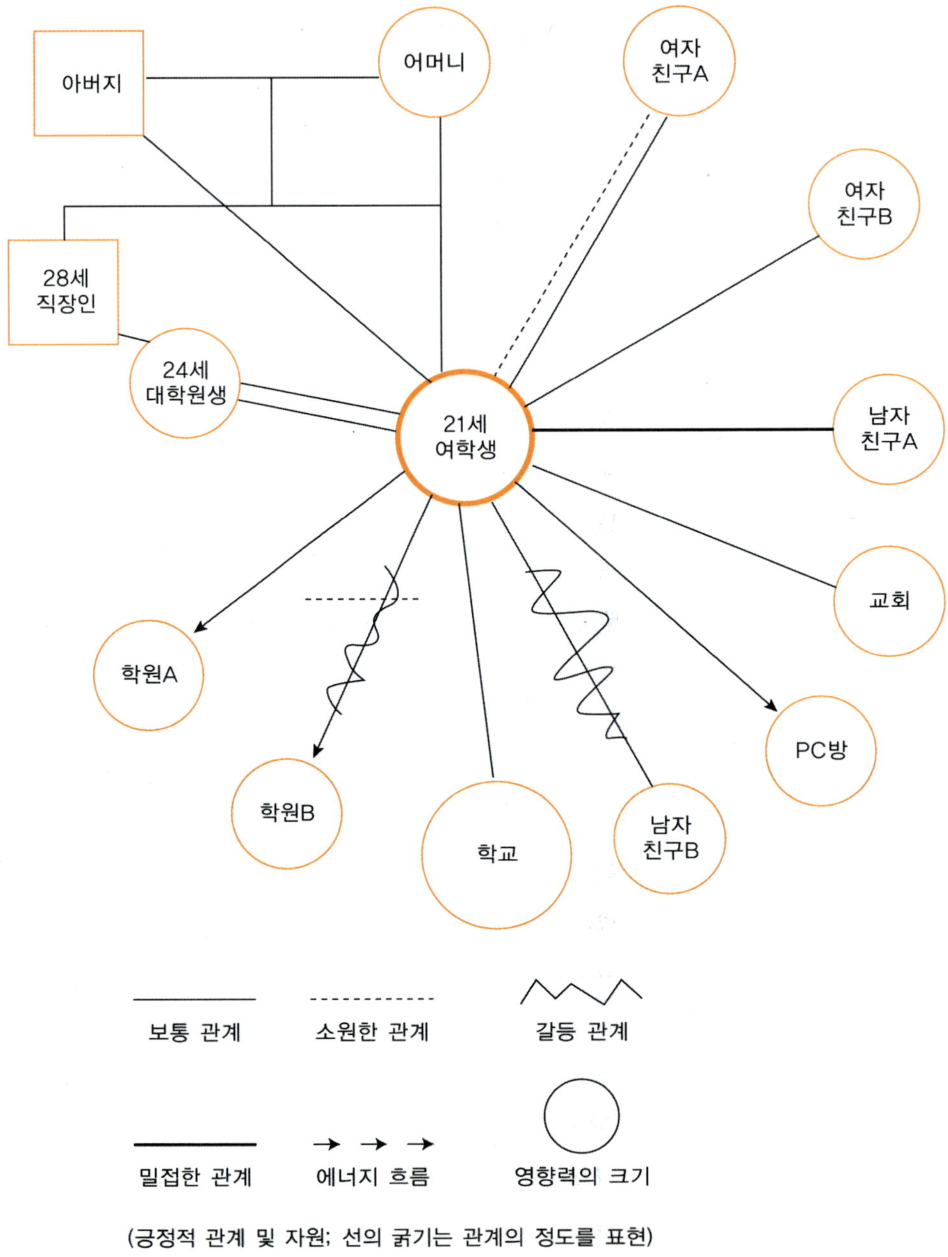

그림 11-2 생태도의 도식 및 예시

출처: 박귀영 외(2006). 사회복지실천론 p293.

(3) 사회도(Sociogram)

사회도는 상징을 사용하여 집단 내 구성원들 간의 상호작용을 표현하는 그림으로, 구성원 간의 개인적 수용과 거부 및 집단 내의 대인관계를 평가하는 데 사용하는 기법이다.

사회도는 사회복지실천 과정에서 주로 집단개입에서 집단구성원들의 변화과정을 측정할 때 활용되며, 사회도를 여러 번 그려서 비교해 봄으로써 집단의 특징적 상호작용과 대인관계 유형의 변화를 파악할 수 있다(김동순 외, 2010). 또한 사회도는 주로 집단과 일하는 사회복지사가 집단 내의 소외 자, 2인군, 3인군, 결탁, 경쟁관계, 하위집단, 연합 등을 파악할 수 있는 유용한 도구이다.

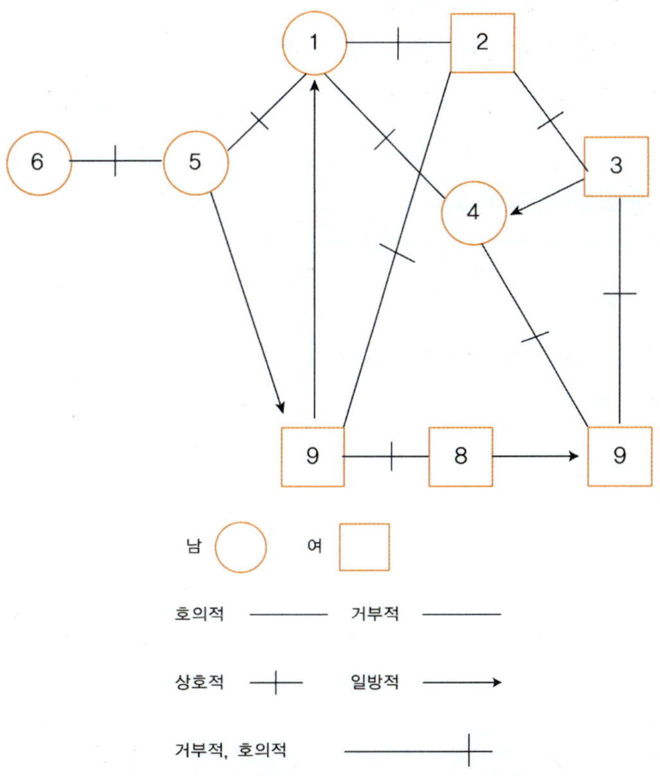

그림 11-3 사회도의 도식 및 예시

출처: 엄명용 외(2011).

(4) 사회적 관계망 표(Social support network grid)

가족이 주거하는 이웃과 지역사회를 포함하여 외부의 사회체계들은 지속적으로 가족과 상호작용하며 영향을 주고받는다. 따라서 사회복지사는 이웃관계 등 가족 외부의 사회체계들과의 상호작용을 평가해야 한다.

사회적 지지망이란 클라이언트의 환경범위에 있으면서 영향을 미치는 중요한 사람들 또는 체계를 말한다. 즉, 필요할 때 의지할 수 있는 사람 등을 의미한다. 가족들은 이러한 사회적 관계망을 통하여 사회적 지지를 받는다.

사회적 지지망은 클라이언트의 사회적 관계망 속의 주요 인물, 지시가 있는 생활 영역, 각 개인이 제공하는 지지의 구체적 유형, 지지제공자의 중요도, 지지가 상호적인지 일방적인지 여부, 개인적 친밀도, 접촉 빈도 관계 기간 등의 정보가 포함된다(최해경, 2010).

- 사회적 관계망 표는 내용은 다음과 같다.
  - 사회적 관계망의 중요한 인물, 지지를 받는 생활영역, 지지의 특정 유형
  - 지지 제공자의 중요성
  - 지지가 상호적인지 일방적인지의 여부
  - 지지의 성격
  - 개인적 친밀감 정도, 접촉 빈도
  - 관계 기간

사회적 관계망 표의 사례는 **표 11-1**과 같다.

표 11-1 사회적 관계망 그리드

성명	생활 영역	물질 지지	정서 지지	정보 조언	비판	도움 방향	친밀도	접속 빈도	알고지낸 기간
	1. 가족 2. 친척 3. 직장/학교 4. 조직 5. 친구 6. 이웃 7. 전문가	1. 가끔 제공 2. 자주 제공 3. 항상 제공	1. 가끔 제공 2. 자주 제공 3. 항상 제공	1. 가끔 제공 2. 자주 제공 3. 항상 제공	1. 가끔 제공 2. 자주 제공 3. 항상 제공	1. 양 방향 2. 내가 그에게 3. 그가 나에게	1. 양 방향 2. 내가 그에게 3. 그가 나에게	0. 보지 못함 1. 1년 몇 번 2. 한달 한 번 3. 1주일 한 번 4. 매일	1. 1년 미만 2. 1~5년 3. 5년 이상
1									
2									
3									
4									

출처: 이원숙(2008). Tracy and Whittaker(1990) 재편집.

(5) 생활력 도표

생활력 도표는 모든 사회사업실천에서 공통적으로 쓰이는 방법인데, 클라이언트의 생애 동안 발생한 사건이나 문제의 발진과정을 사정하는 데 요긴하다. 생활력 도표는 출생부터 개입 시점까지 클라이언트 시간별로 클라이언트의 가족문제, 건강문제, 대인관계문제 등 클라이언트의 삶의 다양한시기에 여러 특징들을 조사하여 구체적으로 기록해봄으로써 클라이언트의 문제 상황을 사정할 수 있게 된다.

표 11-2 생활력 도표

구분	연령	소재지	가족	학교	건강	활동	문제
2002	생년월일 02-3-23	신흥동 인천중구	부 32 모 30		정상 출생		
2003	1						
2004	2		동생출생 (정중구)				
2005	3			어린이집 입학	천식, 3회 입원		어린이집 가기 싫어함

구분	연령	소재지	가족	학교	건강	활동	문제
2006	4				교통사고 다리골절		
2007	5			유치원 입학			
2008	6		부의 음주량증가				
2009	7			초등학교 입학1			학교에서 많이 싸움
2010	8		부의 해고	2		스카우트 활동	
2011	9		모의 취직	3	천식 재발		모의 돈을 훔침
2012	10			4	맹장 수술입원		친구 코를 부러뜨림(싸움)
2013	11		부모별거 모의이사	5			
2014	12			6 성적 부진		종이 돌리기	알코올과 싸움
2015	13		부모이혼	중학교 입학1			교사폭행 자살시도
2016	14		부 교통사고 사망	2무단 결석		축구하기	흡연, 백화점에서 절도, 성적부진

출처: 이은희 · 김남숙(2014). 재편집 p297.

2. 계획

1) 계획의 개념

사회복지실천에서 계획은 클라이언트가 문제 상황에 대하여 사정이 끝나고 변화에 기초를 둔 개입과 사정의 산물이다. 계획단계는 사정 내용을 바람직한 결과로 목표 설정뿐만 아니라 개입 방법, 평가방법 등 계획은 목표에 도달할 수단을 규명하는 것과 관계가 있고, 계획에는 초점이 되는 체계를 규정하고 관심단위 전략, 역할, 사용할 과업 등이 포함된다(Johnson & Yanca, 200).

계획과정은 수집된 자료를 근거로 사회복지사와 클라이언트가 공동 협의에 의하여 다루어야 할 문제를 정의하고 목적을 구체화시키고 문제로부터 목적으로 옮겨가기 위하여 계획된 중재방법을 제공하는 과정이다 계획과정은 사고, 이성 및 결정을 포함하는 인지과정이라 할 수 있다. 감정도 중요하지만 계획은 이성적 기초 위에서 이루어져야 할 것이다. 물론 계획수립은 감정을 다루는 계획을 포함하며 더 나아가 이성적 계획은 중재활동을 나타낸다. 계획과정은 사회복지사와 클라이언트가 앞으로 다룰 문제를 정의하고 목표를 설정하여 중재계획을 서로 협상하는 과정이며, 특히 중재계획을 세울 때는 활동의 네 가지 한계인 시간, 기술, 윤리 및 기관의 기능을 고려해서 이루어지도록 한다(전재일 외, 2004: 314-315). 계획단계는 목표설정과 계약으로 나눌 수 있다.

2) 목표설정

목표(Objective)는 개입단계에서 얻게 될 바람직한 결과 혹은 성과(outcome)를 말한다. 목표는 목적 실현을 위한 세분화한 것으로 단기적이며 구체적이라는 점에서 목적과 구별된다. 목표는 앞 절의 사정과정에서 문제와 욕구를 정의하고 문제에 영향을 미치는 요인을 분석한 것을 근거로 구체적인 활동으로 목표달성으로 목적이 실현될 수 있다.

목표 설정이 중요한 이유는 다음과 같다. 첫째, 목표 설정으로 시적으로 진술된 목표에는 사회복지사가 해야 할 행동이 구체적 변화가 필요한 부분과 변화의 방향이 명확히 게시될 수 있다. 명으로 제시되어 사회복지사가 중도에 흔들리지 않고 실천 활동을 지속할 수 있다. 둘째, 사회복지실천이 종결된 후 결과에 대해 평가할 수 있는 근거가 된다. 사회복지실천은 서비스 종결 후 평가를 실시하여 원하는 결과가 도출되었는지를 가늠하게 되는데, 구체적이고 현실 가능한 목표를 설정하면 평가의 기준이 명확하여 객관적인 평가가 가능할 수 있다. 셋째, 목표 수립에 클라이언트가 참여하게 되어 변화의 의지를 고취시킬 수 있고, 원조과정에서도 적극적인 참여를 유도할 수 있다(이경준 외, 2014).

3) 목표설정의 지침

목표설정을 수립할 때 헵워스와 라슨(Hepworth & Larson, 1986)이 제시한 지침을 참고하여 작성할 수 있다(최해경, 2009; 양옥경, 2011 재인용).

(1) 목표는 자발적인 클라이언트가 원하는 결과와 관련이 있어야 한다.

대다수 복지욕구나 문제는 클라이언트의 인식과 요구에서 비롯된다. 따라서 클라이언트의 적극적인 참여를 유도하여 공동으로 설정한 목표실현을 위해서는 클라이언트가 원하는 결과를 포함해야 한다.

(2) 비자발적인 클라이언트의 목표는 클라이언트에게 동기부여해 줄 수 있는 것을 포함해야 한다.

비자발적인 클라이언트에게 동기를 부여해 줄 수 있는 것을 포함해야 성공할 가능이 높아질 수 있으므로, 비자발적인 클라이언트가 목표 설정 과정에서 주도적인 역할을 담당할 수 있도록 한다.

(3) 목표는 명확하고 측정 가능한 용어로 정의되어야 한다.

목적은 이념, 가치와 같이 궁극의 복지 상태를 의미하므로 목적 실현을 위한 목표는 구체적이고 단기적인 실천내용으로 기술되어야 한다.

(4) 목표는 현실적으로 달성 가능한 것이어야 한다.

클라이언트의 상황과 여건은 모두 다르기 때문에 클라이언트가 처한 문제에 따라 목표를 설정하고, 목표는 클라이언트 입장에서 현실적으로 실현 가능해야 한다.

(5) 사회복지사의 지식과 기술에 상응하는 것이어야 한다.

사회복지사 자신의 전문성에 대한 고려가 있어야 한다. 사회복지사의 지식과 역할은 변화를 위한 개입에서 적절해야 하며 지식과 기술은 의도한 변화를 위해서 반드시 검토되어야 한다.

(6) 목표는 성장을 강조하는 긍정적인 표현으로 기술한다.

목표를 기술할 때는 변화의 시간적 흐름의 순서대로 작성한다. 계량화된 수치적 표기가 바람직하고 부정적인 표현보다는 긍정적인 표현이 바람직하다.

(7) 기관과 자신의 가치나 권리에 맞지 않는 목표에는 동의하지 말아야 한다.

목표 설정 시 클라이언트가 참여하고 동의하는 과정에서 클라이언트가 원하는 목표가 기관의 이념이나 가치에 부합되지 않거나, 사회복지사 윤리강령에 위배되는 내용이라면 설정하지 않도록 한다.

(8) 목표는 기관 기능과 일치해야 한다.

사회복지 기관의 설립근거에는 기관이 지향하는 이념과 가치가 기술되어 있다. 따라서 사회복지사는 자신이 할 수 있는지의 여부가 아니라, 기관 차원에서 개입 여부를 판단하여 목표를 설정해야 한다.

(9) 목표의 우선순위 설정

클라이언트의 문제는 대부분 복합적인 경우가 많기 때문에 개입 목표 설정 시 SMART 형식으로 축약되어 설명되기도 한다. 즉, 목표를 설정함에 있어 ① 구체성(Specific), ② 측정가능성(Measurable), ③ 성취가능성(Achievable), ④ 현실성(Realistic), ⑤ 시기적절성(Timely)의 다섯 가지가 고려되어야 한다는 것이다.

4) 계약

(1) 계약의 개념

목표가 설정되면 클라이언트와 사회복지사의 의무와 과업, 구체적 실천 활동을 상호 약속하는 계약 단계로 들어간다. 사회복지실천을 위한 계약을 중시하는 것은, 개입활동의 성공 여부는 클라이언트가 자기가 해야 할 일과 참여자들의 역할을 분명하게 인식하고 적극적 참여가 요구된다는 사실을 인정하고 계약 내용 속에는 개입 활동과 그에 따른 클라이언트와 사회복지사 각각의 역할을 명확히 한다.

계약은 목표와 과업을 설정하는 데 있어, 원조활동의 책임을 지는 데 영향을 미친다. 동시에 클라이언트로 하여금 문제해결 과정에서 자신이 수동적 존재가 아니라 중심적 역할을 하며, 사회복지사와 동등한 인격으로 대우받는다는 사실을 일깨워줄 수 있다. 결국 사회복지실천은 사회복지사와 클라이언트 사이의 일종의 계약관계인 것이다. 계약을 형성하면 사회복지사와 클라이언트는 서로 개방적 의사소통을 하게 되며 앞으로 일어날 변화과정에 서로 전념하도록 하는 계기 혹은 동기를 마련한다.

비스만(Busman, 1994)은 사회복지실천 영역에서는 사회복지사와 클라이언트가각자의 역할 및 책임에 전념할 것을 표현한 것이 계약이며 이는 개입을 수행해 나가는 데 중심이 된다고 하였다. 콤튼과 갤러웨이(Compton & Galaway, 1994)는 사회복지실천의 목적을 높은 사회복지실천 개입의 표적문제, 개입의 목표와 전략, 그리고 참여자들의 역할과 과업에 관하여 사회복지사와 클라이언트 간에 명확하게 동의를 하는 것이라고 정의를 내렸다.

저메인 등(Germain & Gittermain, 1980)은 "계약은 클라이언트와 사회복지사가 그들의 목표, 과업, 각자의 역할, 그리고 원조의 기간 등에 대한 명백한 상호 동의와 문제의 규정에 도달하는 과정"이라고 했다. 그리고 바커(Barker, 1987)는 계약이란 "개입 과정에서 이행하게 될 목표, 방법, 약속시간, 의무 등에 대한 사회복지사와 클라이언트 간의 서면이나 구두의 동의"라고 했다.

이상의 정의들로부터 확인할 수 있는 계약의 주특성은 상호 동의, 개입 과정에서의 상이한 참여, 상호책임성과 의무, 그리고 명확성 등이다. 상호성과 명확성을 지닌 계약은 클라이언트와 사회복지사 간의 힘의 불일치를 어느 정도 감소시킨다. 즉, 클라이언트와 사회복지사 사이에 존재할 수 있는 간격을 이어주는 교량 역할을 함으로써 계약은 일종의 권위 부여를 만들어내기도 한다(Fox, 1993). 또한 계약은 서비스의 결과를 평가하고 서비스의 방향을 설정하는 기초가 될 수 있다(Germain & Gitterman, 1980).

계약은 사회복지사와 클라이언트가 이해한 내용의 본질을 간결하게 재검토하는 것으로서 대개 계약당사자 및 관련된 주요 인물의 역할, 문제 리스트와 목표의 우선순위, 최종목표, 사회복지사와 클라이언트의 과업과 책임, 개입 방법과 개입의 몇 가지 구조적 요인(장소, 기간) 및 평가방법으로 구성된다(엄명용 외, 2006). 계약서에 포함할 내용을 정리하면 표 11-3과 같다.

표 11-3 계약서에 포함될 내용

포함사항	구체적 내용
1. 구조적 요인	• 사례번호, 참석자 • 날짜, 시간 • 장소
2. 문제	• 클라이언트가 규정한 문제 • 사회복지사가 규정한 문제 • 개입활동을 위한 합의된 문제 개요 • 최종목표
3. 최종목표	• 명확하고도 구체적으로, 목표달성 정도가 측정될 수 있도록 기술
4. 계획	• 접근 방법 • 클라이언트의 과제 • 사회복지사의 과제 • 세션 내의 과제 • 평가계획(목표와 과정에 대한 평가)
5. 비용	• 합의된 목표를 달성하기 위하여 사용될 비용
6. 서명날인	• 사회복지사 서명날인 • 클라이언트 서명날인

출처: 이재선 외(2016).

이상의 질문에 답해 나감은 클라이언트와 사회복지사가 진정한 협력관계를 이루어 나가도록 할 뿐만 아니라 변화를 위한 분명하고도 확고한 기반을 형성하게 된다. 목표들은 행동 측면뿐만 아니라 사고 및 정서의 측면에서의 변화를 향해 개발된다. 체계적으로 목표에 초점을 두는 과정을 통해 클라이언트는 변화해야 할 것은 무엇이며 또한 변화할 수 없는 것은 무엇인가의 인식에 도달한다. 이러한 목표를 바탕으로 한 계약에서 주지되어야 할 사항은 목표는 불변의 것이 아니라 항시 수정 또는 변경의 가능성을 내포하고 있다는 사실이다. 또한 모든 계약이 항시 순조로운 것만이 아님을 인식해야 한다. 클라이언트와 사회복지사 간의 의견의 차이가 일어날 때 갈등을 피하지 않는 것이 중요하다. 만약 계약이 너무 순조롭게 진행될 경우 어느 한쪽이 다른 한쪽을 독점하는 것은 아닌지 점검할 필요가 있다(김기태 외, 2007: 재인용).

(2) 계약의 형식

사회복지실천 계획에 대한 계약의 형태는 서면계약, 구두계약, 묵시적 계약 등으로 구분할 수 있다.

① 서면계약

계약을 공식적으로 서면화하여 구체적인 목표와 사회복지사와 클라이언트의 과업, 시간적 조건, 비용 등을 명확히 기재한다. 서면계약의 장점은 클라이언트의 참여의지를 확고히 할 수 있고, 언제라도 계약의 내용을 검토할 수 있으며, 오해의 가능성을 최소화할 수 있다.

② 구두계약

구두계약은 서면계약과 근본적으로 다를 바 없지만 서면 대신 구두로 계약한다는 점에서 차이가 있다. 서면계약과 비교하여 신속하고 쉽게 할 수 있으며, 특히 클라이언트가 저항하거나 불신할 때 유용하다. 그러나 합의한 내용을 잊어버리거나 부정할 수 있기 때문에 계약 내용을 간략하게 기록해 두는 것이 좋다(Kirst-Ashman, & Hull, 2009).

③ 묵시적 계약

묵시적 계약이란 실제로 서면화하거나 구두로 하지 않았어도 암묵적으로 합의한 계약을 의미한다.

(3) 계약의 내용

① 클라이언트와 사회복지사의 역할 명료화

클라이언트의 역할은 자신의 감정이나 욕구 그리고 자신이 바라는 바와 개입 과정에 대한 기대를 사회복지사에게 분명히 표현하는 것이다. 또한 문제를 해결하는 주체가 사회복지사가 아니라 클라이언트 자신임을 인식하고 문제해결에 사회복지사가 파트너로 참석하여 도울 수 있도록 변화를 위 한 적극적인 태도를 가져야 한다. 사회복지사의 역할은 클라이언트가 자신의 감정을 솔직하게 표현하도록 돕고 만약 제대로 표현하지 않을 경우 표현할 수 있도록 유도해야 한다.

② 개입기법

사정 시 해결되어야 할 문제와 욕구가 분명히 정의되고 그 치료적 대안들이 명백하다면 초기 계약과정에서 개입기법을 구체적으로 제시할 수 있을 것이다. 예를 들어, 긴장해소법, 분노조절기법, 우울감정을 극복하기 위한인지의 재구조 역할극과 행동연습 등의 기법을 제시하고 계약할 수 있다.

③ 시간적 조건

여기에는 개입기간, 세션의 빈도와 시간 등이 포함된다. 개입기간을 시작할 때 그 기간을 미리 정하는 형태와 정하지 않는 형태가 있다. 시간 제한적인 개입은 단기간에 정해진 목표를 달성하므로 사회복지사에 대한 신뢰도가 높아질 수 있고, 비용, 시간 측면에서도 효과적이다. 그러나 시간 내에 달성하지 못한 목표가 있을 수 있고 인간의 상황은 항상 변화하므로 예기치 못한 변수로서 개입기간의 변화가 있을 수 있으므로 이에 대한 대책이 필요하다. 이러한 계약은 특히 구조화된 환경에 적응하지 못하는 클라이언트에게 유용하다.

④ 계약서 내용

계약서에 포함되어야 할 내용은 계약 당사자에 대한 인적사항, 문제 목록, 성취할 목표, 개입 계획, 사용되는 개입기법, 시간적 조건, 장소, 비용, 평가 방법, 클라이언트와 사회복지사의 역할, 서명날인 등으로 구성되어 있다. 다음은 계약서의 한 예이다.

계 약 서

1. **계약자(사례번호)**
   - 클라이언트 이름, 주소 등 신상정보
   - 사회복지사 이름, 기관명

2 **문제 목록**

3. **목적 및 목표**

4. **개입 계획 및 개입의 구조**
   - 활용될 개입기법
   - 시간적 조건(기간, 시간)
   - 장소
   - 비용
   - 평가방법

5. **클라이언트와 관련 체계의 역할과 과업**

6. **사회복지사의 역할과 과업**

년　월　일

클라이언트 ○ ○ ○ 서명
사회복지사 ○ ○ ○ 서명

그림 11-4 계약서

출처: 조미숙 외(2018). 사회복지실천론.

중심어

사정의 개념, 문제발견, 문제형성, 사정도구(가계도, 생태도), 계획수립, 계약

연습문제

1. 사정의 개념에 대하여 설명해 보시오.

2. 사정도구에 있어 본인의 가족을 중심으로 3대까지 가계도를 그려보고 문제나 강점을 상정해 보시오.

CHAPTER

12 개입단계

1. 개입단계

1) 개입의 개념

사회복지사가 클라이언트에게 영향력을 행사하여 의도적인 변화를 일으키는 과정이며 클라이언트는 자신이 직면한 문제를 해결하거나 자신의 능력과 잠재력을 개발하는 것이 핵심적인 내용이 된다.

개입은 사회복지사가 클라이언트의 심리사회적 기능에 좋지 않은 영향을 미치는 조건들과 클라이언트들 사이에 개입하여 관계한다는 것이다(Brown, 1992: 178).

이 과정은 계획을 이행하는 과정으로서 사회복지사의 활동, 즉 중재적 역할을 수행함으로써 목표에 도달하려는 것을 말한다. 따라서 사회복지사는 클라이언트와 함께 명확한 목표를 성취함에 있어서 클라이언트를 돕는 데 실제로 사용할 능력, 다양한 기술과 전략, 지식 및 접촉의 도전에 직면하게 된다. 그러므로 사회복지사는 특정한 세부 상황에 적용할 수 있는 다양한 이론을 숙지하고 있어야 하는데, 사회복지사의 활동은 크게 직접적 중재(클라이언트에 대한 활동)와 간접적 중재(체계에 대한 활동)로 나누어진다(전재일 외, 2004: 315).

이러한 개입을 성공적으로 이행하기 위해서는 변화가 필요한 표적체계들(target systems)과의 조화는 물론 클라이언트의 발달상의 단계들과도 조화를 이루는 것이 중요하다. 그러므로 사회복지사는 개입의 계획에 있어 인간의 발달단계들 및 가족의 발달단계들을 신중하게 고려해야 한다.

2) 개입단계의 목표와 사회복지사의 과업

(1) 개입단계의 목표

개입은 문제해결을 위해 목표를 달성하려는 일련의 전문적 실천 활동이다. 클라이언트가 자신의 문제행동과 상황 그리고 환경과의 관계를 변화시키는 방향으로 노력하도록 도와주는 과정인 것이다. 개입단계의 목표는 다음과 같다(엄명용 외, 2006).

첫째, 문제해결을 위한 구체적인 변화전략의 수립

둘째, 개입, 원조, 교육, 동기유발, 자원연결, 행동변화 등을 통한 변화의 창출

셋째, 지속적인 점검(monitoring)을 통한 변화 정도의 유지와 평가

개입은 문제해결을 위해 목표를 달성하려는 전문적 활동이다. 해밀턴(Hamilton, 1951)은 클라이언트의 기능을 회복시키고 개선시키는 것이 개입의 목표라고 하였다. 이단계의 목표는 다음과 같다(엄명용 외, 2006).

사회복지사의 개입활동의 핵심은 문제를 해결하려는 클라이언트의 변화노력을 지원하기 위해 문제해결을 위한 구체적 변화전략을 수립하고, 상담, 지역사회와의 자원연계, 새로운 자원의 개발, 사회적 지지집단의 활용, 교육, 역할극 등 다양한 전략을 활용하며, 계획대로 문제해결 과정이 진행되고 있는지 지속적인 점검(monitoring)을 하면서 지지와 환류를 제공하는 것이다.

(2) 개입단계에서 사회복지사의 과업

클라이언트의 문제해결을 위한 목표를 수행하고자 개입단계의 목표에서 언급하듯 사회복지사의 과업에 있어 개입 역할은 매우 다양하다. 콤튼과 갤러웨이(Compton & Galaway, 1984)는 사회복지사가 개입을 할 때의 개입 역할을

중개자(broker), 조력자(helper), 교사(reacher), 중재자(mediator) 및 옹호자(advocate)의 다섯 가지로 분류하였다. 사회복지사의 개입 역할 다섯 가지는 다음과 같다(엄명용 외, 2006. Compton & Galaway, 1994; 김융일 외, 1995).

① **중개자**(Broker)

클라이언트와 서비스나 자원을 연결해 주는 역할로서 사회복지사는 지역사회의 기관과 자원에 대한 충분한 정보와 지식을 가지고 있어야 한다. 예를 들면, 생활형편이 어려운 혼자 사는 노인에게 말벗이 되어 줄 자원봉사자와 집안일을 도와주는 가정봉사원, 그리고 경제적 후원자 등의 자원을 연결해 주는 것이다.

② **조력자**(Helper)

클라이언트가 자기 스스로 문제를 해결할 수 있는 능력을 기르고 필요한 자원을 찾아낼 수 있도록 돕는 역할을 한다. 현재 상태의 변화를 가져오는 것은 사회복지사가 아니라 클라이언트 자신인 만큼 사회복지사는 클라이언트의 능력을 개발하는 데 최선을 다한다.

③ **교사**(Teacher)

클라이언트에게 새로운 정보나 지시, 그리고 기술을 배울 수 있도록 도와주고 직접 가르치기도 하는 역할이다. 때로는 사회복지사 자신을 모델링해 보임으로써 클라이언트에게 새로운 행동을 가르치는 것 등이다. 장애를 가진 자녀를 기르는 부모에게 발달단계에 따른 적합한 보호방법을 전수한다든지 다양한 특수교육이나 훈련의 기회와 내용을 알려주는 일들이 될 수 있다.

④ **중재자**(Mediator)

양자 간의 논쟁이나 갈등을 일으키고 있는 클라이언트에게 개입하며 타협 또는 외부체계를 조정하여 상호 만족스러운 합의에 도달하도록 하는 것이다. 예를 들면 자퇴한 학생의 복학을 위해 학교당국, 학부모, 학생 자신의 다양한 입장과 욕구를 수렴하여 해결방법을 모색하는 것 등이 될 수 있다.

⑤ **옹호자**(Advocate)

클라이언트를 대신해서 클라이언트의 이익을 대변해 주는 역할로서 논쟁, 타협, 투쟁 등을 통해 클라이언트의 이익과 권리를 보호하려는 것이다. 즉, 기존 제도로부터 클라이언트가 불이익을 받을 때 그 집단을 위해 정보를 수집하고 요구사항을 분명히 하며 제도에 도전하도록 지도력을 발휘하는 적극적이고 직접적인 역할이다. 이 역할의 목표는 특정제도를 비난하거나 비판하는 것이 아니라 정책을 개선하고 변화시키려는 것이다(양옥경 외, 2005).

2. 직접개입과 간접개입

사회복지사의 개입 활동을 클라이언트 자신에 대한 직접적 개입과 클라이언트를 제외한 체계들에 대한 개입인 간접적 개입으로 나누어 설명한다. 직접적 개입이란 기본적으로 개인, 가족이나 소집단체계 자체의 변화나 주변 환경과 연결된 개인, 가족, 소집단의 기능과 관련된 것이다. 간접적 개입이란 클라이언트를 돕기 위해 클라이언트 이외의 개인, 소집단, 조직 또는 지역사회에 주의를 기울이는 활동이다(엄명용 외, 2006).

리치몬드(Richmond)는 클라이언트가 자기 자신을 의식적으로 조정함으로써 환경보다 잘 적응하도록 하는 데 초점을 둔 직접적인 활동과 클라이언트를 둘러싸고 있는 인적·물적 환경에 변화를 가져오려는 간접적인 활동으로 설명하고 있다.

1) 직접적 개입

직접개입은 개인, 가족, 집단을 대상으로 클라이언트에게 직접개입하는 기법이다. 클라이언트의 심리적·내적 측면의 욕구나 문제 등에 초점을 두며, 중재를 통하여 클라이언트가 생활에서 필요한 대처 능력을 향상시키는 데 목적이 있다. 문제되는 상황이 어떤 것이든 긍정적이고 효과적인 방법으로 대응할 수 있도록 클라이언트의 감정, 주관적 사실, 사고와 행동방식에 초점을 두어 장애가 되는 태도와 행동, 그리고 인간관계의 왜곡을 수정하려고 하는 것이다(전재일 외, 2004).

직접개입의 목적은 클라이언트의 욕구에 반응하도록 환경을 변화시키는 실현방법으로 클라이언트가 계획된 과업을 수행하는 과정에 지속적인 지원을 하는 것과 클라이언트 내의 변화를 일으킬 수 있도록 원조하는 것이다. 사회복지사는 클라이언트에 대해 개입하는 과정을 통해 다양한 관계 형성, 문제해결기술, 행동수정기법을 활용해야 한다(권구영 외, 2008).

해밀턴(Hamilton, 1940)은 개인에 대한 개입활동을 직접적 치료방법이라고 하여 심리적·내적 측면에 대한 개입이라고 하였다.

개인에 대한 개입활동이 필요한 경우는 욕구의 성격에 달려 있는데 대개 다음과 같은 경우라고 할 수 있다(엄명용 외, 2006).

- 문제가 주로 클라이언트의 내적·주관적 원인에서 비롯된 경우
- 대인관계에 문제가 있는 경우
- 문제의 초점이 애매하여 문제해결에 어려움이 있는 경우
- 위기상황에 처하여 감정이 복잡하고 갈등을 겪고 있는 경우
- 자원을 이용할 수 있는 클라이언트의 능력이 손상된 경우

(1) 개인수준의 개입

개별사회사업은 일대일 관계를 기반으로 개인적이고 사회적인 문제들을 해결할 수 있도록 돕는 것으로, 개인수준에서 클라이언트의 문제해결을 위해 치료적 면담과 상담기술을 사용한다. 치료적 면담은 클라이언트가 변화하도록 돕거나, 사회적 환경이 클라이언트의 필요에 맞도록 변화하게 돕는 것이다.

첫째, 개인의 변화로 정서적 영역, 행동적 영역, 인지적 영역으로 구분하여 볼 수 있으며, 둘째, 관계의 변화에 효과적인 의사소통기술의 향상으로 '나-전달법(I-Message)'이 있다. 셋째, 문제 상황에 대한 대처방식 변화에는

문제해결기술 향상, 문제해결 단계, 스트레스 관리 기술을 동시에 변화시키려는 개입 방법은 매우 복잡하다. 때문에 어느 한 요소를 중심으로 변화를 일으키며 다른 요소들이 변화 할 수 있도록 사용하는 것이 일반적이다.

① 개인변화

▶ 정서변화를 목표로 하는 개입

- 정서적 안정이란 낙담, 좌절, 의기소침과 무력감, 자신감 결여 등의 심적 상태를 건강하고 자신감 있는 상태로 회복시키고, 불안, 분노, 죄의식 등의 불합리하고 불건전한 정서를 적절히 해소하도록 도와 자아기능을 회복시키는 것을 말한다.
- 감정적 표현 촉진과 자기인식 확장을 통한 정서적 변화
  감정표현은 그 자체만으로 감정의 정화요소가 있다. 통제된 정서적 관여를 통해 클라이언트가 감정을 표현하고 감성과 정서를 수용할 수 있도록 돕는다.
- 인지수정을 통한 정서의 변화
  우리가 상황을 어떻게 인식하고 해석하느냐에 따라 정서와 행동을 다르다. 어떤 사건이나 상황에 직면했을 각자의 고유한 경험에 의한 매우 주관적인 자기중심적 해석에 따라 나타난 반응이다.
- 행동체험을 통한 정서의 변화
  불안상황을 직면 또는 상상하게 하여, 긴장이완훈련을 반복을 통해 긴장이완이 불안반응을 극복하도록 한다. 대인적 불안이나 열등감에도 여러 가지 가상적인 상황을 설정하여 안전한 감을 주며 반복 연습한 후 실제 상황에서 적용하도록 격려한다.

격려(encouragement), 재보증(reassurance), 일반화(universalization), 환기(ventilation), 직면(confrontation), 초점화(focusing), 직면(confrontation), 인지재구조(reframing), 등 사회복지사가 사용할 수 있는 기술들이 있다.

행동변화를 목표로 하는 개입

클라이언트의 행동을 변화시키는 것이 목적일 때 사용하는 기법들은 주로 행동 이론에 기초하고 있다. 행동수정 이론은 인간의 행동은 그 행동을 발현하게 하는 선행조건과 행동 그리고 그 행동의 결과에 영향을 받는다고 보기 때문에 선행조건과 결과에 조작을 가함으로써 표적행동 자체를 변화시킬 수 있다는 가정에서 출발한다. 행동결과의 조작기법은 바람직한 행동을 새로 형성하고자 하는 경우에는 강화가, 문제행동을 제거하고자 하는 경우에는 벌 또는 소거가 대표적이다.

인간의 문제들 중에는 행동의 변화가 없이는 문제가 해결되었다고 보기 어려운 문제들이 있다. 음주, 도박, 반복적 비행, 거짓말로 인한 품행장애, 폭력과 행동이 변화되었다고 문제가 해결되어다고 보기는 어렵다. 사회복지사가 사용할 수 있는 기술들이 있다.

강화(reinforcement), 처벌(punishment), 소거(extinction), 모델링(modeling), 타임아웃(time-out), 행동계약(behavioral Contrive), 행동시연(behavioral rehearsal), 행동조정(environment manipulation) 등 사회복지사가 사용할 수 있는 기술들이 있다.

인지변화를 목표로 하는 개입

인지변화를 위한 개입은 개인이 가지고 있는 잘못된 신념이나 인지패턴을 수정하여 행동의 변화로 인도하는 원조방법이다. 클라이언트의 인지와 행동기술을 향상시킴으로써 기능적인 삶을 살 수 있도록 돕는 것이다. 사회복지실천에서 인지치료는 범죄자나 학대부모의 우울문제에 주요 치료적 개입 모델로 활용되고 있고, 학대 자들의 분노조절 프로그램에 주로 사용되고 있다. 또한 아내 구타 자들은 구타 행동을 중단시키는 데 활용되고 있으며, 청소년 문제에 대한 개입에도 자주 활용되고 있다. 인지치료과정에서 클라이언트는 다음과 같은 것들을 배우게 된다.

- 그 부정적, 자동적 사고를 점검하기
- 인지, 행동, 정시 간의 관련성 인식하기
- 왜곡된 자동적 사고의 증거와 반대증거를 검토하기
- 이러한 편입된 인지를 보다 더 현실지향적인 해석으로 대체하기
- 경험을 왜곡하는 요인으로 작용하는 역기능적 신념을 파악하고 수정하기

초점화(focusing), 직면(confrontation), 격려(encouragement), 인지재구(reframing), 조언(advice)등 사회복지사가 사용할 수 있는 기술들이 있다.

② 관계의 변화

사회복지실천 현장에서 만나게 되는 많은 클라이언트는 관계의 문제 때문에 사회적 욕구가 충족되지 않아 고통을 받는 경우가 많다. 이러한 관계의 문제는 주로 가족, 동료, 친구, 직장 등 클라이언트가 속한 환경체계에서 일어난다. 인간관계의 문제를 가지고 찾아온 클라이언트의 관계변화를 돕기 위해서는 자신에 대한 이해를 확장시키는 것을 도우면서 의사소통을 효과적으로 할 수 있는 방법을 제시해 주는 것이 필요하다.

효과적인 의사소통기술의 향상으로 헵워스와 라슨(Hepworth & Larson, 1997)은 의사소통이 언어적 수준과 비언어적 수준, 상황적 수준의 세 가지 수준을 고려하여야 하며, 이들 수준의 일치성이 높을수록 건강하고 기능적인 의사소통을 하는 것이라고 하였다.

의사소통의 효과적인 기술로는 '나-전달법(I-Message)'이 있다. 이는 상대방의 행동으로 인해 내 자신이 어떻게 느끼고 있는지를 객관적으로 전달하는 것이다. 상대방에 대한 비난을 하지 않으므로 상대의 저항을 일으키지 않고 상대방의 행동이나 말로 인해 자신이 어떻게 영향을 받고 있는지 효과적으로 알리는 방법이다.

나-전달법은 다음과 같이 세 가지로 구성된다.

- 행동·상황: 상대방의 특정 행동에 대한 간결하고 분명한 모사
- 결과: 그 특정 행동으로 인한 나의 감정 경험 묘사
- 감정·반응: 그 행동이 나에게 미친 영향에 대한 명백한 묘사

③ 문제 상황에 대한 대처방식 변화

▶ 문제해결기술 향상

인간의 삶은 복잡한 문제들의 연속이므로 의식적으로 또는 무의식 속에서 끝없이 문제해결을 해야 한다. 일상생활의 어려운 문제들에 대하여 클라이언트가 당면한 문제의 해결뿐 아니라 문제해결기술능력을 향상시켜 클라

이언트는 자신의 문제해결을 위해 체계적으로 접근하는 방법도 배우며 타인의 입장을 이해하며 복지사와의 관계를 통해 타인과의 협력하는 과정을 배우게 된다. 뿐만 아니라 문제 해결을 돕는 과정에서 합리적인 방법을 이해하고 익혀 충동적인 행동으로 비합리적인 결정에 인한 스트레스로 역기능적 행동을 감소시킬 수 있다.

▶ 스트레스 관리 기술

스트레스란 자기에게 부과된 요구수준과 이 요구에 부응할 수 있는 자신의 능력 간의 어떤 불균형감이 지각될 때 일어나는 생리적 반응이다. 사회복지실천 과정에서의 스트레스는 부정적인 것으로 신체적 질병과 정신적 고통, 부적응의 원인이 되는 것들이다.

스트레스 관리는 삶의 문제와 연관하여 긴장이나 스트레스를 받는 사람들에게 광범위하게 사용되는 방법이다. 긴장이완훈련은 생리적 측면을 다룬 기법이지만 클라이언트의 불안감을 완화시키고, 정서적 상태를 일정 수준으로 유지시키기 위한 개입으로 사회복지현장에서 종종 사용된다(방미진 외, 2011).

(2) 가족수준의 개입: 가족치료

현대사회에서의 가족은 사회의 연속성과 안전성에 매우 핵심석인 역할을 담당한다. 자스트로(Zastrow, 1995)는 가족의 중요한 기능을 재생산, 보호, 사회화, 성행동의 규제, 애정 제공으로 보았다. 이러한 가족의 기능을 도와 긍정적으로 가족구성원들이 적절한 사회적 역할을 수행할 수 있도록 돕는 것이 가족개입 혹은 가족치료이다.

가족치료는 개인의 문제가 가족과 밀접하게 연관되어 있어서 가족이 변하지 않고서는 개인의 문제가 해결될 수 없다는 전제에서 출발한다. 가족치료가 한국의 사회복지실천에 적용되고 연구된 시기는 1980년대 중반 이후이며, 최근에 가족치료의 활용이 활발해지고 다양한 가족문제를 해결하는데 있어서 치료의 효과가 입증되면서 가족치료에 대한 관심이 급증하는 추세이다. 개인과 가족의 심리적이고 다양한 대상을 치료한다.

가족치료는 가족구성원이 보이는 문제행동을 그 개인의 문제로 보지 않고, 개인을 둘러싼 가족이라는 맥락 속에서 이해하려는 시도이다. 가족치료자는 문제행동 자체보다는 문제행동을 둘러싼 가족 상호작용에 관심을 갖는다. 그러므로 가족치료는 개인을 둘러싼 환경 요소 중에서도 특히 가족을 치료적 매개로 사용하는 기법이라고 정의할 수 있다(권진숙 외, 2006).

2) 간접적 개입

간접적 개입이란 사회복지사가 목표달성을 위하여 사회복지사와 상호작용할 계획에 합의하지 않은 체계에서 변화를 일으키는 행동에 개입하는 것이다. 간접적 개입은 표적체계에서 변화를 일으키기 위하여 취해지는 사회복지사의 활동이다. 사회복지사는 목표달성에 필요하다고 믿을 때만이 이러한 행동을 수행한다. 복잡하고 민감한 표적체계(target system)를 실천하기 위하여 사회복지사는 클라이언트의 요구나 사회복지사에 저항적인 잠재적 자원을 발견하며, 증거제공, 홍보, 교섭, 조직, 시위운동, 합법적 행동을 취하는 것, 그리고 정책개발에 영향을 미치는 것과 같은 정책기술들을 활용한다. 사회복지사는 가끔 표적체계에서 변화를 일으키기 위하여 여러 가지 정책기술들을 결합해서 사용할 필요가 있다(전재일 외, 2004).

클라이언트를 둘러싸고 있는 환경에 개입하여 변화를 도모하는 방법이다. 즉 가족이나 집단을 포함한 광범위한 체계에 문제의 근원의 있거나 이러한 체계들과의 상호작용에 문제가 있을 경우, 또 개인의 곤란과 문제를 다룰 때에는 개인보다 환경체계의 변화를 통해서 목포에 도달하게 되는데, 이를 환경에 대한 개입활동 또는 클라이언트체계에 간접적으로 도움을 준다는 의미에서 간접적 개입이라고 한다.

사회복지사와 클라이언트는 개인, 가족, 집단, 지역사회, 조직 또는 시설 차원에서의 거부나 저항으로 인하여 목직을 달성하지 못할 수도 있다. 사회복지사는 다양한 전문직을 대표하는 표적체계를 대상으로 간접개입을 함으로써 클라이언트에게 서비스를 제공하게 된다. 사회복지사는 대표자들과 협력적인 관계를 유지하려는 노력을 기울여야 하지만 클라이언트의 이익을 옹호하기 위하여 이들과 대립하는 경우가 발생할 경우 사회복지사는 지원체계가 클라이언트에게 유리한 결정을 내리도록 노력한다(권구영 외, 2008).

간접적 개입의 다른 중요한 영역은 자원서비스이다. 빈곤가정을 국민기초생활보장 수급자로 책정하여 재정적 원조를 해 주거나, 의료서비스와 연결시켜 준다거나, 보유서비스를 연결시켜주거나 이 세 가지 모두를 가능하도록 각 기관과 긴밀히 협조하여 원조를 제공하는 일들이 환경에 대한 개입활동에 속한다. 또 학대받는 아동이나 배우자에게 쉼터를 통해 일시보호를 제공하거나 중퇴한 학생의 목교를 위해 학교 당국과 학생 사이를 중재해 주거나, 직장 내 폭력 방지를 위한 상담이나 스트레스 관리 프로그램을 개발해 주거나, 아동, 노인 또는 정신지체 장애인이나 사회·경제적·교육적 박탈로 인해 자기 권리를 주장하지 못하는 클라이언트의 권리를 대신 변호하고 주장해 주는 활동도 환경에 대한 개입활동에 해당한다(엄명용 외, 2006).

클라이언트의 변화를 위해 사회복지사가 행하는 환경에 대한 개입활동은 첫째, 서비스 조정에 관련된 활동이다. 조정이란 두 가지 이상의 서비스 제공자들과 함께 일하는 것을 말한다. 조정에서는 클라이언트에게 서비스를 제공할 때, 서비스 간의 조정을 하는 것은 서로에게 이로움을 관련된 모든 사람들이 이해할 수 있도록 하는 것이 중요한 요소이므로 생산적인 관계를 위해서는 개방적인 상호교환과 만족감이 보장되도록 해야 한다. 둘째, 프로그램 계획과 개발을 위한 활동이다. 클라이언트에게 서비스 조정을 하다보면 욕구가 한 번도 확인되지 못했거나 재정적인 문제로 인해 필요한 자원이 현재 제공되지 않고 있음을 알게 되는 경우가 있다. 이 경우 사회복지사는 자원봉사자나 자조집단 등과 같은 새로운 자원이나 프로그램을 계획하고 발전시켜야 한다. 셋째, 클라이언트의 사회적 기능을 강화하기 위한 한 가지 수단으로 클라이언트의 환경에 변화를 가져오는 전략인 환경조작(environment manipulation)이다. 환경은 그 안에 살고 있는 개인의 행동, 감정, 자아상(self-image)에 심오한 영향을 끼치는데 시포린(Siporin)은 환경적 개입을 "구조적, 문화적, 기능적 유형을 변화시키는 활동"이라고 하였다. 넷째, 옹호(advocacy)활동이다. 의사결정자에게 설득이나 강제력을 동원해 개인이나 집단의 영향력을 행사해 의사결정의 유형을 변화시킴으로써 클라이언트의 권익을 보호하는 특정한 결정이 내려질 수 있도록 하는 활동이다(엄명용 외,

2006).

3) 개입기술(권구영 외, 2008)

- 초점화(Focusing): 클라이언트가 방금 표현한 것을 클라이언트가 분명하게 인식하고 이해했는가를 점검하는 것이다. 초점화란 혼돈되거나 산만하고 내용이 모호할 때 클라이언트의 논의에 선입견과 혼란한 개념이 있는지를 보는 것이다.
- 직면(Confrontation): 클라이언트의 가능성에 확신을 표현하는 진술이며 클라이언트의 강점을 인정하고 지지하는 수단이 되기도 한다.
- 격려(Encouragement): 클라이언트의 가능성에 확신을 표현하는 진술이며 클라이언트의 강점을 인정하고 지지하는 수단이 되기도 한다.
- 거울되어주기(Mirroring): 승인받고 싶은 욕구, 행위나 느낌의 정당성을 인정받고 싶은 욕구, 칭찬받고 싶은 욕구, 긍지에 대한 욕구 등 클라이언트가 갖고 있는 여러 욕구에 맞춰 사회복지사가 반응해 주는 것이다.
- 환기(Ventilation): 클라이언트는 자신의 문제, 억압된 감정을 자유롭게 표출하도록 감정의 강도를 완화시키며 바람직한 방향으로 유도하는 기법이다.
- 승인(Sustainment): 클라이언트의 경험에 대한 이해를 보여줌으로써 클라이언트에게 공감하고자 노력하는 것, 또 필요에 따라 인정, 정당성 부여, 격려, 확신 등을 제공하는 것이다.
- 탐색: 클라이언트의 문제, 생각, 느낌, 행동 및 현재 삶의 지지와 배경과 역량, 장점, 외부의 지원, 사회복지사와 개입 과정에 대한 기대와 반응에 주의를 기울인다.
- 수용: 옳고 그름, 싫고 좋음의 가치판단의 과정이 아니라 그대로를 받아들이는 것이다.
- 명료화: 중요한 자료를 요약하고 모호한 자료를 명확하게 한다.
- 재보증(Reassurance): 클라이언트를 안심시키는 것으로 클라이언트의 능력과 성실함을 재보증하는 것이다. 즉, "당신은 참 성실히 살아왔군요."

라 고 지지해 주고 격려를 클라이언트의 의구심에 자신감을 줄 수 있다.

- 보편화(Universalization): 클라이언트의 생각, 느낌, 행동 등이 그와 비슷한 상황에 있는 다른 사람들과 같다는 사회복지사의 진술을 의미하며 이 기법은 자신이 다른 사람과 다르다고 느끼는 클라이언트의 감정을 전환시키며, 긍정적인 인간적 특성, 강점, 성과물을 인식시켜 준다.
- 세분화: 클라이언트가 자신의 문제를 작고 다루기 쉬운 세부 문제로 나누어 보도록 하는 것이다.
- 긍정적 관계의 활용: 적극적인 경청을 통해 클라이언트가 지지받고 있다는 생각을 갖게 한다. 안정감, 공감, 수용, 격려의 느낌을 주며 클라이언트에게 집중함으로써 자신이 중요한 존재라고 생각하고, 생각과 느낌을 나누고 행동하고자 노력하며, 실망이나 퇴보할 때 혹은 일이 잘 풀릴 때 주변의 지지를 얻을 수 있도록 하는 것이다.
- 협력: 클라이언트의 삶에 중요한 존재거나, 클라이언트 원조과정에 관여되어 있거나, 클라이언트를 돕기 위해 원조과정에 필요한 사람들과 함께 일하는 것이다.
- 옹호: 클라이언트를 대신하여 그의 욕구나 관심사를 타인에게 대변해 주거나 이익을 위해 서비스를 확보하고자 개입하는 것이다.
- 실재 대상과의 경험 제공: 실재하는 진솔한 관계를 바라는 클라이언트의 욕구에 선별적으로 부응하는 것이다. 즉, 여기에서는 클라이언트와 함께 특정 모임이나 기관에 가는 것, 사적인 질문에 답하거나 개인적인 경험을 공유하는 것과 주목받기, 정당성 인정받기, 칭찬받기와 같은 클라이언트의 욕구를 충족시켜주는 것, 이력서 쓰기, 구인광고 검토하기 등을 함께하는 것 등이 포함된다.
- 언어: 클라이언트가 자신의 생각과 느낌을 말로 표현하도록 돕는 것이다.
- 자아 대여(Lending ego): 부적절하거나 일시적으로 손상된 클라이언트의 역량을 늘리거나 대치하기 위해 사회복지사가 자신의 능력과 존재를 활용하는 것이다.
- 직면(Confrontation): 직면은 하나의 개입 형태로 사용되어야지 처벌이나 훈련으로 사용되어서는 안 된다. 직면을 효과적으로 사용하기 위해서

사회복지사는 제시된 자료가 어떠한 의미를 푸는지 생각해 보아야 한다. 불일치, 모순, 부정적결과, 부적응적 방어, 저항, 문제가 되는 버릇이나 패턴을 심판하지 않는 태도로 지적해 주는 것이다.

- 해석: 사람들이 주관적인 관점이나 왜곡된 시각, 정보결여, 현실감 부족으로 스스로가 통찰하기 힘들어할 때 클라이언트에게 적절한 설명을 제공하는 것이다.
- 새로운 사고, 느낌, 지각 방식에 대한 명료화: 숨겨진 클라이언트의 비합리적 생각이나 왜곡을 드러내거나 상세히 설명하고, 클라이언트가 보여주는 왜곡과 오해를 탐색하고 그에 도전하면서 새로운 사고, 느낌, 지각방식을 제공하는 것이다.
- 한계 설정: 사회복지사와 클라이언트 간 공동의 노력을 가능하기 위해 가능한 한 협조 관계 속에서 클라이언트의 행동에 대한 지침을 세우는 것이다.
- 행동시연(Behavioral rehearsal): 행동부의 치료에서 도출된 기법으로 본질적으로 모델링과 지도(coaching)를 사용하는 역할 연습의 한 형태이다. 특정 상호작용이나 상황을 예견하고 준비하도록 돕기 위해 무슨 말과 행동을 하게 될지를 연습하는 것이다. 클라이언트가 행동을 시연하면 사회복지사는 클라이언트 행동에 환류를 제공하고 대안적인 행동방식을 보여준다.
- 역할 모델링: 사회복지사가 특정한 태도, 특징, 행동을 보여줌으로써 클라이언트가 그것을 모방하고 나아가 자신을 위해 사용할 수 있도록 하는 것이다.
- 타임아웃(Time-out): 문제청소년, 문제아동에게 행동 변화를 요구할 때 자주 사용하는 기법으로 문제행동의 강화물이나 상황을 소거하는 것이다. 예를 들면 문제아동을 또래하고 놀이하는 공간에서 격리시키기도 한다.
- 행동 계약(Behavioral Contract): 클라이언트의 행동 변화가 일어나도록 서면으로 동의하는 것으로 두 사람 이상의 사이에 일어나는 보상 혹은 정적 강화를 말한다. 과정에 필요한 각 요소를 분명하게 하고 명확하게 만들고 관여된 모든 사람들이 이해할 수 있고 수용하는 방식으로 구조화하는 기법이다.

- 과제 할당: 클라이언트가 면접시간 이외에 원조과정의 일부로서 수행할 수 있는 단계나 행동을 클라이언트와 합의하여 과제로 내는 것이다.
- 이미지: 긴장완화 훈련을 위해 사용되는데, 행동치료에 이미지를 기반 체계적 탈감법을 전제로 한다. 이미지 기법의 예로 학생들에게 긴장완화를 위해 조용한 해변을 걷거나 상쾌한 산림을 상상케 하면 입시에 대한 불안을 없애고 점진적으로 긴장완화를 유도할 수 있다. 체계적 탈감법은 공황치료에 특히 효과가 크다. 과거의 연속성 있는 장면들을 시각화하여 클라이언트가 편안해지고 긴장이 완화될 때까지 반복한다.
- 보조자원 활용: 클라이언트의 어려움을 경감시키기나 해소하는 데 도움을 줄 수 있는 보조 자원이나 서비스를 사용하는 것이다.
- 영향력(Influence): 영향력은 다른 사람에 대한 영향력 행사, 개인 또는 조직 역량의 훈련을 통한 조직화 행동으로 규정될 수 있다. 이러한 영향력에는 어떠한 힘이 존재하고 있기 때문에 변화, 설득 또는 확신, 장애극복, 동기화 그리고 태도 변화를 초래할 수 있다.
- 환경 조정(Environment manipulation): 환경 조정이란 클라이언트의 사회적 기능을 확장시키는 수단으로 클라이언트의 환경에 변화를 가져오는 전략을 의미한다.
- 연계: 필요로 하는 자원이나 서비스에 클라이언트가 연결되도록 돕는 것이다.
- 정보제공(Informing): 클라이언트의 의사결정이나 과제 수행에 필요한 정보를 제공하는 것이며 클라이언트가 어떤 결정을 내리고 과제를 수행하는 데 필요한 정보를 제공하는 기법이다.

중심어

개입, 개인의 변화(정서, 행동, 인지), 가족개입, 집단 개입, 직접개입, 간접개입

연습문제

1. 직접개입과 간접개입에 대하여 개념을 적고 사례를 설명해 보시오.

2. 개입에서 사회복지사는 중개자, 조력자, 교육자, 중재자, 옹호자 등 다양한 역할을 수행해야 한다. 각각 역할에 대하여 차이점을 설명해 보시오.

CHAPTER

13 종결 및 평가단계

1. 종결

종결은 사회복지실천 과정의 마지막 단계로서 계획된 결과에서 이루어질 수도 있고 계획되지 않은 결과에서 이루어질 수도 있다. 그러나 원칙적으로 종결은 사회복지사의 욕구가 아닌 클라이언트의 욕구에 의해야 하며 클라이언트가 더 이상 서비스를 필요로 하지 않거나 서비스를 주는 것이 더 이상 이득이 되지 않는다고 판단될 때 이루어져야 한다. 종결은 특히 클라이언트가 상실과 이별에 직면하여 다양하고 복잡한 감정과 태도를 보이기도 하여 어느 단계보다 사회복지사의 민감한 반응과 기술적 접근이 필요한 단계라고 할 수 있다.

1) 종결의 개념과 목표

종결은 사회복지사의 개입활동을 계획에 따라 마무리하는 것으로 사회복지사와 클라이언트 간 관계를 공식적으로 끝내는 것이다. 성공적인 실천은 클라이언트의 긍정적 변화가 개입 이후에도 유지되는 것이므로 종결단계에서는 개입하는 동안 클라이언트가 긍정적인 성취를 얻어 원조관계가 만족스럽게 끝날 수 있도록 해야 한다. 종결단계의 목표는 개입을 통한 클라이언트의 변화를 확인하고 원조 과정에서 성취한 것을 유지할 수 있도록 준비시키는 것이다.

2) 종결단계의 사회복지사의 과제

(1) 종결 시기 결정하기

목표가 달성되었거나 계획된 서비스의 제공 기간이 종료되었을 때 종결하지만 그 전에도 종결한다. 더 이상 클라이언트에게 도움이 되지 않는다고 클라이언트와 의견이 일치하면 종결하기도 한다.

종결 시기를 결정할 때 고려할 사항은 다음과 같다(사회복지교육연구센터, 2021).

① 개입 목표 달성 정도
② 서비스 시간 내 제공완료 여부
③ 클라이언트의 문제상황의 해결 정도
④ 사회복지사와 기관의 투자노력
⑤ 만남이 더 이상 큰 도움이 되지 않으리라는 것에 대한 합의
⑥ 클라이언트의 의존성
⑦ 클라이언트에 대한 새로운 서비스의 필요성과 적합성 여부: 의뢰

(2) 정서적 반응 다루기

클라이언트는 종결에 대한 기쁨도 있지만 사회복지사와 헤어지게 되는 서운함과 슬픔, 두려움과 같은 복합적 감정을 느끼게 된다. 종결을 두려워해서 이전 단계로 후퇴하거나 새로운 문제를 호소하기도 한다. 사회복지사는 클라이언트가 느끼는 감정을 솔직하게 표현하도록 도와주어야 한다.

종결 후에도 클라이언트에게 새로운 문제가 발생하거나 도움이 필요할 때 전문적인 원조관계로 다시 도움을 줄 수 있음을 알려주면 이별에 따른 불안감이나 상실감은 줄어든다.

(3) 개입을 통해 획득한 효과의 유지와 강화하기

개입기간 동안 클라이언트는 긍정적으로 변화하게 되는데 이러한 성과가

종결 후에도 유지되고 삶 속에서 적용될 수 있도록 계획을 세운다. 종결 후에 문제가 다시 발생했을 때의 대처방법과 문제해결방법에 대해 기본 원칙을 파악하도록 원조한다.

(4) 의뢰하기

필요한 경우 클라이언트를 다른 자원으로 의뢰하기 사례가 종결되었지만 클라이언트에게 새로운 서비스가 더 필요하거나 해결되지 않은 문제가 있는 경우 다른 기관이나 전문가에게 의뢰한다.

3) 종결의 유형

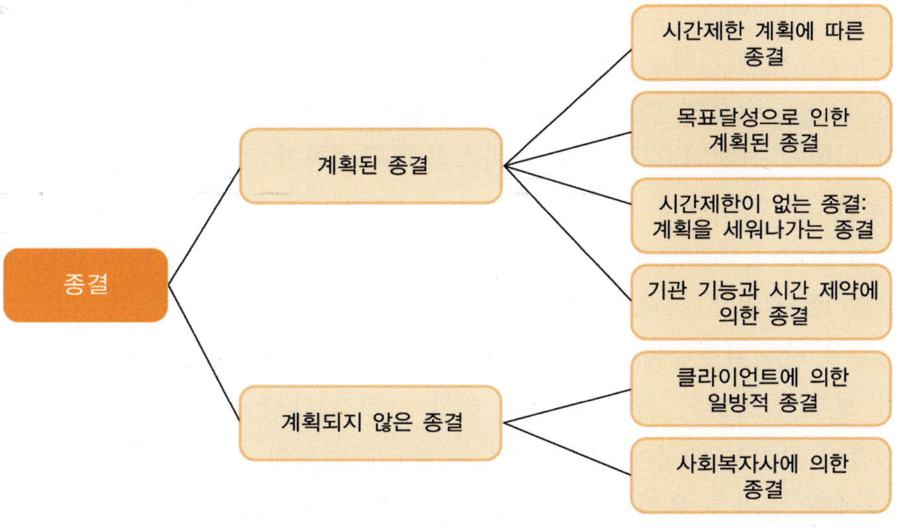

그림 13-1 종결의 유형

(1) 계획된 종결

① 시간제한 계획에 따른 종결

계획된 서비스가 모두 제공되어 종결하거나 계획 단계에서 정한 개입기간이 경과되어 종결하는 것이다. 종결을 예측할 수 있기 때문에 종결 시 부정적인 정서적 반응이 감소하는 경우가 많다. 사회복지사나 클라이언트 모두 종결 시점을 알고 있기 때문에 사회복지사에 대한 클라이언트의 의존성과 종결에 따른 상실감이 상대적으로 적다. 하지만 목표달성이 되지 않았을 경우 클라이언트는 실망하고 사회복지사에 대한 분노 실망감 등을 느낄 수 있다. 이에 사회복지사는 클라이언트의 이러한 감정을 수용하면서 부정적 감정을 표현할 수 있게 허용해야 한다(에쎕, 2021).

② 목표달성으로 인한 계획된 종결

목표가 이루어져 더 이상 서비스가 필요하지 않다는 것을 사회복지사와 클라이언트가 합의하고 종결하는 것도 계획된 종결에 해당된다. 기관에서는 서비스 운영 정책에 따라 정기적인 평가를 실시하여 클라이언트의 문제해결이 어떻게 진행되고 있는지, 서비스의 욕구변화가 있는지, 서비스를 지속할 것인지를 검토한다. 해당 평가에서 클라이언트에게 서비스가 더 이상 필요하지 않거나, 서비스를 제공하는 것이 현 시점에서 이득이 되지 않는다고 판단될 때 종결을 실시하게 된다.

목표가 달성됨으로써 성공적인 종결을 맞는 경우는 클라이언트와 사회복지사 모두 만족감이 높다. 이별에 대한 상실감보다는 성공에 대한 기쁨과 자신감이 넘치기 때문에 사회복지사는 클라이언트의 성공을 축하하면서 종결 후에도 성과를 유지할 수 있도록 돕는다(엄명용, 2020).

③ 시간제한이 없는 종결: 계획을 세워나가는 종결

시간제한이 없는 종결에서 종결시기를 정하는 것은 가장 중요한 과업이므로 종결시점은 클라이언트의 욕구에 근거하여 결정하도록 한다. 처음부터 이용제한이 없다고 알고 있던 클라이언트는 목표가 도달되어 종결하기로 합의했어도 장기간에 걸쳐 자신의 삶에 영향을 미쳤던 사회복지사와의 이별에 대해 때때로 감정적인 어려움과 충격을 받을 수 있다. 특히 장기간의 서비스 이용으로 클라이언트의 의존성이 높아진 경우나 서비스를 만족하고 있는 경우에는 강한 정서적 반응이 나타날 수 있으므로 종결시점은 클라이언트의 정서적 상태와 욕구를 반영하여 체계적이고 단계적으로 진행하도록 한다. 클라이언트와 사회복지사가 서비스 개입이 더 이상 필요하지 않다고 합의했어도 종결시점은 사회복지사 임의로 정하지 않도록 주의한다(사회복지교육연구센터, 2021).

④ 기관의 기능과 시간 제약에 의한 종결

서비스가 기관의 기능과 시간 제약에 의해 일정한 기간에만 제공되는 경우에는 계획된 종결을 실시한다. 예를 들어 실습생이 실습을 종결하는 경우 실습생이 맡았던 프로그램이나 면접은 종결되거나 입원기간 내에 제공되는 서비스, 학기 중에만 제공되는 서비스 등이 이에 해당한다.

기관의 기능과 시간적 제약에 영향을 받는 서비스의 종결은 이미 알려진 사실이기 때문에 클라이언트 입장에서는 갑자기 종결을 맞이하는 것보다는 감정적으로 덜 당황할 수 있고 시간을 갖고 미리 준비할 수 있다.

하지만 종결시점에서 클라이언트가 서비스의 목표에 충분하게 도달되지 못했다고 느끼게 되면 예정된 종결도 자신에 대한 서비스의 중단으로 받아들일 수 있다. 또한 사회복지사도 남아 있는 문제의 해결을 위해 다른 기관에 의뢰해야 하는 부담을 가지게 된다. 따라서 사회복지사는 종결 전에 평가를 실시하여 클라이언트가 서비스에 대해 만족하지 못했다고 판단되면 기관의 한계를 충분히 이해할 수 있도록 설명해야 한다. 신뢰관계가 손상되지 않도록 유의하면서 클라이언트의 의사와 자기결정을 바탕으로 의뢰도 검토할 수 있도록 한다.

(2) 계획되지 않은 종결

① 클라이언트에 의한 일방적 종결

클라이언트의 사정으로 인해 계획된 시기보다 일찍 종결하는 경우이다. 약속한 시간에 기관에 오지 않거나 자신의 문제가 다 해결되었다고 말하면서 서비스를 거부하고 피상적 종결 이유를 제시하는 등의 행동으로 종결 의사를 암시하기도 한다.

일방적인 조기 종결은 대부분 해결되지 않은 저항감의 표현일 수 있다. 종결하더라도 클라이언트의 저항감은 해소시켜야 한다. 사회복지사는 클라이언트가 느끼는 부정적 감정에 대해 논의하기를 바란다고 말하고 이를 다루어 주는 것이 좋다.

사회복지사는 클라이언트의 상황을 다양한 측면에서 탐구하여 클라이언트에 의한 조기 종결이 이루어지는 경우는 최소화해야 한다. 이때 사회복지사는 클라이언트의 자기결정권을 존중하고 전문가로서 의견을 제시해야 한다.

② 사회복지사에 의한 종결

사회복지사가 이직 및 퇴직 등 개인적 이유 때문에 계획보다 일찍 종결하는 경우이다. 클라이언트는 갑작스럽게 맞이한 종결로 복잡하고 힘든 감정을 경험하게 된다. 클라이언트는 사회복지사가 자신을 거부하거나 버림받았다는 느낌을 받을 수 있으며, 사회복지사도 클라이언트에게 미안함을 넘어 죄책감 같은 감정을 느낄 수 있다. 사회복지사의 사정으로 종결해야 할 경우 이전에 거부당한 경험이 있는 클라이언트는 상처받기 쉽고 자존감이 낮아질 수 있으므로 사회복지사와 헤어지더라도 변화를 위해 계속 노력하기를 바란다고 언급하고 지지와 격려를 보낸다.

사회복지사는 클라이언트가 표현하는 부정적 감정과 긍정적 감정을 수용하고 다른 사회복지사에게 의뢰되는 것을 수용하도록 도와야 한다(조미숙, 2021).

4) 종결에 대한 반응

(1) 긍정적인 종결반응

일반적으로 클라이언트는 사회복지실천 과정에서의 이점이 상실감보다 크기 때문에 긍정적인 감정을 경험한다. 다시 말해 성취한 이득으로 인해 종결로 인한 상실감의 충격은 감소하게 된다. 사회복지실천 과정에서 참여자들은 깊고 진실한 개인적 만남을 경험함으로써 다른 사람들과도 접촉하고 관계하면서 성장한다.

(2) 부정적인 종결반응

사회복지사는 사회복지실천에서 빈번하게 나타나는 종결에 대한 클라이언트의 부정적인 반응과 원인을 알고 전문적인 역할을 수행할 수 있어야 한다.

① 사회복지사에게 매달리기(의존하기)

종결반응에서 클라이언트가 사회복지사에게 매달리는 반응을 보이는 경우는 주로 서비스를 통해 의존심이 증가하였거나 원조 과정에서 외부관계의 확장보다는 해당 사회복지사와의 원조관계에 만족하여 포기하고 싶지 않을 때 나타난다.

다양한 유형의 종결에 즈음하여 클라이언트가 이와 같은 반응을 보인다면 사회복지사는 적절한 개입으로 대처할 수 있어야 한다. 우선 사회복지사 자신이 그동안 클라이언트에게 집착하여 클라이언트로 하여금 의존심을 유발하지는 않았는지, 클라이언트의 감정을 존중하고 성장과 기회를 주기보다는 클라이언트 약점, 결함, 부족에만 초점을 두어 클라이언트로 하여금 종속적 관계 형성 또는 자신이 치료나 해결해 주는 사람으로 인식된 것은 아닌지 성찰해 보도록 한다.

매달리는 반응을 보이는 클라이언트의 경우 대체로 사회나 사람으로부터 배제된 경험이 있을 수 있으므로 사회복지사가 매달리는 반응을 무시했을 때 클라이언트에게 미칠 수 있는 영향도 고려해야 한다.

사회복지사는 클라이언트에게 문제해결은 사회복지사가 아니라 본인의 참여와 결정으로 해결하는 것이라고 충분히 설명하고 원조를 제공하는 기관이나 사회복지사에 대해 유연하게 반응할 수 있도록 설득한다. 이 과정에서 사회복지사는 클라이언트에게 그가 독립적으로 문제를 해결하는 것이 개입의 목표였음을 강조해야 한다.

② 과거 문제의 재발을 사회복지사에게 알림

서비스 종결시점에 이르러 그동안 발생하지 않았던 과거 문제가 다시 발생하는 경우이다. 실제로 문제가 재발될 수도 있고, 클라이언트의 생각으로 재발되었다고 호소하거나 재발될 것이라고 믿는 경우이다.

과거문제 재발은 원조과정에서 서비스나 사회복지사에게 의존성이 심화되었다는 것을 보여주는 현상으로 클라이언트의 불안 정도를 파악할 수 있는 반응이다. 사회복지사는 클라이언트가 종결 이후의 삶과 관련된 두려움이나 불확실성이 있다는 것을 알고 대처하는 것이 중요하다. 먼저 과거문제의 재발 여부와 클라이언트의 감정을 탐색하여 공감하고, 클라이언트가 이룬 성과에 대해 강조하여 클라이언트가 자기 자신에 대한 믿음을 가질 수 있도록 한 후에 종결을 진행하도록 한다. 이 때 사회복지사는 클라이언트의 과거 문제가 재발했다는 것에 초점을 두지 말고 종결에 대해 클라이언트가 불안감을 느낀다는 것에 초점을 두도록 한다.

③ 새로운 문제가 발생했다고 알림

클라이언트의 새로운 문제 호소는 종결단계에 이르러 원조관계를 계속하기 원할 때 주로 나타난다. 클라이언트가 새로운 스트레스나 문제를 호소하거나 말하지 않은 비밀이 있다고 하여 사회복지사와의 면담과 추가 개입을 원하는 반응이 해당된다. 사회복지사는 새로운 문제나 정보의 중요성을 간과해서는 안 되는데, 우선 종결에 대한 클라이언트의 감정을 탐색한 후 그 문제와 정보에 관심을 갖는 것이 중요하다. 만약 새로운 문제가 있는 것으로 파악되면 기존 문제에 대한 평가와 종결과정을 거친 후에 재사정의 절차를 진행하도록 한다.

④ 사회복지사를 대신할 대리인 찾기

클라이언트가 사회복지사를 대신하여 의존할 다른 대상을 찾는 반응으로 상실을 보상받기 위해 나타난다. 사회복지사와 헤어지는 것도 클라이언트에게는 상실감을 느끼게 하는 것이다. 이러한 상실을 보상해 줄 수 있는 대리인을 찾는 것은 클라이언트가 종결에 대해 부정적 반응을 보이는 것이다. 이때 사회복지사는 클라이언트로 하여금 대리인의 역할을 인식하도록 돕고, 대리인을 찾고, 대리인에게 의존하는 결과가 어떻게 될지 생각해 보도록 도와준다. 사회복지사는 클라이언트의 감정적 상태와 마음의 역동을 인식하고, 자신이 선택한 것이 어떤 결과를 가져올지 숙고할 수 있도록 도와주어야 한다.

만약 개인이 아닌 집단구성원이 이러한 반응을 보인다면 필요한 사회적 지지체계의 개발이 아니라 단순히 다른 집단에 소속되어 집단에 대한 상실을 보상받으려는 행동임을 클라이언트가 알 수 있도록 한다. 그리고 대체할 대상을 찾기 위해 사람이나 집단에 가입하게 되면 실망하거나 다시 대체할 대상을 찾는 일이 반복될 수 있으므로 본인에게 무엇이 필요한지 알게 한 후 종결을 진행하도록 한다(이경준 외, 2021).

5) 사후관리

사후관리는 종결 이후에도 클라이언트가 획득한 기술이나 자원으로 문제나 욕구가 재발되지 않았는지 종결 후 1~6개월이 지나서 클라이언트가 잘 적응하고 있는지, 변화의 유지 정도를 확인하는 것이다.

사후관리는 클라이언트 변화, 즉 문제해결을 위해 획득한 자원, 행동, 태도, 능력이 지속적으로 생활 속에서 반영되어 문제가 재발되지 않는지를 확인하는 것을 목적으로 한다. 주로 전화나 가정방문으로 진행되며 사회복지사는 성공적인 원조 결과가 지속되도록 독려하고 기능의 퇴보를 막기 위해 추가적인 서비스 개입의 필요성을 전달해야 한다.

이러한 사후관리 결과에 따라 서비스 재이용에 대한 의견을 살펴보고, 타기관 이용이 적절하다고 판단되면 해당 정보를 제공하거나 의뢰 하도록 한다. 무엇보다 사회복지사는 원조과정 초기에서부터 사후관리가 원조의 일부임을 명확히 설명하여 사후관리가 사생활 침해나 사회복지사 개인적인 차원에서 실시하는 것이 아니라 기관의 공식적인 절차임을 인식할 수 있도록 해야 한다(사회복지교육연구센터, 2021).

2. 평가

종결단계에서 이루어지는 평가는 미리 정해진 틀에 의해 사회복지사가 개입하여 투입된 내용과 결과를 토대로 개입의 효과성과 효율성 그리고 클라이언트의 변화 정도를 점검하는 것이다. 이러한 평가는 현장이나 사회복지사의 업무 특성에 따라 서로 다른 부분이 강조될 수 있다.

사회복지사는 클라이언트의 개입에 대한 합리적 평가를 하기 위해 사례에 적합한 평가틀을 만들고, 객관적 절차에 의해 평가해야 한다.

1) 평가의 개념

사회복지실천 평가는 사회복지실천의 목적과 목표가 달성되었는지 점검하고 실행에 효과적이었던 방법과 전략들을 밝혀내는 활동이다. 구체적으로는 사회복지실천 활동이 효과적이었는지, 효율적이었는지 판단하고, 사회복지실천 과정에 어떠한 일들이 발생했으며 그러한 일들이 결과에 어떠한 영향을 미쳤는지 조사하는 활동을 의미한다.

사회복지실천 활동의 효과성이란 목표 달성 여부를 말하며, 효율성은 투입된 비용 대비 효과성, 즉 서비스 단위당 비용을 의미한다. 사회복지실천 평가에서는 효과성과 효율성을 중심으로 실천활동의 결과를 평가하고 사회복지실천 과정이 일어나는 과정에 대해 평가한다(손광훈, 2013).

2) 평가의 목적

사회복지실천 평가의 목적은 사회복지사와 사회복지 기관의 책무성을 수행하는 것이다. 사회복지의 책무성이란 사회복지사가 클라이언트에게 계약 내용대로 서비스를 제공할 책임, 사회복지 전문직의 윤리와 가치를 서비스 전달과정에서 잘 지켜낼 책임, 기관의 프로그램과 정책 및 지침에 맞는 서비스를 제공할 책임, 다수 대중에게 자원이 제대로 사용되고 있는지 입증할 책임을 갖는 것이다. 이러한 책무성을 실천하기 위해 사회복지사는 사회복지실천 과정에 대해 정확하고 자세한 정보를 제공하는 활동을 하며, 사회복지실천이 효과적이었는지, 효율적이었는지에 대해 평가한다.

3) 평가의 기능

(1) 개입의 목표가 달성되었는지 여부를 객관적으로 결정할 수 있다.

평가를 위한 객관적 절차 및 도구를 사용하여 클라이언트의 변화 및 개입 목표달성 정도를 측정하면 클라이언트에게 변화가 일어났는지 목표가 달성되었는지에 대해 객관적이고 정확하게 판단하고 결정할 수 있다.

(2) 사회복지실천의 효과성을 입증할 수 있다.

평가의 일차적인 목적은 목표를 달성했는지를 측정하는 것이다. 원래 계획했던 대로 서비스를 제공하여 결과에 도달했는지, 즉 목표와 달성 여부를 사회복지실천이 얼마나 효과적이었는지를 측정한다. 이렇게 개입의 목표달성 여부와 달성 정도를 측정함으로써 사회복지실천의 효과성을 입증할 수 있다.

(3) 자원의 사용에 대한 책임성을 입증한다.

사회복지실천에 대한 평가 결과는 재정적인 지원이나 지역사회의 승인이 필요할 때 사회적 자원을 효과적이고 효율적으로 사용했다는 근거가 된다. 사회복지 기관은 지원금, 후원금품에 대한 의존도가 높으며, 이로 인해 자원을 필요한 곳에 사용 용도에 맞게 사용되었음을 입증할 책임을 갖는다.

(4) 평가와 관련된 사람들에게 정보를 제공한다.

평가를 통해 클라이언트뿐 아니라 실천가, 프로그램 관리자, 재원 제공자, 정책 수립자 등에게 서비스나 프로그램에 관련된 다양한 정보를 제공한다. 또한 사례의 진행 정도에 대해 사회복지사 자신뿐만 아니라 지역사회와 클라이언트에게 알려줄 책임을 이행할 수 있다.

(5) 사회복지실천 과정을 모니터한다.

사회복지실천 과정에서 클라이언트는 어떻게 반응하고 있는지, 계획했던 변화가 일어나고 있는지 등 변화 과정에 대한 모니터를 할 수 있다.

(6) 사회복지사의 능력 향상 및 사회복지실천 과정 개선에 기여한다.

사회복지사가 사회복지실천 내용에 대해 점검하고 평가함으로써 반성할 기회를 갖고 새로운 활동에 반영함으로써 사회복지실천 과정을 개선할 수 있다. 이를 통해 특정 문제나 클라이언트에게 효과가 있는 개입 방법을 적용하게 되어 효과적인 개입을 가능하게 하며 사회복지사의 능력을 향상할 수 있다.

4) 평가의 유형

평가의 유형은 무엇을 평가하며, 그 목적이 무엇인지에 따라 구분될 수 있다. 그 외 다양한 평가의 유형을 살펴보면 다음과 같다.

(1) 무엇을 평가하는가: 평가 내용 혹은 평가 차원에 따른 구분

① 과정평가

과정평가는 사회복지실천 과정을 분석하기 위한 평가방법이다. 계획된 대로 서비스가 전달되고 있는지, 프로그램이 진행되고 있는지, 그 과정에서 어떤 일이 일어나고 있는지가 평가의 대상이다. 과정평가의 초점은 개입의 성공 여부에 대한 판단이 아니라, 개입 과정에서 무엇이 왜 일어났는지에 있다. 사회복지사와 클라이언트가 개입 중간중간에 주기적으로 평가한다.

사회복지실천에서 추구하는 변화는 환경적인 요인이나 투입되는 자원의 영향에 따라 결과가 달라질 수 있기 때문에 사회복지실천 과정이 어떠했는지에 대한 과정평가가 이루어지지 않으면 결과평가를 해석하는 데 어려움이 있을 수 있다. 따라서 과정평가로 개입 과정이 클라이언트에게 도움이 되고 있는지, 클라이언트가 원조과정을 어떻게 인지했는지, 원조과정에서 도움이 되었거나 방해되었던 기술과 사건이 있었는지, 변화를 위한 단계적 실천 과정이 적절했는지를 평가하게 되면 결과평가 해석에서 인과적인 설명이 가능해질 수 있다.

② 결과평가

결과평가는 사회복지실천이 종결되었을 때 개입이 목표로 하는 바를 얼마나 잘 성취했는지, 즉 사회복지실천의 결과를 평가하는 것이다. 사회복지실천의 효과성과 효율성을 평가하는 것으로 평가 결과에 근거하여 프로그램의 재시작 혹은 폐지 등을 결정하게 된다.

흔히 결과평가는 설정했던 목표들이 종료시점에서 결과적으로 얼마나 달성되었는지를 평가하는 것으로 성과평가라고도 한다. 개입을 통해 원했던 변화가 일어났는가와 원하지 변화가 사회복지실천의 개입에 일어났다는 것을 검증하는 평가로 일반적으로 실험적 조사설계를 활용하여 인과관계를 파악함으로써 효과성을 평가한다.

(2) 평가의 목적이 무엇인가에 따른 분류: 총괄평가와 형성평가

① 총괄평가

총괄평가는 특정한 목표와 목적이 충족되었는지를 결론짓기 위해 총괄적인 판단을 하는 것이다. 사회복지 개입에 대한 최종 결론적인 형태의 평가로서 개입의 목적과 목표가 충족되었는지, 그리고 개입의 효과가 다른 기관과 집단에도 일반화될 수 있는지를 평가하는 것이다. 일반적으로 개입의 효과성과 효율성을 평가하므로 총괄평가는 결과평가와 같은 의미로도 사용된다.

② 형성평가

형성평가는 프로그램 개발 중 혹은 실행 초기 단계에서 프로그램을 개선하고 조정하기 위한 방안을 모색하려는 목적으로 이루어지는 평가이다. 즉, 프로그램 진행 중이나 서비스 전달 도중에 문제점을 발견하여 프로그램이나 서비스를 수정 혹은 보완하고자 하는 목적을 가진다.

사회복지사가 과정을 검토하도록 하고 필요한 경우에 개입 계획을 수정할 수 있도록 한다. 이러한 의미에서 형성평가는 사회복지실천 과정의 점검이라고 할 수 있다.

따라서 형성평가는 프로그램을 계획하거나 실행하는 데 도움이 될 만한 정보를 얻는 것에 초점을 맞추어 진행한다. 일반적으로 총괄평가는 양적 연구방법을 사용하고 형성평가는 양적 연구방법과 질적 연구방법을 모두 사용한다.

(3) 기타 평가 유형

① 클라이언트 만족도평가

클라이언트 만족도평가는 클라이언트가 받은 서비스 혹은 프로그램에 대해 클라이언트의 의견을 구함으로써 프로그램 혹은 개입에 대한 만족도를 조사하는 평가방법이다. 다시 말해 사회복지 기관이 제공한 서비스에 대해 클라이언트의 의견으로 평가하는 방법으로 클라이언트 입장에서 평가한다(이경준 외, 2021).

클라이언트 만족도평가를 통해 개입의 결과에 대한 클라이언트의 주관적 인식을 알 수 있을 뿐, 개입의 효과성을 측정하는 것이 아니며, 서비스 수혜자인 클라이언트 입장에서 목표달성과 서비스의 질을 다각적으로 평가할 수 있다.

그런데 이러한 평가 방법은 클라이언트의 주관성이 개입될 수 있으므로 다른 평가 방법과 병행하여 실시하도록 한다. 프로그램이나 서비스 등 개입에 적극적으로 참여하였거나 좋은 인상을 받은 클라이언트는 높은 점수를 주는 경향이 있고 서비스에 만족하지 못했거나 소극적으로 참여한 클라이언트는 조사에 응하지 않았을 가능성이 크기 때문이다. 따라서 만족도 결과가 긍정적인 방향으로 치우칠 가능성이 있다는 점을 유의해야 한다.

② 동료평가

사회복지사의 실천활동에 대해 동료 사회복지사가 평가하는 것이다. 동료 검토를 통한 평가는 개입의 결과보다는 개입의 과정에 초점을 두는데, 사회복지사 자신이 좋은 실천 활동이란 어떤 것인지에 대한 기준과 원칙을 논의하면서 그 내용을 평가에 반영하기도 한다. 동료평가는 평가를 받는 사회복지사의 개입기술 향상에 도움이 되기도 하지만, 평가를 하는 사회복지사 자신의 실천 활동에 대한 점검과 인식제고에도 기여한다(에쎕, 2021).

동료평가에서 검토되는 내용은 다음과 같다.

- 클라이언트의 문제가 명확히 제시되었는가?
- 클라이언트와 그의 가족은 개입 계획에 참여하였는가?
- 개입 계획은 기록으로 정리되었는가?
- 개입 방법은 클라이언트의 문제에 적합한 것이었나?
- 클라이언트와의 접촉빈도, 기간은 클라이언트의 문제와 관련해서 적절했나?
- 개입 계획, 사회복지사의 행동, 사용된 접근 방법은 장기적인 계획을 염두에 두고 있는가?
- 지역사회에 존재하는 자원을 적절하고 효과적으로 사용했는가?
- 목표달성을 위한 과정들이 진척되었는가?
- 사례에 대한 기록이 명확하고 분명하며 간결한가?
- 필요한 기관양식이 기록되었나?

5) 사회복지실천 평가 기법

(1) 단일사례설계

단일사례설계는 하나의 클라이언트체계에 대해 개입 전과 개입기간 동안 반복적으로 관찰하여 표적행동 및 표적문제의 변화를 측정하고, 비교함으로써 개입의 효과성을 평가하는 방법이다(에쎕, 2021). 사례의 클라이언트를 개입 과정, 개입 후를 반복적으로 관찰하고 변화를 기록하는 것으로서, 목표가 달성되었는지, 개입의 결과가 어떠한지에 대해 알아볼 수 있는 사회복지실천에서 가장 보편적으로 활용되는 방식이다. 이러한 단일사례설계의 특징으로는 첫째, 하나의 사례를 대상으로 한다는 것, 둘째, 클라이언트 자체가 통제집단의 효과를 가진다는 것, 셋째 반복측정을 한다는 것이다.

특히 단일사례설계는 개입 이전의 상태와 개입 이후의 상태를 비교하는 것으로, 흔히 AB설계라고도 한다. 여기서 A는 개입 이전 상태, B는 개입 상태를 말한다. 따라서 개입 후 문제 수준이 감소하였다면 개입이 문제를 감소시키는 영향을 미쳤다고 판단한다(서보준 외, 2021).

단일사례설계의 다양한 유형은 다음과 같다.

① AB설계

AB설계는 간단한 설계이기 때문에 사회복지실천가들이 많이 사용한다. 그러나 개입 이외에 제3의 요인에 대한 통제는 불가능하기 때문에 클라이언트의 변화가 개입 때문에 발생한 것인지, 다른 요인 때문에 발생한 것인지를 확증하기 어렵다는 한계가 있다(이경준 외, 2021). 즉, 개입 이외 많은 요인들을 통제하기 어렵기 때문에 정확한 인과관계 추정이나 개입 효과성을 검증하는 데 제약이 있다.

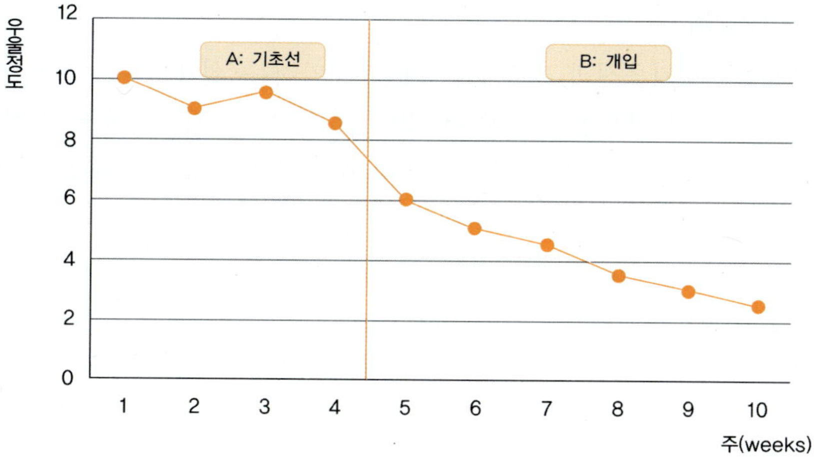

그림 13-2 AB설계의 예

② ABA설계

AB설계에 개입을 중단하는 제3의 기초선 A를 추가한 설계이다. 일정기간 개입을 한 후 다시 개입을 중단하여 표적행동을 관찰하는 설계로 AB설계보다는 인과관계에 대한 설명력을 높일 수 있다. 하지만 문제행동이 개선되고 있는 클라이언트에게 개입의 효과를 평가한다는 이유로 개입을 중단한다는 점에서 윤리적인 문제가 발생할 수 있다는 것이 단점이다.

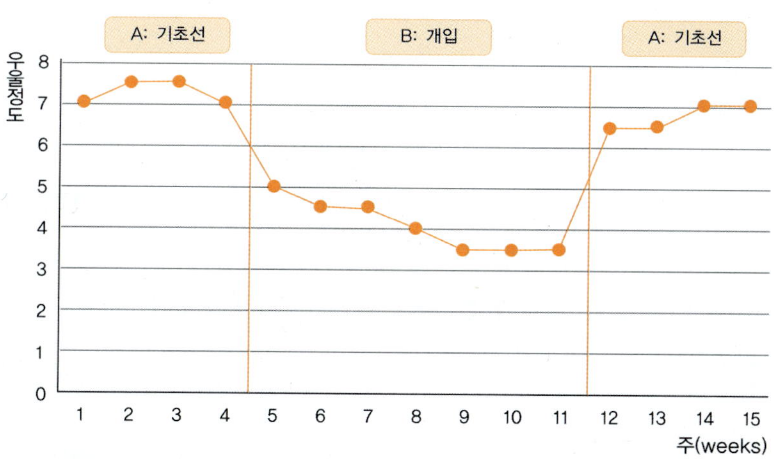

그림 13-3 ABA설계의 예

③ ABAB설계

AB설계에 제2기초선과 제2개입단계를 추가하는 설계로 두 번째 기초선 단계는 잠시 동안 개입을 중지하는 것이고, 두 번째 기초선에서 안정적 경향을 확인한 후 개입을 재도입한다. 이렇게 개입과 철회를 반복함으로써 같은 결과나 나오면 제3의 요인이 아니라 개입으로 인해 변화가 발생했다는 인과관계를 명확히 할 수 있는 장점이 있다. 하지만 의도적으로 개입을 중단하게 됨으로써 윤리적인 문제가 발생할 수 있다는 단점이 있다.

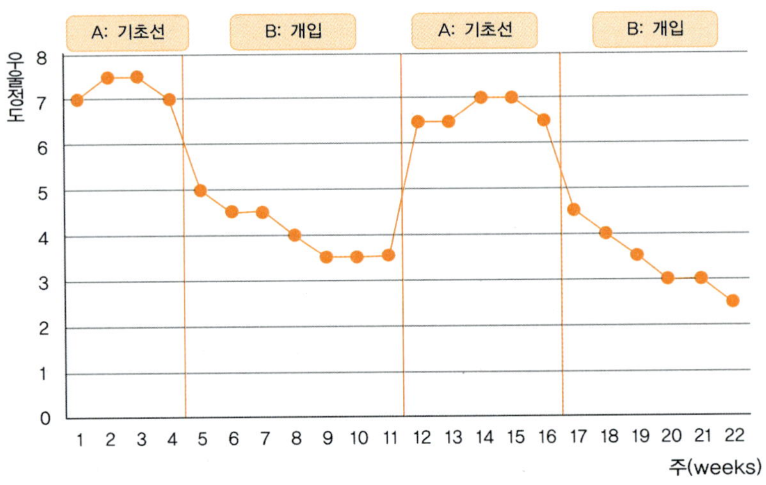

그림 13-4 ABAB설계의 예

④ BAB설계

기초선 없이 바로 개입이 시작되는 설계로 클라이언트에게 신속하게 개입해야 하거나 기초선을 측정할 수 없는 상황에서 설계되는 형태이다. 개입단계에서 나타났던 효과가 반전기간 동안 줄어들더라도 개입 이외 다른 요인에 의해 변화되었을 가능성을 배제할 수 없는 한계가 있다.

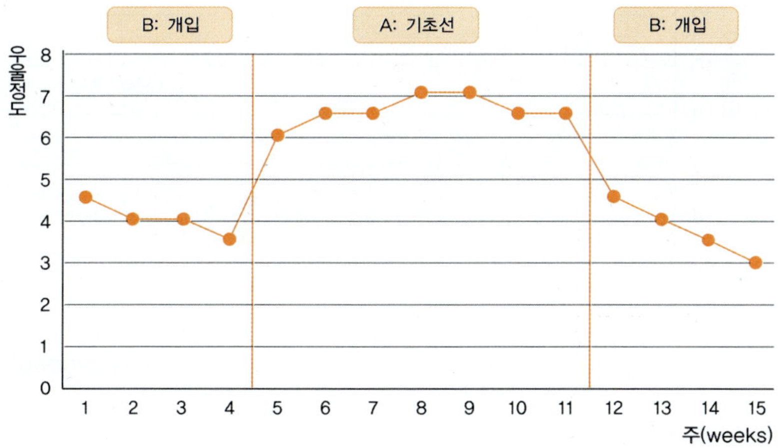

그림 13-5 **BAB설계의 예**

⑤ **다중기초선설계**(복수기초선설계)

둘 이상의 클라이언트, 둘 이상의 상황이나 문제에 대해 AB설계를 반복하여 외부사건을 통제하는 설계로 동일한 개입 방법을 각기 다른 사례에 반복적으로 적용하는 것이다. 이 설계는 동일한 표적문제를 가진 사례에 적용하는 것으로 기초선 단계를 같이 시작하나 개입이 시작되는 시점을 다르게 하는 것이다(엄명용, 2015). 해당 대상자 혹은 해당 문제에 대한 기초선과 개입은 한 번만 이루어지며, 일반적으로 중단이나 반전설계는 이루어지지 않는다.

이러한 개입은 인과적 결론을 더욱 확실하게 하기 위해 개발된 것으로 여러 문제, 여러 상황, 여러 사람에게 적용하여 같은 효과를 얻음으로써 개입의 인과적 효과와 확인을 높이려는 것이다.

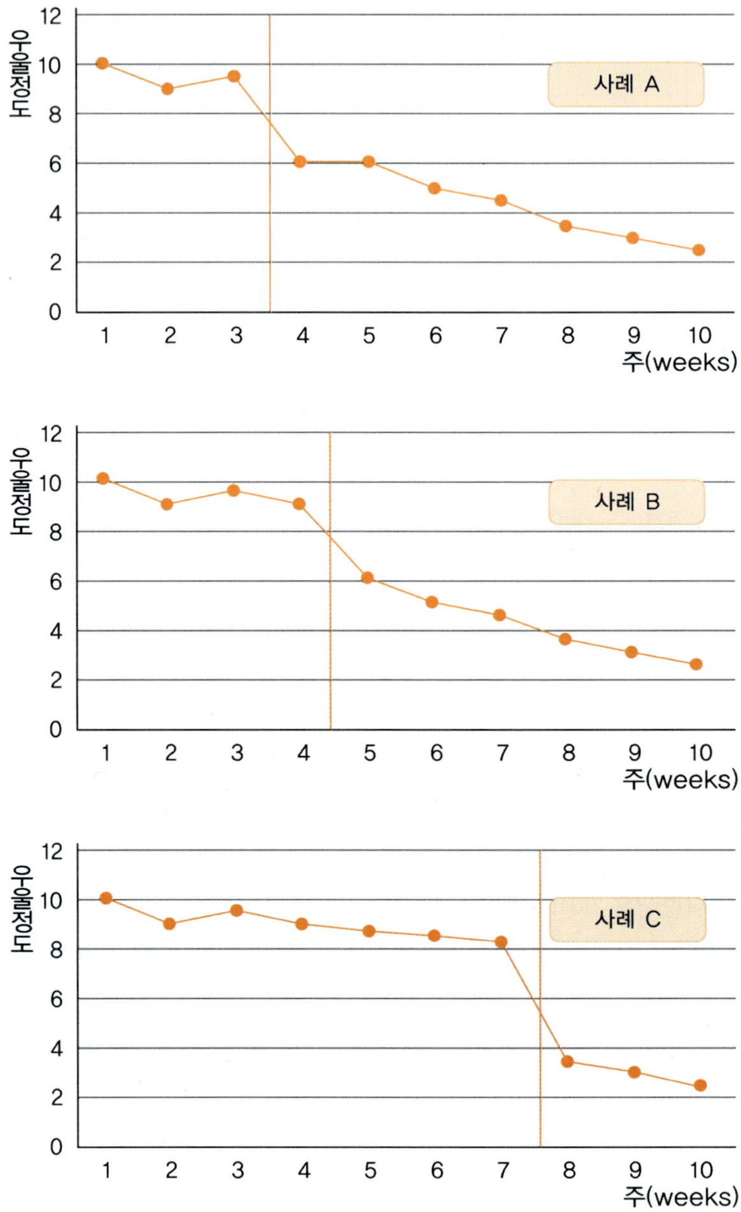

그림 13-6 다중기초선설계의 예

⑥ **다중요소설계**(복수요소설계)

하나의 기초선 자료에 대해 여러 개의 각기 다른 개입 방법을 도입해 보는 것으로 ABCD설계라고도 한다. 개입이 시작된 이후 개입 효과가 나타나지 않을 경우 클라이언트에게 적합한 새로운 개입 방법으로 바꾸어 적용할 수 있다는 장점이 있다. 하지만 D에서 나타난 변화가 B단계나 C단계에서 실시한 개입의 효과일 가능성을 배제할 수 없다는 한계가 있다.

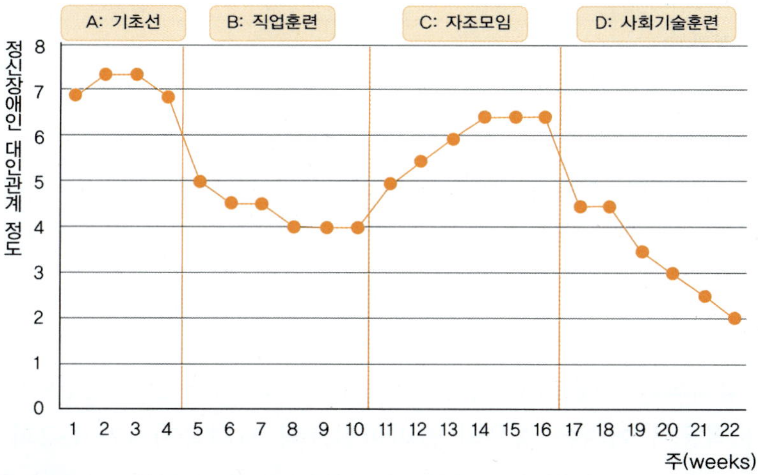

그림 13-7 **다중요소설계의 예**

(2) 목표달성척도

개인 혹은 가족에 대한 개입으로 발생하는 목표달성 정도를 판단하는 방법이다. 개인이나 가족의 개별화된 목표에 도달한 정도를 측정하는 것으로, 개입의 목표들이 특정 클라이언트에게 해당하는 경우에 적용된다.

이 평가 방법은 표준화된 척도와는 달리 측정을 위한 내용이 미리 정해져 있지 않고 클라이언트가 자신의 목표에 따라 자유롭게 정할 수 있는 장점이 있으며, 이는 개별화의 원리에 부합된다(사회복지교육연구센터, 2021).

단일사례설계가 행동 또는 태도의 변화에 초점을 둔 것이라면, 목표달성척도는 클라이언트의 목표에 관심을 가짐으로써 클라이언트를 역량강화하는 데 도움을 주며, 자신의 목표를 달성하기 위해 책임을 질 수 있도록 한다. 하지만 목표가 쉽게 척도화할 수 없는 경우가 있는 것이 단점이다.

표 13-1 목표달성척도의 예

성과 정도	목표 1	목표 2	목표 3
	한국어 교육 강좌에 적극적으로 참여하기	아이들과 한국어로 대화하기	자원봉사활동에 적극적으로 참여하기
최상의 성과(+2)			
기대 이상의 성과(+1)			
기대 했던 성과(0)			
기대 이하의 성과(-1)			
최하의 성과(-2)			

* 표의 빈 칸은 클라이언트가 내용을 직접 작성하여 평가함.

(3) 과제달성척도

과제달성척도는 단순하고 유연한 평가도구로 기초선의 설정이나 단일사례설계의 적용이 어려운 경우와 클라이언트와 사회복지사가 1~2회 밖에 만나지 않는 단기서비스에서 사용될 수 있다. 특히 시간과 자료가 부족하여 더 정확한 절차를 사용할 수 없을 때, 즉 다른 도구를 이용할 수 없을 때 사용할 수 있는 방법이다.

표 13-2 과제달성척도의 예

사회복지사의 과제	달성 정도	달성 척도
퇴원날짜와 시간에 대해 환자에게 알리기	환자가 사회복지사업실에 도착할 때 알려주었다.	5
클라이언트에게 외래환자 지지집단에 대한 정보 마련해주기	클라이언트에게 만나는 날짜와 시간을 프린트해서 주었다.	5
클라이언트와 함께 약속 날짜 확인하기	약속날짜는 잡았다.	3
클라이언트의 과제 달성 합계(13) / 총 달성 점수(15) = 86.7% 척도: 5=완전성취, 4=대부분 성취, 3=부분성취, 2=성취되지 않음, 1=전혀 성취되지 않음		

출처: 길귀숙 외(2021). p.329.

중심어

종결 목표 및 시기, 정서적 반응 다루기, 의뢰, 평가, 사후관리

연습문제

1. 종결과정에서 클라이언트가 느낄 수 있는 부정적 감정들을 해소할 수 있는 방안을 설명해 보시오.

2. 단일사례설계를 적용하여 평가해 볼 수 있는 사회복지실천 사례를 설명해 보시오.

참고문헌

권구영 · 고은숙 · 김용민 · 박봉정 · 진혜경 · 최은정(2008). **사회복지실천론**. 창지사.

권중돈(2014). **인간행동과 사회복지실천**. 학지사.

권중돈 · 조학래 · 윤경아 · 이윤화 · 이영미 · 손의성 · 오인근 · 김동기(2019). **사회복지학개론(4판)**. 학지사.

권진숙 · 신혜령 · 김정진 · 김성경 · 박지영(2006). **사회복지실천론**. 공동체.

길귀숙 · 강희숙 · 오영훈 · 오하나 · 유진희 · 제미자 · 현영렬(2021). **사회복지실천기술론**. 양서원.

길귀숙 · 강희숙 · 오영훈 · 오하나 · 유진희 · 제미자 · 현영렬(2021). **사회복지실천론**. 양서원.

길귀숙 · 강희숙 · 오영훈 · 오하나 · 제미자 · 현영렬(2018). **사회복지실천론**. 양서원.

길귀숙 · 강희숙 · 이재호 · 천덕희 · 김상곤 · 오영훈 · 현영렬 · 임승희(2018). **사회복지실천론**. 양서원.

김기덕(2002). **사회복지윤리학**. 나눔의집.

김기태 · 김수환 · 김영호 · 박지영(2007). **사회복지실천론**. 공동체.

김동국(1994). **사회복지사**. 에바다출판사.

김동배 · 권중돈(1999). **인간행동 이론과 사회복지실천**. 학지사.

김영미 · 양숙자 · 박선녀 · 김서연 · 황윤희(2021). **지역사회복지론**. 양서원.

김용환 · 김승돈 · 송기영 · 안외자 · 양정안 · 이덕희(2016). **사회복지실천기술론**. 동문사.

김유순 · 이영분(1992). **가족분석가계도**. 홍익제.

김융일 · 조흥식 · 김연옥(1995). **사회복지실천론**. 나남출판.

김융일 · 조흥식 · 김연옥(1995). **사회사업실천론**. 나남출판

김융일 · 조흥식 · 김연옥(2005). **사회복지실천론**. 나남출판.

김융일 · 조흥식 · 김연옥(2009). **사회복지실천론**. 나남출판사.

김종옥 · 권중돈(1993). **집단사회사업방법론**. 홍익제.

김혜영 · 석말숙 · 최정숙 · 김성경(2010). **사회복지실천론**. 공동체.

김혜영 · 석말숙 · 최정숙 · 김성경(2020). **사회복지실천론**. 공동체.

도광조(2008). **사회복지실천론**. 양서원.

박귀영 외(2015). **사회복지실천론**. 양서원.

박귀영 · 오현숙 · 간호옥 · 신성일 · 안원철 · 박경숙(2015). **사회복지실천론**. 양서원.

박세정 · 손명희(2008). **사회복지실천론**. 창지사.

박차상 · 강세현 · 김옥희 · 전영록 · 유용식 · 남진열 · 이현주(2005). **사회복지학개론**. 학현사.

방미진 · 황영희(2011). **사회복지실천론**. 나눔의집.

백은령 · 김선아 · 양숙미 · 엄미선 · 윤철수(2007). **사회복지실천론**. 대왕사.

백은령 · 김선아 · 양숙미 · 엄미선 · 윤철수(2009). **사회복지실천론**. 대왕사.

보건복지부(2018). “재가·지역사회 중심으로 사회서비스 제공 커뮤니티케어(Community Care) 본격 추진(2018.3.12. 보도자료).
보건복지부(2022). **사회복지시설 관리안내**.
사회복지교육연구센터 편저(2014). **사회복지실천론**. 나눔의집.
사회복지교육연구센터(2021). **사회복지 1급 기본 이론서 사회복지실천기술론**. 나눔의집.
서미경·김영란·박미은 공역(2000). **사회복지실천윤리**. 양서원.
서보준·김우호·이지복(2021). **사회복지실천론**. 양서원.
서혜석·이대식·조장래·정향숙·이영희·곽의향·김미혜·박우진·조상임(2008). **사례관리 -임상사례중심으로-**. 양서원.
설진화(2009). **사례관리론**. 양서원.
손광훈(2009). **사회복지실천론**. 공동체.
손광훈(2013). **사회복지실천기술론**. 공동체.
송정아·최규련(2002). **가족치료 이론과 기법**. 하우.
양옥경(2005). **사회복지실천론**. 나남출판.
양옥경·김정진·서미경·김미옥·김소희(2004). **사회복지실천론**. 나남출판.
양옥경·김정진·서미경·김미옥·김소희(2004). **사회복지윤리와 철학**. 나눔출판.
양옥경·김정진·서미경·김미옥·김소희(2005). **사회복지실천론**. 나남출판.
양옥경·김정진·서미경·김미옥·김소희(2006). **사회복지실천론**. 나남출판.
양옥경·김정진·서미경·김미옥·김소희(2010). **사회복지실천론**(개정 4판). 나남.
양정남·최선령(2007). **사회복지실천론**(개정판). 양서원.
양정남·최선령(2008). **사회복지실천론**. 양서원.
엄명룡·김성천·오혜경·윤혜미(2011). **사회복지실천 이해**(제4판). 학지사.
엄명용·김성천·오혜경·윤혜미(2006) **사회복지실천기술론**. 학지사.
엄명용·김성천·오혜경·윤혜미(2006). **사회복지실천의 이해**. 학지사.
엄명용·김성천·오혜경·윤혜미(2011). **사회복지실천의 이해**(제4판). 학지사.
엄명용·김성천·윤혜미(2020). **사회복지실천론**. 학지사.
엄명용·노충래·김용석(2015). **사회복지실천기술의 이해** 3판. 학지사.
에쎕(2021). **2022년 20회 시험대비 사회복지사 1급 수험서 사회복지실천론**. 공동체.
우국희(2016). **사례관리론**. 공동체.
유연숙·이효선(2016). 사회복지사가 경험한 윤리적 갈등과 윤리적 의사결정의 의미 재구성. **사회복지실천과 연구, 13**(1), 73-114.
유영주(2010). **가족복지론**. 학지사.
이경준·오봉욱·박선아·하태선·김상용·김경숙(2014). **사회복지실천론**. 양서원.
이경준·오봉욱·박선아·하태선·김상용·김경숙(2021). **사회복지실천론**. 동문사.
이경준·오봉욱·박선아·하태선·전대성·이정미(2018). **사회복지실천론**. 동문사.
이광재(2019). **사회복지실천론**. 정민사.
이근홍(2020). **사례관리론**. 지식공동체.

이상호 · 최경화 · 김재열 · 안성의 · 유인애 · 황성식 · 석재은(2010). **사회복지실천론**. 신정.

이영분 · 김기환 · 윤현숙 · 이원숙 · 이은주 · 최현미 · 홍금자(2001). **사회복지실천론**. 동인.

이영호(2015). **사회복지실천기술론**(제2판). 공동체.

이원숙(2008). **사회복지실천론**. 학지사.

이윤로(2006). **사회복지실천기술론**. 학지사.

이은희 · 김남숙(2014). **사회복지실천론**. 양서원.

이재선 · 김미림 · 김성철 · 노사은 · 순덕기 · 신철민 · 오은영 · 이병철 · 임원균 · 정용충 · 조순일 · 최상희(2016). **사회복지실천론**. 양서원.

이종복 · 전남련(2011). **사회복지실천론**. 학현사.

이종복 · 전남련 · 김덕일(2007). **사회복지실천론**. 학지사.

이종복 · 전남련 · 나예원 · 김경희 · 강장미(2015). **사회복지실천론**. 정민사.

임은희(2005). **사회복지실천론**. 학지사.

임현승(2005). 미국 사회사업교육 현황. **임상사회사업연구**, 2(1), 23-40.

장인협(1993). **사회복지개론**. 서울대학교 출판부.

장인협(1993). **사회사업실천방법론**(下). 서울대학교 출판부.

전재일 외(2004). **사회복지실천론**. 형성출판사.

전재일 · 이종복 · 조운희 · 이준상 · 이애재 · 이성희(2007). **사회복지실천론**. 형성출판사.

전재일 · 조운희 · 이준상 · 이성희(2009). **사회복지실천론**. 형설출판사.

정원철 · 김동욱 · 김용준 · 김지영 · 박소현 · 이화명(2022). **사회복지실천론**. 양서원.

조미숙 · 유용식 · 윤춘모 · 현영렬(2018). **사회복지실천론**. 동문사.

조미숙 · 유용식 · 윤춘모 · 현영렬(2021). **사회복지실천론(개정판)**. 동문사.

조상윤 · 서대석 · 오봉욱(2008). 사회복지사 1급 사회복지실천론. 와이드프로.

조휘일(2003). 지역사회 취약계층 클라이언트를 위한 옹호활동 전략. 서울여자대학교 제9회 실습지도자간담회 자료집.

조휘일 · 강정숙 · 권순미 · 권현진 · 김경희 · 양인순 · 윤정혜 · 이시연 · 이효선 · 원미순 · 전선영 · 최희수(2005). **사회복지실천기술론**. 학현사.

조휘일 · 이윤로(1999). **사회복지실천론**. 학지사.

최선화(2019). **사회복지사와 함께한 변화**. 공동체.

최송식(2008). **지역사회정신보건과 사례관리실천**. 공동체.

최옥채(2001). **사회복지실천론**. 양서원.

최옥채(2018). **사회복지실천론**. 양서원.

최은희 · 한애경 · 오정아 · 김경은 · 조윤정(2017). **사회복지실천론**. 양성원.

최해경(2010). **사회복지실천론**. 학지사.

최혜지 · 김경미 · 정순둘 · 박선영 · 장수미 · 박형원 · 배진형 · 박화옥 · 안준희(2013). **사회복지실천론**. 학지사.

한국사례관리학회 편저(2012). **사례관리론**. 학지사.

한국사례관리학회 편저(2020). **사례관리론**. 학지사.

한국사회복지사협회(2020. 1. 28.). http://www.welfare.net

한림학사(2007). **통합논술 개념어 사전**. 청서출판.

현외성 · 정재욱 · 마은경 · 이은정 · 문정란 · 김용환 · 강환세 · 박선애 · 정민화(2012). **사회복지 사례관리론**. 공동체.

황성철(1995). 사례관리 실천을 위한 모형개발과 한국적 적용에 관한 연구. 한국사회복지학.

Anderson, H., & Goolishian, H.(1992). The client is the expert: A not knowing approach to therapy. In S. McNamee & K. J. Gergen(ed.). *Therapy as Social Construction*. London: Stage.

Barker, R. L.(1987). *The Social work Dictionary*. Silver Soring Martland: NASW.

Bartlett, Harriett M.(1970). *The Common Base of Social Work Practice*. Washington, DC: National Association of Social Workers Inc.

Boehem, W.(1958). *The Social Casework Method in Social Work, 3*(2).

Brown, J. A.(1992). *Handbook of Social Work Practice*. Springfield Ill.: Charles C. Thomas.

Brown, J. L., Toby, & Furstenberg, A. L.(1992). *Restoring control: Empowering older patients and their families during health crisis*. Social Work in Health Care.

Carkhuff, R. R.(1969). *Helping and human relations: A primer for lay and professional helpers. Vol 1: Selection and training*. New York: Holt, Rinhart & Winston.

Compton, B. R., & Galaway, B.(1984). *Social Work Process*. Homewood, IL: The Dorsey Press.

Compton, B. R., & Galaway, B.(1986). *Social Work Processes*. Homewood, IL: The Dorsey Press.

Compton, B. R., & Galaway, B.(1994). *Social work processes*(6th ed.). Pacific Grove, CA: Brooks/Cole Publishing Company. conference of charities and corrections.

Compton, B. R., & Galaway, B.(1994). *Social work processes*. Homewood. IL: The Dorsey Press.

CSWE(1994). First Joint Symposium on Curriculum Development for Specialization in Advanced Social Work Programs at the University of California Berkeley.

Dolgoff, R., Feildstein D., & Skolnik, L.(1997). *Understand Social Welfare*. NY: Longman.

Germain, C. B.(1970). An Ecological Variable in Social Work Practice. *Social Casework, 57*(7), 419-429.

Germain, C. B., & Gitterman, A.(1980). *The Life Model of Social Work Practice*. New York: Columbia University Press.

Gittermann, A.(1996). The Life Model of Social Work Practice, In F. Tumer(Ed.), *Social Work Treatment*. NY: Free Press.

Goldstein, H.(1973). *Social Work Practice: A Unitary Approach*. Columbia: Univ. of South Carolina Press.

Greenwood, E.(1957). Attributes of professions. Social Work, Jan, 44-55.

Hamilton, G.(1951). *Theory and Practice of Social Case Work*. New York Columbia University Press.

Hepworth, D. H., and J. A. Larsen.(2006). *Direct social work practice: Tbeory and skills*(7th ed.). Pacific Grove, Calif: Brooks/ Cole.

Hepworth, D. H., Rooney, R. H., Rooney, G. D., Strom-Gottfried, K., & Larsen, J. A.(2006). *Direct Social Work Practice: Theory and Skills* (7th ed.). Belmont, CA: Brooks/Cole.

Hepworth, D. H., Rooney, R. H., Rooney, G. D., Strom-Gottfried, K., & Larsen, J. A.(2010). *Direct Social Work Practice; Theory and Skills* (8th ed.). Belmont Brooks/Cole.

Holt, B.(2000). *The Practice of Generalist Case Management*. Boston: Allyn and Bacon.

Johnson, L. C.(1989). *Social Work Practice* (3rd ed). Massachusetts: Allyn and Bacon,

Johnson, L. C.(1995). *Social Work Practice A Generalist Approach (5th ed.)*, Boston: Allyn and Bacon.

Kadushine, A.(1983). *The social work interview*. New York: Columbia University Press. 문인숙 · 김만두 역(1995). **사회사업면접의 기법**. 홍익재.

Kagle. J.(1991). *Social Work Records*(2nd ed.). Prespect Heights: Waveland Press.

Kirst-Ashman, K. K., & Hull, Jr., G. H.(1993). *Understanding Generalist Practice*. Chicagl Nelson-Hall Publishers.

Kirst-Ashman, K., & Hull, G.(1993). *Understanding Generalist Practice*. Chicago: Nelson-Hull publishers.

Lee, J.(1994). The empowerment approach to social work practice. New York: Columbia University Press.

Levy, C. S.(1973). The value base of social work. *Journal of Education for Social Work, 9*, 34-42.

Loewenberg, F. M., & Dolgoff, R.(1996). *Ethical Decisions for Social Work Practice* (5th ed.). Itasca, IL: FE Peacock.

Moore, S.(1992). Case management and the integration of services: How service delivery system shape case management, *Social Work, 37*(5), 418-423.

Moxley, D, P., & Buzas, L.(1989). Perceptions of case management services for elderly people. *Health and Social Work, 14*, 196-203.

Moxley, D. P.(1989). *The Practice of Case Management.* CA: Sage Publications.

NASW(1958). Working Definition of Social Work Practice, reprinted in Donald Brieland, Historical Overview. *Social Work, Sep*., p.344.

NASW(1973). Standard for social service manpower. Washington DC: The Association.

NASW(1980). Code of Ethics of the National Association of social workers(as adopted by the 1979 nasw delegate assembly, effective juyly a, 1980).

NASW(1995). *Encyclopedia of Social Work*. Washington, DC. NASW Press.

NASW(1996). *NASW Standards for Social Work Case Management*. National Standards of Practice for Case Management.

NASW.(2019. 7. 30.). https://www.socialworkers.org/newhomepage

Perlman, H. H.(1979). *Relationship: The heart of helping people.* Chicago: University of Chicago Press.

Perlman, H.(1957). *Social casework: A problem-solving process*. Chicago: University of Chicago Press.

Pincus, A., & Minahan, A.(1953). *Social Work Practice: Model and Method.* NY: Peacock Publishers.

Pincus, A., & Minahan, A.(1973). *Social work practice: Model and method.* Itasca, IL. Peacock Publishers.

Richmond, M. E.(1915). *The Social Casework in a Changing World*. Chicago: National.

Richmond, M. E.(1922). *What is Social Casework?*. New York: Russell sage Foundation.

Saleebey, D.(1996). The strengths perspective in social work practice: Extensions and cautions. *Social Work, 41*(3), 296-305.

Wilson, J.(1976). *Recording: Guidelines for Social Works*. New York: The Free Press.

Zastrow, C.(1995). *Introduction to Social Work and Social Welfare*(6th ed.) Belmont, CA: Wadsworth.

Zastrow, C.(1995). *The Practice of Social Work*(5th ed.). Pacific Grove, California: Brooks/Cole Publishing Company.

Zastrow, C.(1995; 2009). The Practice of Social Work: A Comprehensive Worktext.